Rachel Pollack   Der Kabbala Baum

Rachel Pollack schreibt in ihrem Vorwort:

„Zum ersten Mal hörte ich von Hermann Haindl, als mich Gerhard Riemann anrief, der seinerzeit mein erstes Tarotbuch in deutscher Sprache herausgegeben hatte. „Wir veröffentlichen gerade ein neues Tarot-Deck eines deutschen Künstlers“, sagte mir Gerhard, „hättest du Lust, den Begleittext zu schreiben?“ Ich nahm an, er meine das kleine weiße Büchlein, das so gut wie allen neuen Tarot-Decks beiliegt und sagte ihm, das könnten wir machen. Ein paar Tage darauf erschienen Hermann und seine Frau Erika in meiner Amsterdamer Wohnung - mit einer Fülle von erstaunlichen Bildern unter dem Arm.

Bei diesem ersten Zusammentreffen wusste ich nur, dass dieses kleine Projekt sicher etwas mehr Zeit und Energie benötigen würde, als ich zunächst gedacht hatte. Nach diesem ersten Eindruck befragte ich also erst einmal die Karten, ob ich diese Arbeit annehmen sollte - und sie zeigten mir

Bilder der Zusammenarbeit, des Verstehens und des Erfolgs. Statt eines kleinen weißen Büchleins schrieb ich am Ende fünfhundert Seiten über den Haindl Tarot.

Das war Mitte der achtziger Jahre. Ungefähr elf, zwölf Jahre später machte ich eine ähnliche Erfahrung. Ich erhielt erneut einen Anruf von Hermann und Erika, in dem sie mir mitteilten, dass Hermann ein großes Gemälde mit dem Baum des Lebens der Kabbala fertiggestellt hätte und dass er sich von mir ein Buch wünsche, das es begleite ...“

Das vorliegende Werk beschäftigt sich mit diesem reich ausgestalteten Gemälde von Hermann Haindl, der sein Leben der Kunst als einem spirituellen Weg gewidmet hat. Haindl ist wahrscheinlich am besten durch seine Tarot-Karten, die er vor über zwanzig Jahren gemalt hat, bekannt. Diese herrlichen, vielschichtigen, bedeutungsvollen Karten gehören inzwischen zu den bekanntesten Decks der jüngeren Vergangenheit.

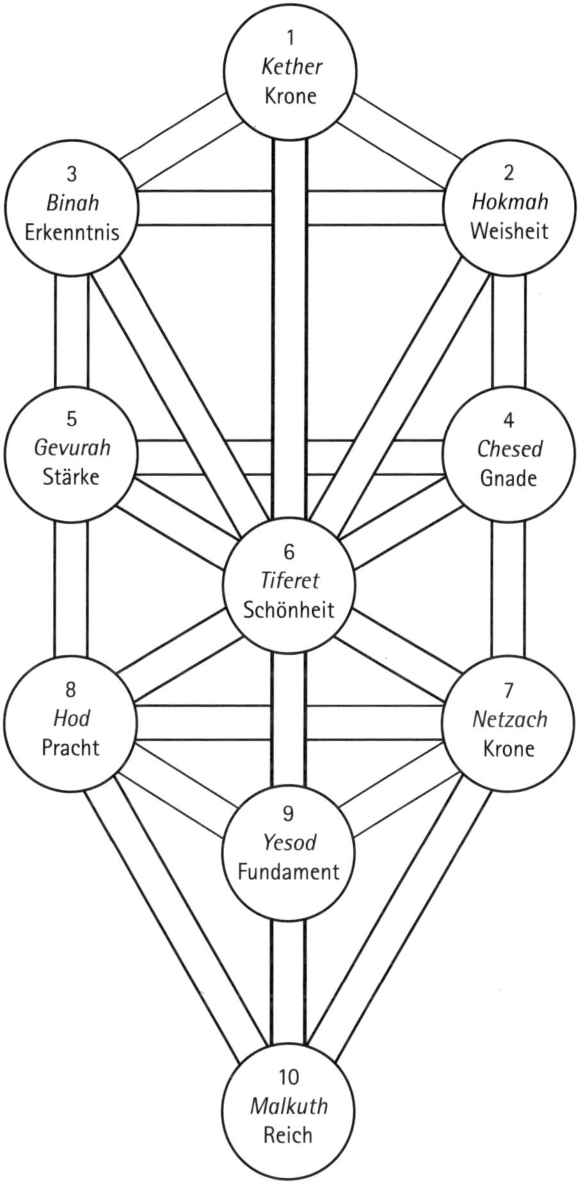
1
Kether
Krone
3
Binah
Erkenntnis
2
Hokmah
Weisheit
5
Gevurah
Stärke
4
Chesed
Gnade
6
Tiferet
Schönheit
8
Hod
Pracht
7
Netzach
Krone
9
Yesod
Fundament
10
Malkuth
Reich

(Abbildung in Farbe auf der hinteren Umschlagseite)

Rachel Pollack

Der Kabbala Baum

Reise zu Balance und innerem Wachstum

ein Begleitbuch zum Gemälde
„Baum des Lebens"
von Hermann Haindl

Rachel Pollack
Der Kabbala-Baum

1. Ausgabe als Privatdruck 2005
2. Ausgabe: Unveränderter Nachdruck des Privatdrucks
bei IRIS - Bücher und mehr 2006

IRIS ist ein Imprint bei Neue Erde

Die englische Originalfassung erschien 2004 unter dem Titel:
The Kabbalah tree: A Journey of Balance and Growth
bei Llewellyn Publications, St. Paul, Minnesota (ISBN 7387-0507-1)

Übertragung aus dem Englischen, Satz und Layout:
Thomas Klockmann (kukii.de)

Kontakt: Hermann Haindl, Hofheim am Taunus, Telefon 06192-24158

Gesamtherstellung: Fuldaer Verlagsanstalt Fulda
Printed in Germany

ISBN 10: 3-89060-502-8
ISBN 13: 978-3-89060-502-9

Neue Erde GmbH · Cecilienstr. 29
66111 Saarbrücken · Deutschland · Planet Erde
www.neueerde.de

Inhaltsverzeichnis

Widmung

Für Avigayil Landsman, Reb Avigayil die Weise, außergewöhnliche Lehrerin und hingebungsvolle Freundin. Möge der Eine, der alle unsere Vorfahren segnete, Dich mit Gesundheit und anhaltender Klugheit segnen.

Keyn y'hi ra'tzon

Vorwort

Hermann Haindl und Ich

Zum ersten Mal hörte ich von Hermann Haindl, als mich Gerhard Riemann anrief, der seinerzeit mein erstes Tarotbuch in deutscher Sprache herausgegeben hatte. „Wir veröffentlichen gerade ein neues Tarot-Deck eines deutschen Künstlers", sagte mir Gerhard, „hättest du Lust, den Begleittext zu schreiben?" Ich nahm an, er meine das kleine weiße Büchlein, das so gut wie allen neuen Tarot-Decks beiliegt und sagte ihm, das könnten wir machen. Ein paar Tage darauf erschienen Hermann und seine Frau Erika in meiner Amsterdamer Wohnung - mit einer Fülle von erstaunlichen Bildern unter dem Arm.

Solche Tarot-Bilder hatte ich noch nie gesehen; nicht wegen ihrer meisterlichen Ausführung, sondern wegen der in ihnen zum Ausdruck kommenden Tiefe und Reichweite der spirituellen Erfahrung. Als ich Hermann näher kennenlernte, erfuhr ich von seiner Zeit als junger Kriegsgefangener in einem grausamen russischen Lager, von seinem Entsetzen, als er nach dem Krieg entdeckte, was sein Land getan hatte. Ich erfuhr auch, dass Hermann sich nicht der Verzweiflung ergeben, sondern in moralischer Verantwortung eine lebenslange Suche nach Schönheit und dem Göttlichen aufgenommen hatte. Seine Bilder spiegelten die Eindrücke von Reisen wider, die er zu den heiligen Stätten Indiens, zu den Initiationsritualen der nordamerikanischen Indianer und zu den alten ägyptischen Tempeln unternommen hatte.

Bei diesem ersten Zusammentreffen wusste ich nur, dass dieses kleine Projekt sicher etwas mehr Zeit und Energie benötigen würde, als ich zunächst gedacht hatte. Nach diesem ersten Eindruck befragte ich also erst einmal die Karten, ob ich diese Arbeit annehmen sollte - und sie zeigten mir Bilder der Zusammenarbeit, des Verstehens und des Erfolgs. Statt eines kleinen weißen Büchleins schrieb ich am Ende fünfhundert Seiten über den Haindl Tarot.

Das war Mitte der achtziger Jahre. Ungefähr elf, zwölf Jahre später machte ich eine ähnliche Erfahrung. Ich erhielt erneut einen Anruf von Hermann und Erika, in dem sie mir mitteilten, dass Hermann eine großes Gemälde mit dem Baum des Lebens der Kabbala fertiggestellt hätte und dass er sich von mir ein Buch wünsche, das es begleite. Diesmal wusste ich, dass das keine leichte Aufgabe sein würde.

Gewaltig war die Aufgabe jedoch in einem anderen Sinn als bei der Arbeit am Haindl-Tarot. Obwohl ich Hermanns Tarot-Bilder als Herausforderung empfand, hielt ich mich - zu recht oder zu unrecht - für ausreichend gerüstet, was den Tarot selbst betraf. Dieses neue Projekt nun war anders. Ich hatte mit der Kabbala und dem Baum des Lebens zwar bereits gearbeitet und wuSSte doch, dass es Menschen gab, von denen einige sogar meine Freunde waren, die über dieses Thema weitaus besser Auskunft geben konnten. Sie hatten sich ihr ganzes Leben lang damit beschäftigt, so wie es kluge Menschen seit Tausenden von Jahren getan haben. Ich sagte Hermann, dass andere Menschen den Baum und seine Geschichte besser kennten als ich, aber er meinte, andere Menschen verstünden nicht so viel von seiner Kunst.

Einige Tage später traf - in Postergröße - eine Fotografie seines bemerkenswerten Gemäldes ein, welches nun im Mittelpunkt des vorliegenden Buches steht. Ich erkannte, dass Hermann etwas zum Leben erweckt hatte, was in vielen anderen Fällen oft nur ein abstraktes Schaubild ist. Mir wurde auch klar, dass genau dies eines der Themen sein würde, die ich in den Vordergrund stellen wollte.

Um dieses Buch zu schreiben, versenkte ich mich in die Überlieferung des Baumes, andere Aspekte der Kabbala, Auslegungen der biblischen Schöpfungsgeschichte (im Buch Genesis hat der Baum des Lebens seinen Ursprung) und in den auf der ganzen Welt verbreiteten Mythos eines Baumes, der sich von der Erde bis zum Himmel erstreckt. Noch einmal eröffnete meine Zusammenarbeit mit Hermann Haindl Wege des Wissens und des Verstehens.

Danksagung

Ein Buch über die Kabbala ist ein ziemlich umfangreiches Unternehmen. Es beginnt in dem Bewusstsein, dass sich viele ihr ganzes Leben lang in dieses Gebiet hineingearbeitet, dort tiefer geschürft haben und weiter vorgedrungen sind, als ich es überhaupt versuchen konnte. Ich habe bei meinem Versuch, etwas von diesem Wundern zu berichten, viele Quellen benutzen dürfen. Wenn ich die Anschauungen oder Überzeugungen meiner Gewährsleute falsch verstanden oder wiedergegeben habe, bitte ich sie um Verzeihung; ebenso wie diejenigen Leser, die ich auf Abwege führe, ohne es zu wissen.

Ein besonderes Dankeschön geht an Judith Laura für ihre von Einsicht getragene und klar formulierte Vermittlung umfassenden Wissens. Für Unterstützung, Anregungen und Erkenntnisse möchte ich den Mitgliedern von „Exoterik-1“ danken, einer Gruppe mitfühlender und kluger Menschen. Ich danke Rabbi Lamed ben Clifford für sein umfassendes Wissen und die Anerkennung des Gedankens, dass ein Garten auch ein Platz zum Spielen ist. Wie es meine Lehrerin Ioanna Salajan vor vielen Jahren einmal gesagt hat: „Wir können nichts lernen außer durch Freude“. Zoe Matoff, deren Geist und Verstand so hell leuchten, verdanke ich mehr, als ich sagen kann.

Zuguterletzt noch einmal mein tiefempfundener Dank an Hermann und Erika Haindl für all ihre Großzügigkeit und Klugheit.

Sie ist ein Baum des Lebens für alle, die an ihr hängen

Hebräisches Gebet, gesungen beim Zurücklegen der Torah in den Aufbewahrungsschrein

Und ich betrachtete den Baum des Lebens,
Den Baum des Schicksals,
Den Lauf aller Dinge, und
Seine knittrige Rinde war Eisen,
und frischer Rost lag in jeder Falte.
Der Morgentau, Leben spendend und den Tod.
Und auf seiner Krone
in dicken Schichten die Blätter und Blätter,
und zahllose Blätter
jedes mit seinem eigenen Vers
und jedes in SEINEM eigenen BUCH.

Hercel v. Shultz
Häuser im Baum des Lebens

Einführung

Unsere Welt lebt in der Zeit, in einer Geschichte, die sich nicht einfach in die Vergangenheit hinein erstreckt, sondern die sich ständig mit immer neuen Überraschungen entfaltet. Vor hundert Jahren konnte man kaum ein entlegeneres oder abseitigeres Thema finden als die esoterische Überlieferung, die als die Kabbala bekannt ist. Es gab nur eine kleine Handvoll Leute, die von ihr gehört hatten, noch weniger, die sie studiert und die es versucht hatten, ihrer Weisheit einen Platz in ihrem Leben zu geben. Den meisten, die etwas von ihr wussten, erschien sie äußerst kompliziert und mittelalterlich und kaum geeignet, dem neuen zwanzigsten Jahrhundert etwas zu bedeuten.

Kabbala ist eine jüdische mystische Überlieferung, deren Grundgedanken vor zweitausend Jahren entwickelt wurden. Aus dem 12. Jahrhundert datiert der Beginn der eigentlichen Ausarbeitung. Das hebräische *kabbalah* bedeutet „überliefert", etwa eine mündliche Belehrung eines Schülers durch seinen Meister oder vielleicht eine Offenbarung direkt von Gott. Und doch waren es nicht in erster Linie Juden, die diese Tradition in den letzten einhundert Jahren am Leben erhielten, sondern eine kleine Gruppe von Okkultisten, Christen mit einem starken Interesse für sowohl heidnische als auch jüdische Überlieferungen. Außerhalb ihrer engeren geheimen Zirkel übten sie einen wichtigen Einfluss auf solche Künstler und Schriftsteller aus, die ihrer Kreativität eine besondere Bedeutung zu unterlegen versuchten. Als ich in den fünfziger Jahren in einer orthodoxen jüdischen Familie heranwuchs, gelangte das Wort Kabbala nicht ein einziges Mal an mein Ohr. Ich hörte das Wort erst, als ich erwachsen war und die Tarot-Karten und ihre spirituelle Auslegungstradition entdeckte.

Aber jetzt, am Anfang des einundzwanzigsten Jahrhunderts taucht diese altehrwürdige, geheimnisvolle Lehre überall auf. Filmstars machen in Talkshows viel Aufhebens davon, wie sich ihr Leben durch Kabbala verändert hat. Bücher kommen heraus und unterrichten uns über den rechten Gebrauch der Kabbala für eine gelungene Ehe oder eine erfolgreiche Karriere. Das berühmteste Symbol der Kabbala, ein unter dem Namen Baum des Lebens bekanntes Schaubild, befindet sich auf Grußkarten und silbernen Kettenanhängern. Solcherart sind die Wunder der Geschichte.

Das vorliegende Buch beschäftigt sich mit diesem Symbol, dem wundervollen Baum. Es beschäftigt sich insbesondere mit einer speziellen Version dieses Symbols, mit dem reich ausgestalteten Gemälde von Hermann Haindl, einem Mann, der sein Leben der Kunst als einem spirituellen Weg gewidmet hat. Haindl ist wahrscheinlich am besten durch seine Tarot-Karten, die er vor über zwanzig Jahren gemalt hat, bekannt. Diese herrlichen, vielschichtigen, bedeutungsvollen Karten gehören inzwischen zu den bekanntesten Decks der jüngeren Vergangenheit.

Haindl interessierte sich bereits damals für die Kabbala. Er versah jede Karte mit einem Buchstaben des hebräischen Alphabets und folgte damit einer über hundert Jahre alten okkultistischen Tradition (vgl. Kapitel 2 über die Geschichte des Baumes). Jetzt hat er das Bild des Baumes mit einigen der Themen von neuem belebt, die er auch schon in den Karten entwickelt hatte: die Unverletzlichkeit der Erde, die Macht der alten Bilder, das heilige Wissen der Naturvölker, besonders der amerikanischen Indianer, dem ständigen Transformationsprozess in der Natur, dem Übergang der einen Form in die andere, der Tiere und Pflanzen in den Stein, des Steines ins Leben.

Das Symbol des Baumes entstammt einer Tradition, die sich auf das ekstatische Gewahrwerden des Göttlichen gründet. In ihrem Kern ist es keine erkannte Macht sondern eine geoffenbarte. Und doch haben soviele Meister darüber nachgedacht und verschlungene Gedankengänge zu Papier gebracht. Man kann es sich leicht machen und den Baum als abstraktes Ideengebäude mit einer langen Liste von einzuprägenden Merkmalen und Attributen studieren. Der Baum sieht ja selbst eher wie ein geometrisches Schaubild aus und nicht wie ein lebendiges Bild. Hermann Haindl ist es nun gelungen, dieses alte Symbol wirklich zu einem Baum des **Lebens** zu machen. Sein Bild strotzt vor Leben wie ein großartiger Regenwald des Bewusstseins. Wir sehen Vögel und Schlangen, Tiere und Gesichter. Wir können alte mythologische Wesen ausmachen und Jesus und Gesichter aus verwittertem Gestein.

Sein Baum ist deshalb nicht weniger geheimnisvoll. Er erinnert uns einfach daran, dass alles Wissen vom Göttlichen zuerst in der Natur gesucht und gefunden werden kann - in der Natur und im menschlichen Geist und seiner an Überwältigung grenzenden Wahrnehmung der Pracht des Lebens.

In seiner am meisten verbreiteten Form sieht das Symbol des Baumes so aus, wie es auf der gegenüberliegenden Seite abgebildet ist.

Die zehn Kreise stehen für die zehn Pulsschläge oder Emanationen der göttlichen Energie, die im Hebräischen *sephiroth* heißen (Sephirot ist die Pluralform von *sephirah*). Das Wort ist von *sappir*, hebräisch für „Saphir“, abgeleitet. Die Kabbala lehrt, dass Gott die Welt nicht mit einem Schlag sondern in Abschnitten erschaffen hat. Die Sephirot sind sein Material und sein Bau-

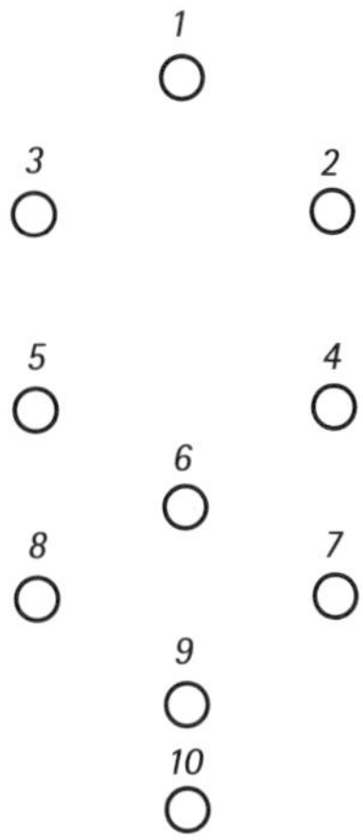

plan zugleich. Man kann die hebräischen Namen der Sephirot - und ihre gebräuchliche Übersetzung - von dem Bild ablesen. Hier sind sie aber noch einmal in der Reihenfolge von oben nach unten aufgelistet:

1. *Kether* - Krone
2. *Hokhmah* - Weisheit
3. *Binah* - Erkenntnis
4. *Chesed* - Gnade
5. *Gevurah* - Stärke
6. *Tiferet* - Schönheit
7. *Netzach* - Ewigkeit
8. *Hod* - Pracht
9. *Yesod* - Fundament
10. *Malkuth* - Reich

Einige Leser sind wahrscheinlich mit einer etwas anderen Schreibweise für einige der Sephirot vertraut. Zum Beispiel *chokmah* anstelle von *hokhmah.* Man lasse sich dadurch nicht durcheinanderbringen. Das hebräische Alphabet ist anders als das lateinische und es gibt ganz einfach keine genauen Regeln für die Umschrift. Das Wort „Kabbala" hat selbst viele Varianten, etwa „Qabalah" und „Cabala". Einige dieser Schreibweisen stehen tatsächlich für verschiedene Überlieferungsrichtungen. Cabala wird z.B. von Christen bevorzugt, die den Baum und seine Symbole auf christliche Vorstellungen anwenden (dabei wird etwa Christus - statt *tiferet* - ins Zentrum gestellt). Qabalah bezieht sich dagegen auf die nichtjüdische okkulte Tradition, die man die westliche oder auch hermetische nennt. Der Einfachheit halber benutze ich durchgängig Kabbala als Standard-Schreibweise und versuche jeweils besonders darauf hinzuweisen, wenn ich mich auf jüdische, christliche oder westliche hermetische Konzepte und Symbole beziehe.

Alle Überlieferungen stimmen darin überein, dass der göttliche Schöpfer seine Energie in einem bestimmten Muster von *kether* nach *malkuth* hinunter gesandt hat. Zur gleichen Zeit stellt dieses Muster nicht die einzige Möglichkeit einer Verbindung der Sephiroth dar. Da das hebräische Alphabet über 22 Buchstaben verfügt, haben Kabbalisten bereits vor langer Zeit den Gedanken der 22 Verbindungslinien oder Pfade zwischen den Sephirot ersonnen. Auf der linken Abbildung sehen wir das Muster der Schöpfung und auf der rechten die gebräuchlichste Version der 22 Pfade. Diese letzte Version gehört in Wirklichkeit eher zu der westlichen Überlieferung als zur jüdischen, es ist aber diejenige, die die meisten Menschen kennen und es ist vor allem diejenige, die Hermann Haindl als Grundlage für sein Bild herangezogen hat.

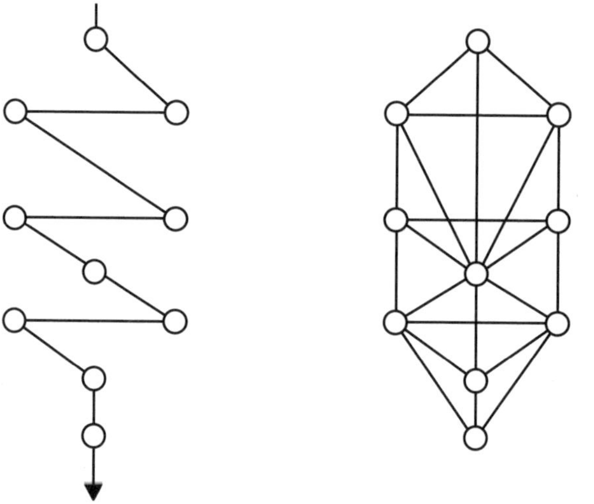

Weil es soviele unterschiedliche Überlieferungen gibt - selbst innerhalb der jüdischen Kabbala gingen die Rabbis oft in verschiedene Richtungen - können wir uns manchmal in den Widersprüchen verlieren oder wir neigen sogar dazu, was eigentlich noch schlimmer ist, eine Version für die absolute Wahrheit zu halten und die anderen Zugänge zu ignorieren. Ich greife in diesem Buch auf alle für mich brauchbaren und mir bei meinem begrenzten Wissen zugänglich gewordenen Überlieferungsstränge zurück und versuche, diese zu einer Geschichte zu bündeln, der meine Leser hoffentlich ohne allzu große Verwirrung folgen können. Hermann Haindls Bild wird uns als ein visueller Anker dabei helfen, nicht die Bodenhaftung zu verlieren.

Der Kabbala-Baum hat seine Wurzeln in der jüdischen Mystik und so ist es unvermeidbar, dass wir uns mit den Gesichtspunkten der Rabbis beschäftigen, die ihn entwickelt haben. Um dies würdigen zu können, muss man kein Jude sein. Die westliche und die christliche Kabbala zeigen deutlich, dass der Baum sich als Symbol für viele Glaubenssysteme eignet. Und ist der Baum nicht ohnehin zu einer Art allgemeinem Organisationsprinzip für die menschlichen Bemühungen geworden, die Welt zu verstehen?

Der Baum ist kein eng gefasstes religiöses Konzept und so werden wir auch einige ungewöhnliche Quellen heranziehen, um seine Botschaft zu verstehen. Dazu gehören Stammesreligionen und schamanistische Praktiken und auch die moderne Wissenschaft. So werden wir neben den großen Rabbis auch zeitgenössische Kabbalisten, Tarot-Interpreten und sogar einen Comic-Autor befragen, der in seinen Geschichten den Baum lebhaft und mit Tiefgang erforscht.

Das Wort „Gott“ wird uns auf den folgenden Seiten häufig begegnen, genauso wie andere Worte und Passagen aus der Bibel. Der Baum ist ein westliches Symbol und die westlichen Traditionen haben ihren Ursprung in der Bibel. Zur gleichen Zeit soll nichts davon so verstanden werden, als werde damit eine engstirnige religiöse Auffassung unterstützt. Kabbala ist eine geheimnisvolle Reise der Transformation und eines der Dinge, die sie verändert, ist die Bedeutung, die wir dem Wort „Gott“ beimessen, wenn wir es in den Mund nehmen.

Ich bitte meine Leserinnen und Leser daher, ihre vorgefassten Ansichten beiseite zu legen, insbesondere alle negativen Erfahrungen aus ihrer persönlichen religiösen Erziehung. Es ist sehr traurig, dass es davon viel zu viele gibt.

Das Symbol ist ein lebendiger Baum. Es ändert sich unaufhörlich, es passt sich an und nimmt neue Ideen auf. Es kommt zwar aus einem patriarchalischen Umfeld, aber wir brauchen die strikte Trennung der männlichen und weiblichen Qualitäten oder die damit gemeinte Überlegenheit des Männlichen, wie sie das mystische Denken vergangener Jahrhunderte manchmal nahezulegen schien, keineswegs zu akzeptieren. Stattdessen können wir unser eigenes gegenwärtiges Wissen dafür einsetzen, an dem über Jahrhunderte gewachsenen großartigen Lehrgebäude weiterzubauen.

Das bedeutet nicht, dass wir die Hingabe und die Einsicht der früheren Zeiten zurückweisen. Es wäre überheblich, schlimmer noch: ungebildet, die gewaltigen Errungenschaften solcher Persönlichkeiten wie die des Rabbis Isaak Luria aus dem 16. Jahrhundert oder des geheimnisumwobenen Autors des zweitausend Jahre alten Buches der Formung ebensowenig zur Kenntnis zu nehmen wie die umfassende Synthese, die der hermetische Orden der „Goldenen Dämmerung" im 19. Jahrhundert unternommen hat. Andererseits müssen wir unsere eigenen Einsichten auch nicht in blinder Verehrung der Vergangenheit unter den Tisch kehren.

In seinem Tarot-Deck – und jetzt auch in seinem Bild – erfüllt und durchtränkt Hermann Haindl diese bedeutenden Traditionen mit seiner Hingabe an die Erde, mit seiner Verehrung für die archaischen Göttinnen und alle Überlieferungen der Welt. Damit gewinnt seine Version des Baums des Lebens einen etwas anderen Charakter als das bekannte abstrakte Schaubild. Seine Version ändert nicht die Bedeutung des Baums, sie fügt ihr etwas hinzu und trägt dazu bei, dieses uralte Symbol für eine neues Jahrhundert zu bekräftigen.

1. Der Baum und die Leiter

Stell dir einmal einen Baum vor. Mächtig und zart, seine Zweige strecken sich wie lange Finger in den Himmel hinein. Er ist viele hundert Jahre alt, vielleicht sogar tausend. Und jetzt stell dir einen Baum vor, der älter ist als alle anderen, dessen Stamm und Astwerk Himmel und Erde verbindet, dessen Wurzeln in die Geheimnisse unterhalb der Schwelle unseres normalen Bewusstseins hinabreichen, hinab in den Urgrund des Seins, einen Baum der Träume, einen Baum der Schönheit, einen Baum Gottes. Einen Baum des Lebens. Ist unsere Welt mit all ihren Verwicklungen, Hoffnungen und Gefahren etwa nur ein von Kindern gezimmertes Baumhaus in einem riesigen durch Welten und Welten hindurchwachsenden Baum?

Wirf jetzt noch einmal einen anderen Blick auf dieses Bild. Wenn der Baum das ganze Leben verbindet, nimmt er dann in der dunklen Unterwelt seinen Anfang, um sich von dort aus durch jene Bereiche des Daseins zu erstrecken, die wir im engeren Sinn als Wirklichkeit bezeichnen? Und wächst er dann schließlich in jene geistigen Sphären hinauf, die wir irgendwie weit oben über unseren Köpfen lokalisieren? Aber wenn alles Leben von einem Schöpfer ins Dasein gerufen wird, kommt uns der Baum dann nicht aus dem Himmel entgegen? Und wenn unsere wahre Heimat nicht das irdische Jammertal sondern das Königreich der Vollkommenheit ist, jene Sphäre, die der sagenumwobene Waliser Schamane und Sänger Taliesin das „Reich der Sterne des Sommers“ nennt? Wenn der Baum seine Wurzeln im Himmel hat und seine Zweige zu uns hinunterreichen, wächst er dann nicht kopfüber? Oder stehen wir Kopf und sind durcheinander und sehen alles falsch herum? Wenn es uns gelingen würde, die Sache richtig zu sehen, also vom Standpunkt des Göttlichen aus und nicht vom sogenannten gesunden Menschenverstand aus (denn das, worauf wir uns im allgemeinen problemlos verständigen können, ist ja keinesfalls automatisch die Wahrheit), dann stünde vielleicht der Baum des Lebens wie eine Offenbarung vor uns. Vielleicht würden wir sogar lernen, in diesem Baum herumzuklettern und dabei erkennen, dass wir im Anfang Gottes Geschöpfe waren, in seinem Bilde geschaffen – aber nicht in der Lage, dies in seiner vollen Bedeutung zu ermessen.

Die Menschen besteigen Bäume. Ast für Ast finden sie ihren Weg hinauf in die Höhe. Vor der Erfindung fliegender Maschinen, vor Ballons, Gleitern und Flugzeugen, stellten Baumriesen die einzige Möglichkeit dar, den Erdboden ein Stück weit zu verlassen. Der Baum wurde zu einer Leiter und wenn diese weit genug reichte, zu einer Himmelsleiter.

Das ist nun allerdings ein literarisches Bild, und wir sollten uns nicht soweit durcheinanderbringen lassen, zu glauben, dass es einen solchen Baum oder eine solche Riesenhimmelsleiter wirklich irgendwo gäbe (warum sollte der Himmel eigentlich überhaupt **über** uns sein?) Wir sollten auch nicht glauben, dass die Menschen früherer Zeiten soviel naiver waren als wir mit unserem heutigen Wissen und an solche Dinge wirklich glaubten. Bilder sind Metaphern, und helfen uns dabei, im Geist zu verdeutlichen, was uns als Intuition längst erreicht hat.

Ein in den Himmel hinein reichender Baum ist auf jeden Fall ein sehr vielschichtiges und verlockendes Bild. Auf der ganzen Welt hat es den Menschen geholfen, ihre Versuche, dem Göttlichen zu begegnen, zu formulieren und zu beschreiben. Schamanen (das Wort kommt ursprünglich von einem sibirischen Volksstamm. Schamanismus bezeichnet aber auf der ganzen Welt verbreitete religiöse Praktiken und Überlieferungen) reisen als Heiler und Visionäre in die geistige Welt. Zu den Hilfsmitteln ihrer Reise gehört das beschwörende Wort, manchmal ein Mast oder sogar ein kleiner Baum, manchmal eine Leiter. In der zeremoniellen Trance erleben sie eine Auffahrt auf dem Baum oder auf der Leiter, hinauf in die Sphäre der Götter, wo sie ein Kraftobjekt finden oder mit Dämonen um die gefangene Seele eines Kranken ringen.

Seit ungefähr dreißig Jahren erscheinen Bücher zu diesem Thema. Trance-Workshops haben solchen Reisen und Visionen fast das Exotische genommen. Gleichzeitig will es aber all denjenigen unter uns, die innerhalb einer der gängigen westlichen Religionsüberlieferungen groß geworden sind, so scheinen, als ob unsere eigene Kultur eine solche Trancereise auf dem Baum oder auf der Leiter nicht kennt. Dabei enthält die Bibel sogar mehrere entsprechende Bilder. Unübersehbar und an erster Stelle steht der Baum des Lebens aus dem Garten Eden vor uns und wir werden gleich genauer sehen, was uns diese Geschichte sagen will. Aber es gibt auch das Bild der Leiter, die von der Erde zum Himmel reicht.

Im Buch Genesis flüchtet Jakob vor dem Zorn seines Bruders und streift durch die Wildnis. In der Nacht häuft er an einem „Luz" genannten Ort ein paar Steine zu einem Kopfkissen auf und legt sich schlafen. Steinaufhäufungen stellen bereits für sich genommen das Bild eines himmlischen Aufstiegs dar. Aus diesem Grunde finden wir die heiligen Pyramiden in Ägypten, Babylon und Mexiko. Die Hünengräber der Steinzeit bezeugen das gleiche Phänomen. Sie waren manchmal so groß, dass sie wie ein Teil der natürlichen Landschaftsumgebung wirkten.

Im Schlaf hat Jakob ein „Traumgesicht". Er sieht eine Leiter, wie sie auf der Erde steht und bis in den Himmel hineinragt. Engel – das ursprüngliche hebräische Wort bedeutet „Boten", denn Engel sind die Boten Gottes – steigen auf dieser Leiter herauf und herab. Die Mächte der oberen Welt – aus „Gottes Königreich" – wie es ein viel später auftauchender Prophet, Jesus von Nazareth, der Sohn Marias, genannt hat, bewegen sich zwischen der erhabenen Sphäre des Göttlichen und der eigenwilligen Welt der Sterblichen ungestört hin und her.

Beachte, dass die Engel nicht nur zu uns heruntersteigen. Sie bewegen sich in beide Richtungen. Hier begegnen wir einem Grundgedanken der Esoterik, wie er ganz besonders auch der Geschichte vom Baum des Lebens zugrundeliegt: Das Leben bewegt sich vom Geist „hinunter" in die Materie und von der Materie „hinauf" zum Geist. Keiner dieser Bereiche ist für sich genommen überlegen. Die Fülle des Lebens braucht beides, braucht den beständigen Austausch. Um uns wirklich selbst zu verstehen, müssen wir anerkennen, dass auch wir Geist und Materie sind und dass sich diese Qualitäten in auf- und absteigender Richtung in uns begegnen. Als Watson, Crick, Wilkins und Franklin die doppelte Spiralstruktur der DNA, der genetischen Basis des Lebens, entdeckten, erkannten Okkultisten darin ein Bild wieder, das sie aus spirituellen Unterweisungen kannten.

Wir können diese doppelspiralförmige Bewegung vielleicht etwas besser verstehen, wenn wir an den schöpferischen Prozess beim Menschen denken. Hermann Haindl ist dafür ein hervorragendes Beispiel. Er ist ein sehr typischer Vertreter des intuitiv arbeitenden Künstlers. Er beginnt seine Bilder nicht selten mit unwillkürlichen Farbflecken auf der Leinwand, um dann erst hinterher zu prüfen, ob sich ein „Bild" herausschält und ergibt. Unwillkürlich soll hier nicht heißen ohne Bedacht. Es ist ein instinktiver Beginn, eine Antwort. Von hier aus nimmt ein sehr komplexer Prozess seinen Ausgang, ein Prozess in dem seine Lebenserfahrung, seine politischen Überzeugungen und sein heiliges Wissen sich miteinander mischen und zu einem zusammenhängenden Ganzen verbinden. Wenn wir so wollen, können wir also sagen, dass ein ursprüngliches Bild den Baum oder die Leiter hinabsteigt in die physische Realität der Leinwand. Der Akt des Malens und die ihn begleitenden und darin einfliessenden Gedanken steigen parallel dazu auf ins Kunstwerk, welches zugleich ein sichtbares und ein geistiges ist.

In der biblischen Jakob-Geschichte steigt der Held nicht selber auf die Leiter. Anders als die Schamanen reist er nicht nach oben. Das ist auch in gewisser Weise nicht mehr nötig. Denn im nächsten Augenblick erscheint bereits Gott und spricht direkt mit Jakob. Er teilt ihm mit, dass Jakobs Söhne einmal eine große Nation sein werden. Als Jakob aufwacht, gibt er diesem Ort den Namen *beth-el*, „Haus Gottes", und nennt ihn das „Himmelstor", weil, so sagt er, „Gott war an diesem Platz und ich wusste es nicht". Diese Gedanken, besonders der des Tores, gehören ebenso zur Idee des in den Himmel reichenden Baums oder der Leiter in der schamanistischen Überlieferung wie in der späteren Gedankenwelt der Kabbala. Der Baum des Lebens ist der Weg auf dem wir zum Heiligen hinaufsteigen und dann wieder zu unserem wahren Selbst zurückkehren. Zu welchem Zeitpunkt oder an welchem Ort wir dieses Selbst dann entdecken, genau dort befindet sich die himmlische Pforte. Jakob markiert diesen Ort dann noch einmal mit einer Säule aus Stein, einem weiteren prähistorischen Bild für die Verbindung zwischen Himmel und Erde.

Die Schamanen besteigen Leiter oder Baum oft in der Absicht, mit den Göttern um einen hilfsbedürftigen Menschen zu streiten, ja eine regelrechte Schlacht zu führen. Jakob sieht nur zu. Aber vielleicht ist er nur noch nicht vorbereitet. Die kabbalistische Tradition sieht vor, dass ein Mann das Studium der Kabbala nicht aufnehmen darf, bevor er Ehemann und Vater geworden ist – mit anderen Worten, nicht bevor er erwachsen geworden ist und gelernt hat, Verantwortung zu übernehmen. Erst dann darf er sich den mächtigen Kräften zuwenden, die in Studium und Praxis der Kabbala verborgen sind. (Diese Überlieferungen entstanden in einem patriarchalischen Umfeld. Frauen erhielten zu diesem Bereich nur sehr selten Zugang. Die Einführung eines weiblichen Gesichtspunktes hat auf dem Feld der Kabbala und bei der Annäherung an den Baum des Lebens – wie auf vielen anderen Gebieten – zu radikal neuen Herangehensweisen geführt). Auch Jakob muss erst zum Meister seines eigenen Lebens werden, bevor er weiter in die Geheimnisse des Göttlichen eindringen darf.

Viele Jahre nach seinem Traumgesicht – er hat inzwischen geheiratet und eine Familie gegründet – muss Jakob erneut einen Streit mit seinem Zwillingsbruder bestehen, mit dem er seit der gemeinsamen Zeit im Bauch der Mutter rivalisiert. Wieder schläft er in der Wildnis, fernab von aller Zivilisation mit ihren vermeintlichen Sicherheitsnetzen. Das Aufsuchen des Heiligen außerhalb des täglichen Lebens ist ebenfalls eine schamanistische Praxis. Anstatt einer Vision himmlischen Auf und Abs auf einer Leiter begegnet Jakob diesmal einem „Fremden", dessen Gesicht er nicht genau zu erkennen vermag. Sie kämpfen die ganze Nacht, aber keiner kann den anderen besiegen. Die Überlieferung identifiziert diese Figur als einen Engel, aber der Text gibt das eigentlich nicht her. Als Jakob von der geheimnisvollen Figur einen Segen erbittet, gibt ihm der Fremde einen neuen Namen (wiederum eine häufige schamanistische Erfahrung), *isra-el*, „denn du hast mit Gott gekämpft." Jakob tauft diesen Ort *peni-el* , das „Gesicht Gottes", „denn", sprach er, „ich habe Gott von Angesicht gesehen, und doch wurde mein Leben gerettet." Nach diesem Ereignis findet Jakob den Mut, zu seinem Bruder zu gehen und um Frieden zu bitten.

So schamanistisch diese Geschichte ist, so kabbalistisch ist sie auch und zwar in einem sehr tiefen Sinn. Obwohl die letzte Wahrheit Gottes sogar noch jenseits des Baums des Lebens liegt, haben die Meister bestimmte Aspekte des Baums als ein „größeres" oder „kleineres Gesicht" identifiziert, bzw. als einen „Kleingesichtigen" und einen „Langgesichtigen". Ein Ziel des Studiums und der Meditation der zehn Sephirot ist nun die Fähigkeit, diese göttlichen Gesichter zu sehen – und, wie Jakob, diese Erfahrung zu überleben und weiterzugehen, um Frieden zu suchen. Jüdische Kabbalisten identifizieren das „kleinere Gesicht", als *tiferet*, die zentrale Sephira, die sie ihrerseits mit Jakob, dem vollkommenen Mann, übereinbringen. Christliche Kabbalisten betrachten diese Sephira als Christus.

Mit seinen beiden Visionen, der Leiter und dem Kampf, verkörpert Jakob genau die Eigenschaften der Schamanen, die Masten, Leitern, Säulen und lebendige Bäume als Fahrzeuge zur himmlischen Auffahrt benutzen, um am Tisch der Götter einen Platz für die Menschen einzufordern. Aus diesem Grund wird der Baum des Lebens mit seinen zehn Lichtern und zweiundzwanzig Pfaden auch Jakobsleiter genannt.

Das Schaubild des Baums des Lebens entwickelte sich über viele Jahrhunderte. Es begann im Mittelalter und der Renaissance und setzte sich bis ins späte 19. Jahrhundert hinein fort. Seine Ursprünge – die Wurzeln des Baums, möchte man sagen – reichen bis zum Beginn unserer Zeitrechnung zurück (Nicht-Christen bevorzugen diesen Begriff für die Bezeichnung der letzten zweitausend Jahre, um anno domini, das „Jahr des Herrn", zu vermeiden). Aus dieser Zeit stammt das Buch *sefer yetsirah*, das Buch der Formung. In diesem sehr kurzen Text beschreibt ein anonymer Autor erstmalig die Sephirot, die zehn Emanationen des göttlichen Lichts und die mystischen Kräfte der zweiundzwanzig hebräischen Buchstaben. Der Baum selbst erscheint erst Jahrhunderte später, aber hier ist seine Wurzel.

Wir werden uns dem *sefer yetsirah* noch näher zuwenden. Zunächst betrachten wir aber eine mystische Strömung im alten Judäa im Hinblick darauf, ob sie etwas über den Ursprung der Kabbala und über ihre Ziele auszusagen vermag, damit wir einen Weg finden, uns dem Baum des Lebens – dem Schaubild oder Hermann Haindls bemerkenswertem Bild – nähern können. Vor zweitausend Jahren, etwa zur Zeit der Lehren des Jesus, befand sich das Judentum in einer großen Krise. Rom versuchte das jüdische Bedürfnis, den eigenen Überlieferungen zu folgen, zu brechen. Als Antwort auf eine jüdische Erhebung zerstörte die römische Armee im Jahr 70 den Tempel Salomos, der über Jahrhunderte im Mittelpunkt des jüdischen Brauchtums und des religiösen Lebens gestanden hatte.

Wie sollten sich die Menschen ohne den Tempel und ohne die jahreszeitlichen Riten und Opfer jetzt an ihren Gott wenden? Das *sefer yetsirah* war in der Tat eine Antwort und es begründete eine Richtung innerhalb des mystischen Judentums, die man „das Werk der Schöpfung" nennt und die sich einem tiefgreifenden Nachdenken über den Ursprung und die Struktur des Daseins verschrieben hat. Durch Meditation der Wunder der Sephirot und der Buchstaben und ihres Platzes im Schöpfungsprozess der Welt bekommt der Mystiker ein Gefühl für die Anwesenheit der göttlichen Macht in jedem Ding der Schöpfung und ganz besonders in unserem Leben.

Eine weitere Antwort gab eine Art schamanischen Wiederaufnehmens der von Hesekiel berichteten mystischen Vision eines Himmelswagens, die man als „die Arbeit der *merkavah*" bezeichnete. Hesekiel lebte während des babylonischen Exils, welches auf die Zerstörung des ersten Tempels folgte (Es gab noch einen zweiten, nach der Rückkehr aus dem Exil errichteten Tempel, der aber auch von Rom zerstört wurde). Hesekiels Erfahrungen waren daher für die Menschen, die unter den römischen Angriffen litten, sehr bedeutungsvoll. Der Prophet hatte eine sehr detaillierte Vision eines himmlischen Wagens beschrieben, mit seltsam ineinander verbundenen Rädern und Geschöpfen mit vier Gesichtern. Die *merkavah*-Mystiker nahmen seine Vision zum Vorbild für ihre eigenen Trancereisen zu den sieben *hekhaloth* (Palästen) des Himmels. Das Ziel dieser Reisen war eine Begegnung mit Gott von Angesicht zu Angesicht, also genau jene Erfahrung, die Jakob nach seinem nächtlichen Ringkampf gemacht hatte.

Die genaue Ausführlichkeit der *merkavah*-Schriften zeigt, dass die Reisenden die *hekhaloth* als reale Orte ansahen und nicht als Halluzinationen oder Einbildungen. Sie enthalten Warnungen vor ungebührlichen Reaktionen an bestimmten Wegstellen. Zur gleichen Zeit war jedoch klar, dass alles auf einer inneren Ebene stattfand und durch Meditation und magische Praktiken stimuliert worden war. Sie beschrieben ihre Erfahrungen als einen „Abstieg" zum Himmelswagen, während der Reisende sich im „Aufstieg" zu den Palästen befand. Der Himmelswagen befand sich im inneren Selbst und in den himmlischen Regionen.

Da der Baum die zehn Sephirot zeigt und die zweiundzwanzig Pfade benutzt, leiten wir ihn ganz automatisch vom *sefer yetsirah* und vom „Werk der Schöpfung“ ab. Und so ist es auch – nicht nur wegen seiner Struktur sondern vor allem wegen seiner Tradition der kontemplativen Versenkung in die Wunder der Schöpfung. Aber er kommt auch vom „Werk des Himmelswagens“ her. Der Baum ist genausogut ein Fahrzeug, wie er ein Gegenstand der Kontemplation ist. Wir brauchen ihn nicht nur, um zu verstehen, wie das Sein überhaupt existiert oder zum Verständnis der göttlichen Gesetze. Wir brauchen ihn, um uns selbst zu verstehen. Wir begeben uns Schritt für Schritt auf die Reise über seine Pfade, bis wir unserer eigenen Vision der göttlichen Wahrheit begegnen, soweit wir sie zu fassen vermögen. Hermann Haindls Bild hält für uns das besondere Wunder bereit, den Baum nicht in abstrakten Begriffen, sondern als als ein lebendiges Fahrzeug zu beschreiben.

„Der Baum ist der Baum ist der Baum ist der Baum ...“ schreibt Haindl auf sein Bild und erinnert damit an Getrude Steins berühmtes Gedicht „Eine Rose ist eine Rose ist eine Rose“. Gleichzeitig führt er ein philosophisches Konzept auf seine buchstäbliche Grundlage zurück. Auf der ganzen Welt finden wir den Baum des Lebens als einen realen, lebendigen gewachsenen Baum vor. Weil wir im Westen unsere Verbindung zur Natur als einer göttlichen Offenbarungsquelle verloren haben, neigen wir dazu, spirituelle Phänomene als etwas von der natürlichen Lebenswelt abgetrenntes anzusehen. Wir gehen manchmal sogar soweit, die beiden Sphären als einander entgegengesetzt aufzufassen, wobei alles Körperliche und Materielle als vergänglich und am Ende auch ohne Substanz gesehen wird, während das Spirituelle als die Idee aufgefasst wird, die die Natur transzendiert. Der Haindl Baum erinnert uns aber daran, dass wir inmitten der Natur leben und dass wir das Göttliche vielleicht niemals und überhaupt nicht finden, wenn wir es nicht in den lebendigen Dingen finden.

In Afrika und auch an vielen anderen Orten werden Bäume, die einen weißen Saft absondern, mit der Mutter Gottheit in Verbindung gebracht, weil sie „Milch“ geben und im Gegensatz zu den kurzlebigen Menschen über Jahrzehnte und sogar Jahrhunderte hinweg mächtig und schön bleiben. Das alte Ägypten setzte die Sycamore mit den Göttinnen Nut, der Göttin des Nachthimmels (möglicherweise die älteste Gottheit), Hathor, der Rinder-Gottheit und Isis, der Begründerin der Zivilisation, gleich, die den Osiris aus dem Land der Toten zurückgebracht hat.

Osiris wird an einer Stelle seiner Geschichte selber in einen Baum eingebettet. Sein Bruder Seth schließt ihn in einen mit Edelsteinen besetzten Sarg ein und übergibt ihn dem Nil. Der Sarg treibt hinaus auf das Meer und strandet an einem Ort namens Byblos. Dort wächst ein Baum um diesen Sarg herum und bildet den Grundpfeiler des örtlichen Königspalastes, wo Isis ihn findet und aus dem Baum herausholt. Die Osiris-Zeremonien beinhalten das Aufrichten eines hölzernen, die *djed*-Säule genannten Mastes, eines Symbols des männlichen Organs mit seiner zeugenden Kraft und des menschlichen Rückgrats, jener Einrichtung, die uns aufrecht – wie ein Baum – zu stehen und zu gehen erlaubt. Die Wirbelsäule enthält die Lebensenergie, die die Inder *kundalini* nennen und die sie sich manchmal als eine Schlange, die am Boden der Wirbelsäule eingerollt liegt, vorstellen.

Das Bild einer um einen Baum gewundenen Schlange erinnert an den Baum des Lebens im Garten Eden und auch an das bekannte Symbol des Heilens, an den griechischen Caduceus, bei dem zwei Schlangen sich um einen Stab herum winden. Letzteres ist heute ein Symbol für die medizinischen Berufe. Weiterhin erinnert es uns an die „eherne Schlange", die Moses auf Gottes Befehl hin den Israeliten während ihrer Wüstenwanderung vorhält. Auch dieser Akt soll Heilung für die Kranken bewirkt haben. Je mehr wir uns in die Symbole und Mythen der verschiedenen Kulturen vertiefen – hier die ägyptische, indische, israelische und griechische, aber wir könnten noch mehrere nennen -, umso deutlicher erkennen wir, dass Mythen und esoterische Lehren keine Phantasien oder auch nur psychologische Einsichten sind, sondern dass es sich in der Tat um wissenschaftliche Erkenntnisse handelt, die die moderne Welt weitgehend verloren hat.

Sogar im alten Israel sahen die Menschen einen wirklichen Baum, meist den Mandelbaum, als den Baum des Lebens an. Seine weißen Blüten erschienen im Frühjahr noch vor den ersten Blättern. Die Ölbehältnisse der heiligen *menorah*-Leuchter waren oft wie Mandelblüten geformt. Die *menorah* nahm selbst die Form eines Baumes mit sieben Zweigen für die sieben Tage der Schöpfung an. Schließlich stand die sieben auch für die sieben beweglichen Himmelskörper: für Sonne, Mond, Merkur, Venus, Mars, Jupiter und Saturn. Auf diese sieben Himmelskörper gehen auch die *hekaloth*, die sieben himmlischen Paläste, zurück.

Bevor Hermann Haindl zum ersten Mal von der Kabala hörte, wurde er Zeuge eines Rituals, in dem diese Gedanken zum Ausdruck kamen. Er und seine Frau Erika hatten einige Male das Privileg, bei dem jährlich stattfinden Sonnentanz der nordamerikanischen Indianer als Gäste dabei zu sein. Verschiedene indianische Nationen kommen hier zu einem großen Opferfest zusammen. Junge Männer durchstechen ihre Körper nach einer einjährigen Vorbereitungszeit und tanzen um einen Baum herum. Sie opfern ihr eigenes Blut wie Saft von einem Baum, um den „Heiligen Ring" zu stärken, wie Schwarzer Hirsch, der große Visionär seines Volkes, die innige Verbindung allen Lebens genannt hat. Interessanterweise tanzen sie um einen jüngeren Baum herum und nicht um einen alten Baum, an dessen „Jugend" sich schon keiner mehr erinnern kann. Der Baum des Lebens steht letzten Endes für alle Bäume und ein jüngerer Baum reicht an die Wurzeln des allerersten Anfangs.

Sein Blut zu opfern, bedeutet sich selbst zu opfern, die Grenzwand der Haut zu durchbrechen, die uns von der Welt um uns herum zu trennen scheint. „Das Blut ist das Leben", sagt die Bibel. Die jungen Männer in dieser Zeremonie sterben nicht. Ihre Wunden verheilen wieder. Das Blutopfer verursacht kein Leid. Es versucht, eine Vereinigung der natürlichen mit der geistigen Welt herbeizuführen.

Schwarzer Hirsch hat viele „Heilige Ringe" für die vielen Völker dieser Welt beschrieben. Und doch bilden sie alle einen einzigen großen Ring. Schwarzer Hirsch sprach auch von einem einzigen großen blühenden und herrlichen Baum, unter dem alle Kinder dieser Erde Zuflucht finden. In gleicher Weise beschreibt die Offenbarung des Johannes einen Baum des Lebens mit zwölf Früchten, die jeweils im Monatsrythmus reifen. Die Zahl zwölf steht dabei für die zwölf Tierkreiszeichen. Die Blätter seiner Zweige gewähren allen Völkern dieser Erde Unterschlupf und Heilung. Diese beiden Visionen stellen die nährenden Kräfte des Baums in den Vordergrund, während die kabbalistischen und die schamanischen Visionen die leiterartige Verbindung von Himmel, Erde und Unterwelt betonen. Indem Hermann Haindls Bild den Baum von pulsierendem Leben erfüllt zeigt, vereint er diese beiden Eigenschaften: das Nährende und die Gesetze der Schöpfung.

Der Sonnentanz macht uns auf zwei mythologische Baumopfer aufmerksam, die für die europäische Tradition von großer Bedeutung sind. Das erste Opfer ist Jesus am Kreuz, das zweite ist das des nordisch-germanischen Gottes Odin, wie er an *yggdrasil*, der Weltesche, hängt, um sich das magische Runenalphabet zu beschaffen.

Christliche Lehren vergleichen das Kreuz mit dem für Adam und Eva im Garten Eden verbotenen Baum des Lebens. (Wir werden uns der Garten Eden Geschichte gleich zuwenden). Einige Geschichten berichten, dass Jesus sein Kreuz als Zimmermann selbst herstellte. Andere behaupten, das Holz stamme direkt vom Baum des Lebens. Die ersten Menschen übertraten Gottes

Verbot, aßen vom Baum der Erkenntnis und verwirkten damit das paradiesische Aufenthaltsrecht der ganzen Menschheit. Christus gibt sein Leben hin, kehrt aus dem Totenreich zurück und errettet damit die Menschheit von ihrer Sünde. Der christliche Mythos verbindet nicht nur das Kreuz mit dem Baum des Lebens, er zieht noch eine weitere Verbindungslinie und zwar vom Kreuzopfer zu Abrahams Bereitschaft, seinen Sohn Isaak zu opfern. Golgatha, der Hügel, auf dem Jesus starb, gilt als der gleiche Ort, an dem Isaak seinen Sohn fesselte, um ihn Gott als Opfer darzubieten, bis ein Engel erschien, um ihm zu sagen, dass er statt Isaak einen Schafsbock nehmen solle. Die jüdische Kabbala betrachtet Isaak als die Verkörperung der vierten Sephira, *chesed* oder Gnade.

Wir haben bereits gesehen, dass die christliche und auch die westliche Kabbala Christus an die Stelle von *tiferet*, der sechsten Sephira, ins Zentrum des Baums stellt. So wie es möglich ist, uns den ganzen Baum als einen menschlichen Körper vorzustellen, können wir uns im Zentrum des Baums auch Christus am Kreuz vorstellen. (Wir sollten hier darauf aufmerksam machen, dass das Haindl-Bild Christus mit der Dornenkrone auf der Spitze der rechten Säule zeigt. Dies ist die Säule des Mitleids und damit ein angemessener Platz für einen Heiland. Die Sephira im Zentrum des Haindl-Baums zeigt einen Vogel. Für Christen wird hier auf den Heiligen Geist verwiesen).

Einige Gelehrte meinen, dass die Römer in Wirklichkeit gar keine Kreuze für die Todestrafe benutzten, sondern dass die Verurteilten an einfache Masten genagelt wurden. (Das Wort *crucifix* kommt aus dem Lateinischen und bedeutet „an einem Kreuz befestigt“, aber *crucifixion* ist vielleicht gar nicht der ursprüngliche Ausdruck). Wenn das so sein sollte, dann hat sich die Christenheit aus zwei Gründen für das Bild des an ein Kreuz genagelten Christus entschieden. Erstens erlaubt das Kreuz die Öffnung des Körpers mit seinen ausgebreiteten, die ganze Menschheit umschließenden Armen. Der Körper von Christus wird damit eher zu einem Baum und Schutzschild.

Zweitens bildet das Kreuz ein kraftvolles Symbol für die Überschneidung von Ewigkeit und Geschichte. Die vertikale Linie des Kreuzes steht mit anderen Worten für das Göttliche, Allgegenwärtige, Ewige und Allmächtige, während die horizontale den historischen Moment und die Kette der Ereignisse bezeichnet, die zum Opfertod führten. Die vertikale Linie symbolisiert also die Göttlichkeit von Christus, während die horizontale seine Menschlichkeit beschreibt.

Die Symbolik des Kreuzes findet sich außerhalb des Christentums noch in anderen Kulturen. Sowohl in der alten griechischen Religion als auch im haitianischen Voodoo erscheinen Gottheiten an Wegkreuzungen. Diese werden als Punkte gesehen, an denen unterschiedliche Wirklichkeitsbereiche aufeinandertreffen, insbesondere der Bereich der Götter und der der Menschen.

Obwohl die christliche Kabbala Christus ins Zentrum des Baums plaziert, stellt der gesamte Baum des Lebens ein Zusammentreffen dar, eine Art Kreuzungspunkt der göttlichen Wahrheit und der menschlichen Geschichte. Man kann das so sehen, weil der Baum mit einem Bild der Ewigkeit beginnt: mit *kether* und weil er sich in jene Bereiche hinunter erstreckt, die wir als die „reale Welt" ansehen: nach *malkuth*.

Es ist eine Bewegung in beide Richtungen. Wenn wir an den Baum als Schöpfungsprozess denken, fließt die Energie von *kether*, der ersten Sephira, baumabwärts nach *malkuth*, der zehnten Sephira. Wir können uns den Baum aber auch als einen Weg vorstellen, der uns zurück zum göttlichen Bewusstsein führt. Dann bewegen wir uns aufwärts von *malkuth* zu *kether*. Und wenn wir den Baum als ein Modell unseres Körpers nehmen, können wir der in uns erwachenden Energie erlauben, von *malkuth* zu unseren Füßen nach *kether* zum Scheitelpunkt unseres Kopfes aufzusteigen. Eine solche Bewegung vermag die normale Wahrnehmung unseres Lebens als eines von Sterblichen umzuwandeln in ein Gewahrwerden unseres ewigen „wahren" Selbst, das sich im Einklang mit der unsterblichen göttlichen Energie befindet.

Die Geschichte von Odins Opfer erinnert so sehr an Christus, dass frühe Mythen- und Volkskundler annahmen, die nordischen Erzähler hätten sie aus dem Christentum entlehnt. Heute sind sich die meisten Forscher einig, dass die Geschichte aus der vorchristlichen Periode des Nordens stammt. Sie hat vielleicht ihren Ursprung in dem sehr alten Ritus des Pferdeopfers, der aus Sibirien bekannt ist (vergleichbar mit dem Stieropfer im alten Griechenland oder dem Schafsbockopfer im alten Israel). Im Mythos hat Odin ein Pferd namens *ygg*. Und der Name des Baums, *yggdrasil*, könnte „Straße des Odin" bedeutet haben.

Der Kerngedanke des Baums ist Erneuerung. Wie die Schlangen, die ihre Haut abstreifen und gleichsam wiedergeboren werden, wie der Mond in seinem Zyklus vom ausgewachsenen Vollmond zum Verschwinden im Neumond und zum Aufgang der neuen Sichel, so werfen die Laubbäume ihre Blätter im Winter ab und treiben ein neues grünes Kleid im darauffolgenden Frühjahr aus. Dem nordischen Mythos zufolge wird eine *ragnarok* genannte Schlacht die Götter und alles Leben vernichten. *Yggdrasil* wird zerissen und damit die Verbindung zwischen allen Welten. Der Baum birgt jedoch einen zukünftigen Mann und eine zukünftige Frau. Wenn der alte Baum stirbt, werden diese beiden – wie ein neuer Adam und eine neue Eva – in der Erwartung einer Erneuerung der Schöpfung freigesetzt.

Odin sucht das Wissen und die magische Kraft der Runen, die in einem dunklen Brunnen am Fuß des Weltenbaums verborgen liegen. Um sich vorzubereiten, fügt er sich eine seitliche Wunde zu und hängt sich für neun Tage und Nächte an den Baum. Aber das ist nicht genug. Er bringt sein rechtes Augenlicht dem Mimir, dem Herrn des Brunnens, als Opfer dar. Schließlich gelingt es Odin, hinabzulangen und die Runen zu ergreifen. Weil Odin der Vater der Götter ist, weist die westliche Kabbala ihm den Platz der zweiten Sephira, *hokhmah* zu, der für den erhabenen Vater vorgesehen ist. *Hokhmah* bedeutet Weisheit. Durch den Besitz der Runen wird Odin zu einem Meister der Weisheit, der in alle Welten Einblick nehmen kann.

Die Runen ähneln dem hebräischen Alphabet. Sie können Worte bilden wie alle anderen Buchstaben, ihnen sind aber darüberhinaus besondere Kräfte und symbolische Bedeutungen eigen. Beide Alphabete finden für Wahrsagezwecke Verwendung und zwar in sehr ähnlicher Weise. Die Wahrsager schreiben die Buchstaben auf kleine Steine oder Holzstücke, stecken diese in einen Beutel, schütteln ihn und ziehen einen oder mehrere Zeichen heraus, um die Frage zu beantworten.

Sowohl beim Futhark (Runen) als auch beim Aleph-Beth (Hebräisch) beschreibt jeder Buchstabe ein Geschöpf oder eine Qualität. So bedeutet beispielsweise *gimel*, der dritte hebräische Buchstabe, Kamel und die Rune *ur* kann man mit Auerochs übersetzen, einem europäischen Bison, der seit dem Mittelalter ausgestorben ist. Beide Buchstaben, *gimel* und *ur*, erscheinen auf der von Hermann Haindl gemalten Tarot-Karte der Hohenpriesterin.

Das *sefer yetsirah* beschreibt die Schöpfung als eine Hervorbringung der zehn Sephirot und der zweiundzwanzig hebräischen Buchstaben. Der Baum des Lebens der Kabbala verbindet diese beiden Vorstellungen in erhellender Weise in dem Schaubild der die Sephirot miteinander vernetzenden zweiundzwanzig Pfade. Die westlichen Kabbalisten des 19. Jahrhunderts verknüpften diese Buchstaben und Pfade mit den zweiundzwanzig Trümpfen der Großen Arkana des Tarot. Auf dem Haindl Bild des Baums können wir die Namen dieser Karten auf den Verbindungslinien zwischen den Sephirot entdecken. Darüberhinaus weisen die Haindl Tarot-Karten die entsprechenden Runen auf, so dass wir auch diese Zeichen auf den Baum legen könnten.

2. Der Baum im Inneren des Baumes

Wir haben bereits einen kurzen Einblick in die vielen Quellen, Ideen und Symbole genommen, die in das Schaubild des Baums des Lebens eingeflossen sind. Die Hauptquelle bleibt aber auf jeden Fall die Geschichte von Adam und Eva im Garten Eden. Wir werden uns eine Weile mit diesem Bericht beschäftigen, weil seine Feinheiten in wichtigen Fragen einerseits ein helles Licht auf den Baum werfen und er uns andererseits lehrt, mit den Mythen und den Bildern, die Hermann Haindls Bild bevölkern, umzugehen.

Die meisten Menschen im Westen glauben, dass sie die Geschichte kennen. Gott verbietet Adam und Eva, den Apfel zu essen; die Schlange schafft es, Eva zu versuchen; Eva gibt Adam etwas ab; Gott vertreibt die beiden aus dem Garten und seitdem leidet die Menschheit. Christen nennen das den Sündenfall. Es ist der Ursprung dessen, was der heilige Augustin „Erbsünde" nannte, wodurch alle lebenden Menschen als Nachfahren Adams und Evas an diesem gefallenen Zustand teilhaben. Das Opfer des Christus am Kreuz gilt als Rettung der Menschheit und Zuflucht vor der Hölle. Aus diesem Grund besteht der christliche Mythos darauf, dass das Holz des Kreuzes vom Baum des Lebens genommen ist.

Die Geschichte ist aber sehr viel feinsinniger als es auf den ersten Blick scheint. Wegen der Bedeutung der kabbalistischen Vision werden wir diese eingehender betrachten. Wir werden auch fragen, inwieweit Hermann Haindls eigene Vision an der Bedeutung der biblischen Erzählung teilhat.

Genauso wie die Juden den Baum des Lebens ursprünglich für einen realen Baum hielten, so nahmen sie auch an, dass der Garten Eden auf dieser Welt ein wirklich vorhandenes Gebiet sei. Die Bibel erzählt, dass der Garten von einem Fluss durchzogen wurde, der sich beim Verlassen in vier neue Flüsse teilte. Dazu gehören Euphrat und Tigris, die für die Wasserversorgung der alten babylonischen Zivilisation (heute Irak) im Mittleren Osten sorgten. Hier haben wir ein Beispiel dafür, wie der Mythos vom Baum des Lebens funktioniert. Im dritten Kapitel werden wir sehen, dass die Kabbala lehrt, dass es nicht nur einen, sondern in der Tat vier Bäume gibt. Der Schöpfer erschuf die Welt nicht auf einen Schlag. Er baute vielmehr vier Welten, die in ihrer Abfolge immer haltbarer und dauerhafter wurden. So wie der eine Fluss des Gartens zu vier Flüßen in der irdischen Wirklichkeit geworden ist, so entfaltete sich die göttliche Schöpfungsmacht in die vier Welten. Mythos und Realität verschmelzen. Das Wort *eden* entstammt dem Sumerischen. Diese Kultur ging der babylonischen voraus. Es bezeichnete zunächst einen Ort, der einmal fruchtbar gewesen, dann aber verödet war. Später verstand man darunter einfach eine unbewirtschaftete Steppenlandschaft. Wenn die menschliche Bewusstheit an ihrem ursprünglichen Platz verbleibt, am Ort des Baums des Lebens, dann behält Eden den Charakter eines fruchtbaren Gartens. Wenn sie ins Exil geht, wenn wir das Gefühl für unsere eigentliche Bestimmung verlieren, dann verwildert der Garten und wird sogar unfruchtbar. Dieser radikale Gedanke – dass die Vollkommenheit der göttlichen Schöpfung auf die menschliche Bewusstheit angewiesen ist – macht einen Teil der Bedeutung der Geschichte aus, wenn es heißt, dass Gott diesen Garten schuf und den Menschen da hineinsetzte, damit er darüber wache und ihn pflege.

Oft hört man, dass vom Garten Eden als vom „Paradies" gesprochen wird. Dieses Wort erscheint in Wirklichkeit später, nämlich als die Menschen anfingen, ihre verlorene Heimat als etwas jenseitiges anzusehen. Das hebräische Wort für Paradies ist sehr ähnlich: *pardes*. Es bedeutet Obstgarten – also ein herrlicher Garten voller fruchttragender Bäume. Einer der einflussreichsten kabbalistischen Texte hieß „der Garten der Granatäpfel". Paradies ist ursprünglich ein persisches Wort, *paradeiza*, und meint einen eingehegten Bezirk, also einen bewirtschafteten Garten oder eine Obstpflanzung, die vor der Wildnis geschützt wird.

Im Hebräischen – und im Arabischen, der Sprache des Koran – sind alle Buchstaben Konsonanten. Die Vokale werden als Hilfszeichen unter den Buchstaben angezeigt oder einfach als bekannt vorausgesetzt. Im Deutschen würde „Welt" also „WLT" geschrieben. Diese Eigenart ist für die Kabbala sehr wichtig, weil zwei Worte mit denselben Konsonanten wie ein und dasselbe Wort erscheinen und nur durch den Kontext auseinandergehalten werden können. Auf diese Weise können zwischen Wörtern bedeutungsvolle Verbindungen hergestellt werden. Nehmen wir als Beispiel die englischen Worte „God" (Gott), „good" (gut) und „guide" (Führer). Alle drei würden gleich geschrieben: „GD". Aus diesem Grunde sagen Juden und Muslime oft, dass die Hebräische Bibel und der Koran nicht wirklich übersetzt werden können, weil die Worte ihre durch die Verbindung mit gleich geschriebenen Worten mitschwingenden Bedeutungsfelder verlieren. Eine weitere Form der kabbalistischen Wortverbindung ist die Gematrie. Durch die Gleichsetzung eines jeden hebräischen Buchstabens mit einem bestimmten Zahlenwert erhält jedes Wort einen addierten Gesamtwert, der es zu einem anderen mit dem gleichen Wert in Beziehung setzt.

Die Kabbala baut sehr stark auf derartigen Zusammenhängen auf. Sie ermöglichen uns buchstäblich vielschichtige, über mehrere Bedeutungsebenen verteilte Einsichten in den Baum des Lebens und andere Symbole. Hermann Haindls Bild entspricht dieser Vieldimensionalität durch das Übereinanderschichten einzelner Bildmotive, die auf ähnliche Weise miteinander Verbindung aufnehmen wie die Worte in der traditionellen kabbalistischen Auslegung.

Unter all diesen Wortspielen fällt dem Wort Paradies – *prds*, denn wir schreiben nur die Konsonanten – eine besondere Bedeutung zu. Zum einen ist es mit seinen vier Buchstaben ein ungewöhnliches Wort, denn die meisten hebräischen oder arabischen Wörter haben einen Stamm von drei Buchstaben. Vier Buchstaben lassen uns sofort an die vier Welten der Kabbala denken, aber auch an Gottes in der Bibel überlieferten allerheiligsten Namen, der oft Tetragrammaton genannt wird, weil er vier Buchstaben umfasst. Im kabbalistischen Denken gibt es nicht eine Wirklichkeit sondern vier. Die Welten bewegen sich in einem Spannungsfeld der Pole Geist und Materie. Unsere Welt des „Handelns", die vierte Welt (*assiyah*), ist dabei der materiellen Seite am nächsten, während die „archetypische" erste Welt der „Emanationen" (*atzilut*) ihren Schwerpunkt auf der geistigen Seite hat. Kabbalisten visualisieren die vier Welten normalerweise in vertikaler Richtung als eine überlappende Reihe. Sie nehmen die Jakobsleiter-Eigenschaft des Baumes und erweitern sie dergestalt, dass die jeweilige Baumspitze des unteren Baums das Fundament des darüberstehenden bildet. Dieses Bild leitet sich wiederum aus dem Gedanken vom Auf- und Abstieg her, von der Bewegung zwischen Himmel und Erde. Diese Gedanken werden im folgenden Kapitel, in welchem wir die vier Welten genauer untersuchen, verständlicher.

Wir können die vier Welten aber auch noch auf eine andere Weise betrachten, nämlich so, als seien sie jeweils ineinandergebettet. An jedem Punkt existieren wir dann in allen vier Welten gleichzeitig. Wir haben es bisher nur noch nicht geschafft, durch die Oberfläche hindurch zu sehen und die im Inneren verborgen liegenden Ebenen zu erkennen. Wir haben das Paradies in Wahrheit gar nicht **verloren**, wir haben nur unsere Fähigkeit verloren, es zu **erkennen**. Die vier Buchstaben *prds* stehen für vier Arten der Erkenntnis: die praktische Einsicht, das intellektuelle Verstehen, die allegorische Deutung und die mystische Versenkung. Das Paradies erreichen wir nicht mit einer einzigen Methode – zum Beispiel nicht allein in oder mit der mystischen Gotteserfahrung – sondern im Zusammenspiel aller Herangehensweisen. Wir benötigen alle vier Konsonanten, um das Wort zu buchstabieren. So ist es also mit dem Baum des Lebens oder mit den vier Bäumen in den vier Welten. Wir sind hier nicht einfach unten bei *malkuth* in *assiyah* –

also in die unterste Emanation des untersten Baums – hineingesteckt worden. Das ist nur unsere begrenzte Sichtweise. Unsere Existenz erfüllt den ganzen Baum, der ganze Baum erfüllt uns. Und wieder ermöglicht uns Hermann Haindls Bild das Verständnis: Wir sehen die übereinandergelagerten Bildschichten alle gleichzeitig: das genaue Abbild eines Vogels oder eines lächelnden Mundes im selben Moment wie die feinsinnigeren, nicht so leicht zugänglichen Allegorien und Anspielungen auf mythische Figuren und die abstrakte Darstellung des eigentlichen Baums.

Die Rabbis der frühen Kabbala und der Himmelswagenmystik, die ihr vorausging, benutzten die vier Buchstaben *prds* als Leitfaden für das Studium und die Auslegung des heiligen Textes, der Torah, von der sie annahmen, dass sie göttlichen Ursprungs sei. Die Torah wirklich zu verstehen, bedeute, sich im Paradies zu befinden. Da wir nun dasselbe vom Baum des Lebens sagen können – also wenn wir ihn wirklich verstehen, auf allen vier Ebenen, nicht nur als ein Konzept, dann bringt er uns dem Göttlichen näher – deshalb können wir die Vier-Buchstaben-Methode der Auslegung auch auf den Baum anwenden.

Prds wird so zu einem Akrostichon. Jeder Buchstabe steht dabei für ein bestimmtes Wort und damit für eine Methode der Erkenntnis dessen, was wir lesen oder sehen. P steht für *peshat*, die buchstäbliche oder wörtliche Ebene der Interpretation. Das hebräische Wort bedeutet „einfach". Wir können nicht alles symbolisch auffassen oder die alltägliche Welt als eine Illusion ansehen. Man denke an den Autoaufkleber: „Die Wirklichkeit ist real. Deshalb nennen wir sie Realität". R steht für *remez*, auf hebräisch „Hinweis, Tipp, Anspielung". Dies meint den intellektuellen Zugang und die erste Ebene des metaphorischen Verständnisses. D steht für *drash*, „Auseinanderlegung, Predigt". Hier handelt es sich um die allegorische Ebene. Die Metaphern werden reichhaltiger und decken größere Bedeutungsfelder ab. Für diese Auslegungsebene haben die Rabbis ausgefeilte Geschichten erfunden, die sogenannten *midrashim* (Plural von *midrash*), die auf Figuren und Szenen aus der Bibel zurückgehen. Auf eine Weise kann man die gesamte Bilderwelt des Baums des Lebens als einen *midrash* über die Geschichte von Adam und Eva im Garten Eden lesen.

S steht schließlich für *sod* oder „Geheimnis". Dies bezieht sich auf die verborgene oder mystische Bedeutung eines heiligen Textes oder Bildes. Mit normalen Werkzeugen können wir auf dieser Ebene nichts ausrichten. Wir brauchen Intuition und ein Gefühl für die innere Wahrheit. Zur gleichen Zeit leiten uns paradoxerweise vor allem die wörtliche Bedeutung oder die einfachen Bilder am unmittelbarsten in diesen Bezirk hinein. Das Bild des Baums des Lebens ist herausfordernd und geheimnisvoll. Bei seinem Anblick erreicht uns eine Ahnung tieferer Wahrheiten. Wir zittern vor Erregung und verspüren die gleiche wunderbare Ehrfurcht wie bei allen alten und bedeutungsvollen Geschichten. Durch diese Erregung werden wir auf die mystische Ebene des Baums emporgehoben. Wir brauchen die intellektuellen und symbolischen Wegmarken, um überhaupt soweit zu kommen und um zu verstehen, was das alles bedeutet. Aber wenn wir glauben, dass diese Konzepte alles sind, worauf es ankommt, werden wir das Paradies des wirklichen Verstehens niemals betreten. *P-r-d-s* ist keine Linie sondern ein Kreis und in einem Kreis berühren sich das P und das S.

Um es noch einmal von einer anderen Seite aus zu beleuchten: wenn wir das P und das S weglassen, haben wir nur noch R & D, und das bedeutet im englischsprachigen Raum soviel wie „research and development" – Forschung und Entwicklung. Vielleicht finden wir einen intellektuellen Zugang zum Baum, vielleicht ziehen wir sogar irgendeinen praktischen Nutzen aus unserer Beschäftigung. Wir bringen mit seiner Hilfe vielleicht ein bisschen Magie zustande oder ein Ritual. Wir nutzen seine symbolische Qualität vielleicht zur Veranschaulichung der Nervenbahnen in unserem Gehirn. Aber wir werden dabei die Geschichte aus dem Auge verloren haben und ohne die Geschichte werden wir den Weg zu einem mystischen Verständnis – dafür steht der ganze Baum am Ende eben doch – nicht finden.

Meine Freundin Zoe Matoff, die über diese Dinge tief nachgedacht hat, schlägt vor, die vier Buchstaben/Ebenen direkt auf dem Baum zu verorten. Wenn wir das P auf *malkuth* legen, auf die Sephira der materiellen Welt, S auf *kether*, die Sephira, die sich in der größten Nähe des Göttlichen befindet, so bleiben für R und D die Plätze auf den beiden Säulen an den Seiten. Die linke Säule der Gerechtigkeit käme vielleicht für *remez*, die intellektuelle Ebene, in Frage, während die rechte Säule der Gnade *drash* aufnehmen würde, den allegorischen Zugang (vgl. Grafik auf der nächsten Seite).

Wir können noch genauer vorgehen und *remez* auf *gevurah* legen und *drash* auf *chesed*. Denn es sind diese beiden Sephira, Stärke und Gnade, die den Charakter der jeweiligen Säulen zusammenfassen. Auf diese Weise werden die vier Ebenen der Text- oder Bildauslegung zum Fahrzeug und Rastplatz auf dem Weg zum spirituellen Erwachen – von *malkuth* nach *gevurah* nach *chesed* nach *kether*. Wir behalten das jetzt im Kopf und wenden uns wieder *peshat* zu – der Geschichte vom Garten Eden.

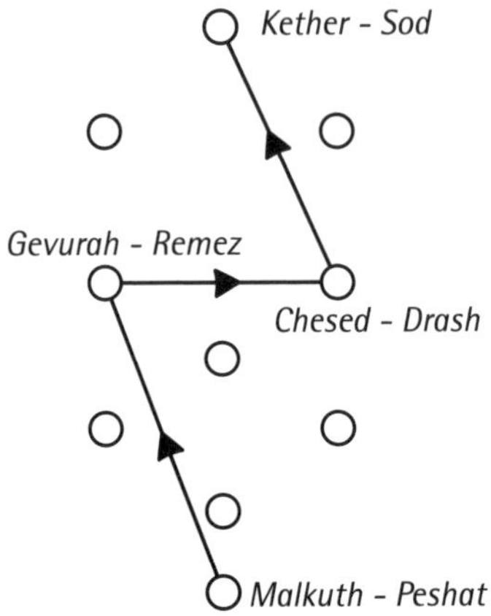

Die Genesis überliefert zwei Versionen der Schöpfung. In der ersten, dem berühmten „Sechs-Tage-Bericht“, werden Eden oder die beiden Bäume gar nicht erwähnt. Auch von Eva wird nicht gesagt, sie sei aus Adams Rippe erschaffen. Stattdessen werden die einzelnen Schöpfungsstadien beschrieben, wie sie sich über die Tage verteilen und mit der Schöpfung des Menschen abschließen. Mann und Frau treten am sechsten Tag gemeinsam ins Leben und tragen keinen Namen.

Der Satz, der diese Schöpfung beschreibt, ist für die Kabbala sehr wichtig: „... zum Bilde Gottes schuf er ihn und schuf sie als Mann und Weib“, berichtet der Text. Sogar noch vor der Entwicklung des kabbalistischen Gedankenguts fiel den alten Rabbis auf, dass die Worte „Mann und Weib“ nicht nur die ersten Menschen beschrieben, sondern Gott selbst. Im Hebräischen bezieht sich eine einleitende Wortgruppe innerhalb eines Satzes grammatikalisch auf das nächstfolgende Nomen oder Pronomen. Die Wortfolge im Hebräischen lautet: „Mann und Weib, Er erschuf sie“. Die Worte „Mann und Weib“ beziehen sich also auf „Er“, Gott. So gesehen ist Gott ein Hermaphrodit, mit männlichen und weiblichen Aspekten. (Dieses Beispiel zeigt die oben erwähnte „Unübersetzbarkeit“ der Bibel – Anm d. Übers.).

Wenn Gott die Menschen „zu seinem Bilde“ schuf, dann spiegeln Frau und Mann beide das göttliche Wesen wieder und der Schöpfer muss demnach auch auf einer tieferen als der grammatischen Ebenen beide Eigenschaften haben – trotz des ständigen Gebrauchs des Wortes „Er". Tatsächlich haben einige der in der Bibel für die Beschreibung Gottes verwendeten Worte ihre Wurzelbedeutung im Bereich des weiblichen Körpers und sind in Wirklichkeit den Göttinnen zugehörige Ausdrücke. Das biblische Wort für Gnade leitet sich beispielsweise von dem Wort für Mutterleib ab. *Shaddai*, ein biblisches Wort, das oft mit „der Allmächtige" übersetzt wird, kommt in Wirklichkeit von einem Wort, das Brüste bedeutet.

Die Kabbalisten entwickelten den Gedanken eines hermaphroditischen Gottes noch viel weiter. Von hieraus gelangen wir zu der Vorstellung, dass der Baum des Lebens eine männliche Säule zur rechten und eine weibliche Säule auf der linken Seite besitzt und dass diese beiden Säulen miteinander versöhnt werden müssen.

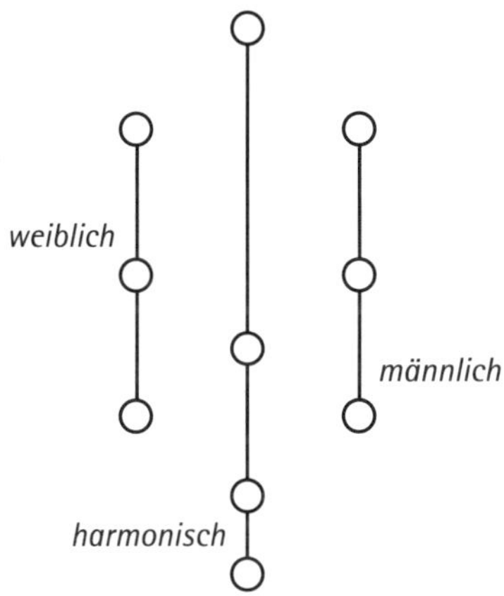

Wir stoßen ferner auf die Vorstellung, dass der weibliche Aspekt Gottes, die *shekhinah*, in *malkuth* ihren Sitz hat. Wir werden diese Gedanken in späteren Kapiteln noch genauer untersuchen und fragen, was sie für unseren Umgang mit dem Baum und – was noch wichtiger ist – für unser Leben bedeuten.

In diesem ersten Kapitel der Genesis werden keine Vorschriften erwähnt. Gott sagt lediglich: „Sehet da, ich habe euch gegeben alle Pflanzen, die Samen bringen, auf der ganzen Erde, und alle Bäume mit Früchten, die

Samen bringen, zu eurer Speise. Aber allen Tieren auf Erden und allen Vögeln unter dem Himmel und allem Gewürm, das auf Erden lebt, habe ich alles grüne Kraut zur Nahrung gegeben" (1. Mose 1:29-30 – alle Bibelzitate nach der Luther-Bibel von 1964). In Vers 28 hatte Gott die Menschen bereits aufgefordert, fruchtbar zu sein und die Erde zu bevölkern.

Der bekannte Bericht über den Garten und die Rippe folgt in Kapitel zwei. Hier erscheinen die Menschen nicht am letzten Arbeitstag der Schöpfung sondern ziemlich am Anfang. Die Geschichte erzählt uns, dass Gott Himmel und Erde erschafft, aber dass kein Plan existiert, wie es weitergehen soll. Denn Gott hatte weder den Regen erschaffen, um den Boden zu befeuchten (man bedenke, dass sich die Ereignisse im Mittleren Osten abspielen. Alles Leben hängt hier von der Regenzeit ab) noch den Menschen, damit er ihn bearbeite. Alsbald steigt jedoch ein Nebel auf. Und der Mensch wird aus Erde vom Acker geformt. Der Name Adam kommt von „Boden", *addamah* im Hebräischen, aber auch *adom*, "rot", und *dam*, „Blut".

Erst nach der Erschaffung Adams lesen wir: „... und Gott der Herr pflanzte einen Garten in Eden gen Osten hin" (1. Mose 2:8). Weiter erfahren wir, dass in diesem Garten allerlei Bäume aufwachsen, darunter in der Mitte der Baum des Lebens und der Baum der Erkenntnis von Gut und Böse. Dann wird die Geographie Edens beschrieben mit den vier Flüssen und ferner mitgeteilt, dass Gott Adam in diesen Garten hineinsetzt, „dass er ihn bebaute und bewahrte" (1. Mose 2:15). Nun aber spricht Gott eine Warnung aus: Du kannst von allem essen, spricht der Schöpfer, nur nicht vom Baum der Erkenntnis des Guten und Bösen, „denn an dem Tage, da du von ihm issest, musst du des Todes sterben" (1. Mose 2:17).

Man beachte, dass diese Vorschrift nicht den Baum des Lebens einschließt. Bedeutet das, dass von diesem Baum solange gegessen werden darf, solange nichts von dem anderen verbotenen genommen war? Oder könnte es auch heißen, dass Adam den Baum des Lebens noch gar nicht kannte, weil er eben noch nicht vom Baum der Erkenntnis gegessen hatte? Diese Fragen entscheiden darüber, ob wir den Baum des Lebens verstehen und was er genau bedeutet. Wir werden zu diesem Angelpunkt in Kürze zurückkommen.

Jetzt erfahren wir von dem Entschluss Gottes, Adam einen irgendwie gearteten Helfer beizugesellen. Dann fährt der Text fort: „Und Gott der Herr machte aus Erde alle die Tiere auf dem Felde und alle die Vögel unter dem Himmel" (1. Mose 2:19). Ebenso war der Schöpfer mit Adam verfahren. Wir können dies so interpretieren, dass wir alle aus dem gleichen Material – der Erde – „hergestellt" worden sind, selbst wenn unser Bewusstheitshorizont den der Tiere überschreitet. Im Gegensatz zu der landläufigen Meinung über die Schöpfungsgeschichte zeigt die Bibel ein ökologisches Verständnis in der Einsicht, dass alles Leben von der Erde genommen und deswegen mit- und untereinander verwandt ist. Gott hatte Adam ursprünglich mit der Absicht in den Garten hineingesetzt, damit er ihn pflege, damit er sich um das Wachstum der Pflanzen kümmere und sie behüte. Nach einem langen Zeitraum der ideologisch unterfütterten Ausbeutung der Natur tut es gut, zu entdecken, dass die Bibel in Wirklichkeit etwas ganz anderes lehrt.

Es hilft uns auch, den Baum des Lebens und seine Bedeutung für uns zu verstehen. Trennt er uns von der Erde? Hebt er uns fort vom Materiellen hinein in einen körperlosen geistigen Zustand? Sicher wird er von einigen Menschen so aufgefasst, aber ich glaube nicht, dass wir uns dieser Herangehensweise anschließen müssen. Ich glaube vielmehr, dass wir den Baum als ein Werkzeug ansehen können, dass unser verschüttetes Verständnis für die vielfach miteinander verknüpften Zusammenhänge des Lebens freilegen kann. Haindls Bild unterstützt uns mit seiner Vielzahl dargestellter lebendiger Wesen – Menschen, Tiere, Pflanzen und Andeutungen von Geistwesen – bei der Wiederentdeckung des Gartens Eden als einen Ort, an dem alles Leben miteinander verbunden ist.

Nun kommen alle Geschöpfe vor Adam zusammen, als wollten sie sich wie bei einem Casting um die Rolle des Gehilfen bewerben. Adam gibt ihnen jedoch nur einen Namen. Ein Nebenmotiv Gottes bei dieser Schöpfungsparade war tatsächlich Neugier, „dass er sehe, wie er sie nennte" (1. Mose 2:19). Die Sprache unterscheidet uns vom Tier. Sie gibt uns nicht unbedingt Macht über andere Wesen – der Text spricht nicht davon, dass Adam mit den Namen irgendwelche magischen Zwangsmittel in die Hand bekommen hätte – sie hilft uns aber dabei, das Geschenk der Bewusstheit zu entfalten. dass dieses Geschenk auch Schattenseiten hat, ist schon vielen Menschen aufgefallen. Bewusstheit kann uns von der eigentlichen Erfahrung und dem Wunder der Schöpfung regelrecht abtrennen. Wenn wir ein riesiges, aus dem Boden hervorgetriebenes Gewächs anschauen und dabei einfach nur „Baum" denken, verlieren wir den Zugang zur Wirklichkeit.

Und doch gehört die Sprache im tiefsten Grund zu unserem Wesen. Die Sprache verneinen, heisst unsere Menschlichkeit verneinen. Wir müssen sprechen, wir sehnen uns danach, unsere Fähigkeit, den Dingen Namen zu geben, auch einzusetzen. Ohne Sprache verschließen wir uns dem Verständnis und der Erinnnerung an die tiefer gelegenen Schichten unserer Existenz. Das Bedürfnis zu sprechen gehört zum Kabbala-Baum, besonders zu seiner westlich-hermetischen Version mit ihrem komplexen Verweisungsgefüge. Zu einem Verständnis der Sephirot gelangen wir zum Teil durch das Erlernen und Erkennen ihrer vielen Attribute. Wir können dieses Vorgehen als eine Erweiterung von Adams Fähigkeit auffassen, den Geschöpfen Namen zu geben. Die Kabbala behauptet sogar, dass ihre Lehren auf ein unsichtbares Buch zurückzuführen sind, das Adam in Eden übergeben wurde und das über Jahrtausende erhalten blieb, bis die Zeit kam, da es niedergeschrieben und der Welt zugänglich gemacht werden sollte.

Wir kommen jetzt zu einer der berühmtesten Passagen, der berüchtigten Szene mit der Rippe. Weil keins der Tiere wirklich in Frage kommt, Adam als Gehilfe zu dienen, versetzt Gott Adam in einen tiefen tranceartigen Schlaf und entnimmt ihm eine Rippe. Aus dieser Rippe formt der Schöpfer eine Frau. Generationen von Männern haben daraus die Unterlegenheit des weiblichen Geschlechts abgeleitet. Der heilige Paulus empfahl, dass Frauen in der Gemeinde schweigen und stattdessen ihre Ehemänner reden lassen sollten, denn Gott habe die Frau „vom Manne genommen". Wenn wir aber zu *peshat* zurückkehren, zu der buchstäblichen Geschichte, dann suchen wir eine solche Aussage vergebens. Stattdessen lesen wir: „darum wird ein Mann seinen Vater und seine Mutter verlassen und seinem Weibe anhangen, und sie werden sein ein Fleisch" (1. Mose 2:24).

Was geschieht nun, wenn wir über das Buchstäbliche hinaus gehen? Welche Lektionen enthält dieser Bericht jenseits des geschlechterpolitischen Streits über die Unterlegenheit der Frau? An diesem Punkt kommen wir zu der fundamentalen Deutung, dass sowohl Gott als auch der erste Mensch hermaphroditisch gewesen ist. „Männlich und weiblich" ungetrennt in einem Geschöpf.

Dieses vollkommene Wesen verfügte über alle Eigenschaften, über die männlichen und die weiblichen. Eine Sache blieb ihm jedoch verwehrt. Es konnte nicht mit einem anderen Wesen in einen Dialog treten, um etwas Neues zu entdecken. Es existierte nur für sich allein, war für sich genommen auch vollkommen, hatte aber keinen Partner. Und deshalb trennte der Schöpfer es in zwei Teile, die wiederum jede und jeder für sich zwei Ganzheiten bildeten, die sich aber gegenseitig einander eine Ergänzung waren.

Und weil diese Menschen im Bilde Gottes geschaffen sind, können wir dasselbe auch vom Göttlichen sagen. Mit anderen Worten: Gottes wahres Wesen ist hermaphroditisch. Aber ohne ein Gegenüber kann er seine Göttlichkeit nicht wirklich erkennen. Diejenigen, die in einer religiösen Umgebung aufgewachsen sind, in der man davon ausging, dass Gott alles wisse, werden diesen Gedanken als sehr gewagt empfinden und ihn sicherlich außerhalb der westlichen Überlieferung ansiedeln. Es hört sich heidnisch an, nach einem Glauben, der Göttern und Göttinnen die Ehre erweist. Ein Aspekt der Kabbala ist aber ihre Furchtlosigkeit und ihre Bereitschaft dorthin mitzugehen, wo uns die Wahrheit hinzuführen scheint.

Nach der Kabbala existiert das Universum nur, weil Gott für sich selbst einen Spiegel haben wollte. Als die göttliche Energie sich in den Baum hinein ergoss – also in das Universum – entwickelten sich ein männlicher und ein weiblicher Aspekt jeweils zur rechten und zur linken Säule des Baums. Die Trennung von Adam und Eva, die doch im Bilde Gottes geschaffen waren, spiegelt diese Entzweiung innerhalb des Göttlichen.

Diese Gedanken weisen den Menschen eine große Verantwortung für die Schöpfung zu. Wir sind keine im Vergleich zu Gott unscheinbaren und bedeutungslosen Geschöpfe. Ganz im Anfang bezeugen wir die tatsächliche Gestalt der Gottheit. Denn wir sind in ihrem Bilde geschaffen. Die Menschen können sogar aktiv werden, wenn es darum geht, die getrennten Aspekte Gottes zu harmonisieren und ihre Einheit wiederherzustellen.

Hermann Haindls Baumbild deutet Wiederherstellung durch das Altertümliche oder, wie er es selbst nennt, „Archaische“ der Bildelemente an, durch ihre Nähe zum Ursprung, zum allerersten Anfang, bevor uns die vielen Vereinzelungen und Konflikte in der Kultur von unserem instinktiven Lebensgefühl entfremdeten. Diese archaische Qualität durchzieht Haindls ganzes Werk. In seinen früheren Bildern finden wir sie und in seinen Tarot-Karten – und jetzt in seinem Baum. Wir sehen archaische Bäume, alt wie Stein, von Verwitterung in Gesichter verwandelte Felsen und Schwäne und Stiere, Tiere, die von den Menschen auf der ganzen Welt als heilig erachtet werden. Wenn wir uns in das Haindl-Bild versenken, erhalten wir die Chance, die Bedeutungsebenen der Sephirot und ihrer Verbindungspfade zu erforschen, ein jeder nach seinen Möglichkeiten. Wir erhalten auch die Chance, ein Gespür für unseren Rückweg zu unserem Ursprung zu entwickeln.

Die Kabbala lehrt uns, die Natur als eine Lichtung anzusehen. Wir schauen in die Natur und durch sie hindurch auf die göttliche Substanz, die das ganze Sein erfüllt, auf die Sephirot inmitten des sichtbaren Lebens in seinem Überfluss. So versucht auch die Wissenschaft zu arbeiten. Sie studiert die zahllosen Wunder der natürlichen Welt und versucht, Muster und Gesetze zu entdecken. Viele Menschen betrachten die Kabbala als eine Wissenschaft, die sowohl vom Göttlichen her inspiriert ist, als auch durch Analyse und Untersuchung fortschreitet. Viele Wissenschaftler werden anerkennen, dass die

Arbeitsschritte *prds* – von der unmittelbaren Beobachtung über den Abgleich mit der intellektuellen Tradition zur Erkenntnis bedeutungsvoller Muster und schließlich zu den Naturgesetzen – ihre Arbeitsweise in der Tat zutreffend beschreiben.

Wir können unsere normale Geistesabwesenheit mit Begiffen des Baums beschreiben. Die Sephira am unteren Ende, *malkuth*, repräsentiert die äußere Form des Daseins. Wenn wir die Welt betrachten und nur das sehen, was unmittelbar vor uns liegt, wenn wir nicht tiefer und darüberhinaus schauen, dann sehen wir nur *malkuth* ganz allein und nicht gleichzeitig all die anderen Sephirot, die ihr von sich abgegeben haben. Wir können auf dem Baum nicht hinaufsteigen, wenn wir ihn gar nicht als solchen erkennen. Und genau das ist es, was einige Kabbalisten Adams große Sünde nennen.

Der erste Mensch, der Spiegel des Göttlichen, erblickte den Baum und verwechselte die Schönheit von *malkuth* mit dem Sein. Deshalb verlor Adam den Baum aus den Augen und zerfiel in eine männliche und eine weibliche Hälfte. Aber jeder und jede von uns hat die Möglichkeit, die Einheit wiederherzustellen, die Welt zu heilen.

Es gibt viele Mythen und extreme Ideen in der Kabbala – wie in den anderen Religionen auf der Welt auch – und einige davon mögen sogar im Widerspruch zueinander stehen. Das sollte uns aber nicht zu sehr stören, weil jede Auslegung ein anderes Stück der Wahrheit freilegt. Der Versuch, eine einzige „richtige“ Interpretation zu finden, führt in gleicher Weise ins Abseits wie die Verwechslung von *malkuth* mit dem Sein. Wir können Evas Erschaffung aus Adams Seite als den ursprünglichen Moment der Trennung ansehen – aber auch als Adams Vollendung, als den letzten Schritt.

Die großen Kabbalisten – und die Autoren der Bibel vor ihnen – waren wie alle anderen Menschen durch die Grenzen ihrer Kultur beschränkt. Weil sie aus einer patriarchalischen Gesellschaft kamen, betrachteten sie die Trennung von Mann und Frau unter einem bestimmten Blickwinkel und gaben dem Mann den Vorrang. Eva muss aus Adam entstehen. Die Wissenschaft legt das Gegenteil nahe und befindet sich damit im Einklang mit den allerältesten Mythen: evolutionsgeschichtlich gesehen ging das Männliche aus dem Weiblichen hervor. Die frühesten Organismen reproduzierten sich als „Mütter“ durch Teilung in zwei mit dem Original absolut identische „Töchter“. Neue Wesen konnten also erst nach der Aufteilung in zwei Geschlechter entstehen, da nur sexuelle Reproduktion durch einen Vater und eine Mutter die Kombination von Genen ermöglicht, durch die ein Nachkomme einzigartig und unverwechselbar wird.

Mit Adam und Eva wird der Garten fertig. Oder vielleicht sollten wir lieber sagen, er ist vorbereitet. Die scheinbare Vollkommenheit des Paradieses ist in Wirklichkeit eine perfekt eingerichtete Bühne. Stabilität entspricht nicht dem Wesen der Welt – der beständige Wechsel schon eher. Erzähle einmal einem Kind die Geschichte vom Garten ohne den Unterton einer religilösen Belehrung. „Es waren einmal ein Mann und eine Frau, die lebten in einem wunderschönen Garten. Der Besitzer des Gartens sagte zu ihnen. „Lasst es euch gut gehen, macht, was ihr wollt, das Einzige, worum ich euch bitten möchte, ist, von diesem Baum dort keine Äpfel zu pflücken!". Und dann frag das Kind mal, „und was, glaubst du, passierte dann?" Das Kind wird lachen und sagen: „Sie pflückten den Apfel!"

Natürlich machen sie es in der Bibel nicht einfach. Ein weiterer Schauspieler tritt auf. Die Bibel nennt die Schlange „listig" und unterschiebt ihr damit eine bösartiges Motiv. Einige Schlangen sind natürlich giftig und wir sollten uns vor ihnen in acht nehmen. Einige christliche Fundamentalisten lehren, dass Satan sich in der Schlange versteckt hätte und einige Juden behaupten dasselbe von Samael, der mittelalterlichen jüdischen Bezeichnung für den Bösen. aber die Bibel sagt dazu gar nichts.

Die Schlange ist vielschichtiger, als es die Geschichte nahelegt. Darauf weist zum Beispiel der Name eines Meditationsweges für die Kabbala hin: „der Weg der Schlange". Gemeint ist der schlangenförmig gewundene Aufstieg auf dem Baum von Sephira zu Sephira. Auf Hermann Haindls Bild windet sich eine große Schlange um die vierte Sephira, *chesed* (Mitte rechts). Ferner bewegt sich eine Gruppe von drei Schlangen um *gevurah* herum (Mitte links). Haindl malte sie, um auf den tieferen Sinn dieser Tiere in der Mythologie der Völker der ganzen Welt aufmerksam zu machen. Sie sind ein Beispiel für den archaischen Symbolismus und dessen Bedeutung für sein künstlerisches Schaffen.

Schlangen faszinieren den Menschen. Sie bewegen sich sehr schnell, ohne Beine, wie ein sinnlicher Blitz. Die eindeutig phallische Form suggeriert männliche Sexualität, mit der Art und Weise ihres Einrollens assoziieren wir jedoch die eher ringförmige Gestalt der weiblichen Scham. Zum Schlangenwachstum gehört das periodische Abstreifen der Haut, was uns an die Unsterblichkeit erinnert (als ich dieses Buch zu schreiben begann, fand ich eine Schlangenhaut an meiner Gartentür). Menschen, die sich die Gesichtshaut straffen lassen oder sich anderen Formen der Schönheitschirurgie unterziehen, versuchen, die Schlange nachzuahmen. Die Geschichte vom Garten Eden erzählt von einer Schlange und von zwei Bäumen. Im griechischen

Mythos stellt der Gott Hermes (die westliche kabbalistische Überlieferung nennt man auch die „hermetische") einen magischen Heilstab her, um den sich zwei Schlangen herumwinden. Dieser „Caduceus", wie ihn die Griechen nannten, ist noch heute das Symbol für die medizinischen Berufe. Mythologisch gesehen kann uns die Schlange also sowohl vergiften als auch heilen.

Der menschliche Körper ist selbst eine Art Caduceus. Im Yoga wird die zentrale Lebensenergie, die *kundalini*, als eine Schlange beschrieben, die eingerollt am Boden der Wirbelsäule ruht. Wenn diese Energie jedoch erwacht, dann spricht man von zwei schlangenartigen Energieströmen, *ida* und *pingala*, die sich wie beim Hermesstab um die Wirbelsäule winden.

Ist dieser Gedanke – und der Weg der Schlange – nur eine phantasievolle Metapher? Das Gift von einigen Schlangen kann ähnliche Visionen hervorrufen, wie sie in der heiligen Trance nach der Einnahme von Peyote und anderen Pilzen erfahren werden. Schamanen extrahieren diese Gifte und nehmen sie in abgemessenen Dosierungen ein oder erwerben sich Immunität, indem sie sich vorsichtig einzelnen Bissen aussetzen, sodass ein größerer Biss bei ihnen Visionen auslöst und nicht zu verletzenden Vergiftungen führt.

Die Menschen interpretieren die Taten der Schlange und den Verlust des Paradieses sehr unterschiedlich, je nach ihrem Standpunkt. Christen sprechen von „felix culpa", von der glücklichen Schuld, weil die Menschen in ihrer paradiesischen Unschuld der christlichen Erlösung zu einer höheren Form des Seins sonst nicht bedurft hätten. Heutige Anhänger von Göttinnenkulten betrachten den Garten als den ursprünglichen Wohnsitz der Göttin und ihres Gefährten, der Schlange. Tatsächlich wurde die Göttin Ashera in Kanaan bis weit in die Zeit des alten Israel hinein in Hainen verehrt. Wir erinnern uns jetzt vielleicht an die Bedeutung des hebräischen *pardes*, nämlich Obstgarten. In diesem Mythos verteilt die Göttin die Früchte des ewigen Lebens – mit Unterstützung der Visionen herbeiführenden Schlange – freigiebig unter den Initiierten. So gesehen erscheint die biblische Geschichte des Gartens wie ein verschleierter Hinweis auf die Zerstörung der Göttinnen-Religion durch die patriarchalischen Hebräer. (wer mehr über diese Interpretation wissen möchte, sei auf Joseph Campbell, *Occidental Mythology*, Merlin Stone, *When God Was a Woman* und mein eigenes Buch, *Im Körper der Göttin*, verwiesen).

Die kabbalistische Deutung der Schlange und der verbotenen Frucht ist vielschichtig und feinsinnig. Sie berührt die Geheimnisse von Exil und Rükkehr, von Unschuld und Gewahrwerden. Um diese zentralen Punkte zu verstehen, kehren wir jetzt zu *peshat* zurück, zu der Geschichte, wie sie im Buch Genesis erzählt wird.

Die listige Schlange fragt zuerst Eva: „Ja, sollte Gott gesagt haben: ihr sollt nicht essen von allen Bäumen im Garten?“ (1. Mose 3:1). Nein, nein, antwortet Eva, sie könnten schon von allen Bäumen essen, bloß nicht von diesem einen. Wenn sie den anrühren würden, müssten sie sterben. Da hat Eva allerdings einen Fehler gemacht; denn Gott hat ja gar nicht gesagt, dass es gefährlich sei, die Früchte **anzurühren**. Ein *midrash* erzählt, wie die Schlange jetzt ihre Chance gekommen sah. Sie überrumpelte Eva, sodass diese den Baum berührte und sie nun ihrerseits sagen konnte: „Na siehst du, es ist doch gar nichts passiert!“ Die Rabbis gehen aber noch weiter und machen einen interessanten Punkt. Sie befreien Eva von ihrer Schuld mit der Begründung, dass Adam seine warnenden Anweisungen für Eva übertrieben hatte und sie deshalb verführbar geworden war. Zoe Matoff hat mich darauf aufmerksam gemacht, dass in Wirklichkeit Gott die Verantwortung zu tragen hat, weil er es Adam auftrug, Eva zu unterrichten, anstatt es ihr selbst zu sagen.

Man müsste um diesen kunstgerechten Freispruch Evas gar nicht soviel Aufhebens machen, wenn es nicht den in der westlichen Kultur tief verwurzelten Glauben gäbe, dass alle Übel dieser Welt von der Frau her kommen. Die nächsten Worte der Schlange sind im Hinblick auf die zwei Bäume von größter Wichtigkeit. Sie sagt zu Eva, dass sie gar nicht sterben werden, sondern, dass Gott wisse, dass wenn sie vom Baum der Erkenntnis essen, „eure Augen aufgetan werden, und ihr werdet sein wie Gott und wissen, was gut und böse ist“ (1. Mose 3:5). Und sagt die Schlange damit nicht die Wahrheit? Schließlich starben Adam und Eva tatsächlich nicht und ein Bewusstsein für die Unterscheidung von Gut und Böse entwickelten sie auch.

Es gibt eine lange esoterische Tradition, die die Schlange als den eigentlichen Helden der Geschichte ansieht. In dieser Version ist der Gott der Genesis eine Art Tyrann, der die Menschen in Unwissenheit über ihr wahres göttliches Wesen halten will. Die aufrührerische Schlange, die die *kundalini*-Energie der erwachenden Bewusstheit symbolisieren mag, versucht Adam und Eva durch die Macht des Wissens zu befreien. Die Griechen nannten das Gnosis. Die Anhänger dieses Gedankens, die Gnostiker, waren die Feinde der frühen Kirche. Obwohl die Gnostiker oft Antisemiten waren, bezeichnete Gershom Sholem, ein bedeutender Kabbala-Forscher des zwanzigsten Jahrhunderts, die Kabbala als jüdische Gnosis. Auf jeden Fall machen die westlichen oder christlichen Versionen der Kabbala umfangreiche Anleihen beim gnostischen Gedankengut. Eva isst also von dem Apfel. Anscheinend passiert aber nichts, bevor sie nicht Adam davon abgibt. Wiederum stoßen wir auf die

Notwendigkeit der gegenseitigen Vervollständigung des Männlichen und des Weiblichen. Dies ist die Lehre von der linken und rechten Säule des Baums. Sobald Adam es seiner Frau gleichtut, werden ihre Augen tatsächlich „aufgetan". Sie sterben nicht. Aber jetzt sehen sie etwas. Was? Sie sehen, dass sie nackt sind.

Das hebräische Wort für „Erkenntnis" in dieser Geschichte heißt *da'ath.* Genau dieses Wort erscheint auf dem Baum des Lebens als verborgene oder „ungeschaffene" Sephira im Zwischenraum zwischen den drei höheren Sephirot und den sieben unteren

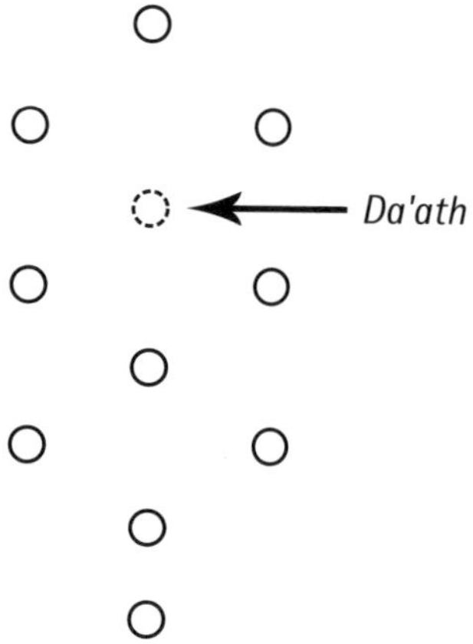

Wir werden später mehr über diese verborgene Sephira erfahren. Jetzt sollten wir aber wenigstens wissen, dass Sexualität zum Bedeutungsumfang von *da-'ath* dazugehört, man denke dabei an den berühmten biblischen Vers: „Und Adam erkannte sein Weib Eva" (1. Mose 4:1). Das Wissen, das Adam und Eva aus dem Apfel beziehen, hat also irgendwie mit Sex zu tun. Viele Menschen nehmen an, dass es nur um Sex geht, dass Adam und Eva sich vor dem Genuss der Frucht ohne das Wissen um ihre Geschlechtlichkeit geliebt hätten. Aber diese Annahme wird von der ersten Schöpfungsgeschichte nicht unterstützt. Gott fordert Mann und Frau darin auf, fruchtbar zu sein und sich zu vermehren.

Das Wissen meint also nicht die Geschlechtsliebe selbst, sondern die dabei empfundene Scham. Wir können es uns als ein Wissen vorstellen, dass uns von unseren Handlungen trennt; es ist so, als ob wir uns selbst mit anklagenden Augen betrachten. Wichtig ist weiterhin, dass Adam und Eva keineswegs sterben, was Gott in seiner Warnung an Adam ja vorhergesagt hatte. Stattdessen verlieren sie ihr wahres spirituelles Wesen, das Wissen, im harmonischen Einklang mit sich selbst zu sein, und vertauschen es mit einem falschen Wissen um ihre „Nacktheit". An dieser Stelle betreten sie den Pfad, der vom Göttlichen wegführt und an dessen Ende der Tod wartet. Das ist Wissen, *da'ath*, ohne *hokhmah*, Weisheit und auch Wissen ohne *binah*, Erkenntnis. Es hat mehr mit der Gerissenheit der einen Schlange zu tun als mit der Doppelschlange des Heilens.

In ihrer Scham verstecken sich beide vor Gott hinter Büschen. Auf Gottes Frage antwortet Adam, er habe Gott kommen hören und schäme sich, denn er sei nackt. Darauf erwidert Gott: „Wer hat dir gesagt, dass du nackt bist?" Die Sache ist nun herausgekommen.

Man denke einmal darüber nach: die Kabbala lehrt, dass das Licht von der Krone her, von *kether*, in den Baum hineinfließt und genauso fließe die göttliche Energie durch den Scheitelpunkt am Kopf in den Menschen hinein. Im Yoga spricht man vom Kronen-Chakra. Jüdische Männer tragen *yarmulkes* (Schädelkappen) auf ihren Köpfen, weil sie glauben, dass ihre Körper die ungefilterte göttliche Energie nicht aushalten würden. Obwohl diese Energie bereits sehr verdichtet ist, denn sie kommt ja über die unterste Sephira, *malkuth*, aus der vierten Welt der Schöpfung. Als Adam und Eva noch im Garten lebten, bewegten sie sich noch als unschuldige Wesen im Angesicht der vollen Strahlkraft des ganzen Baumes. Als sie vom Wissen nahmen – ohne Weisheit und ohne Erkenntnis – wurde ihnen zum ersten Mal die verheerende Kraft bewusst. Sie fühlten sich nackt und bekamen Angst.

Gott verflucht nun Adam und Eva und die Schlange in einer Reihe von Fluchsprüchen, die die Ansicht, Gott sei sehr streng, unterstützen. Zum Teil handelt es sich dabei um Geschichten, die Rudyard Kipling „So-ist-es-eben-Geschichten" genannt hat. Sie erklären das Offensichtliche: wie schwer die Arbeit auf dem Acker ist, unter welchen Schmerzen sich eine Geburt vollzieht und dass die Schlange keine Beine hat.

Jetzt nimmt die Geschichte aber eine überraschende Wendung. Gott richtet seine Worte an eine bisher anscheinend unbekannte Gruppe: „Siehe, der Mensch ist geworden wie unsereiner und weiß, was gut und böse ist. Nun aber, dass er nur nicht ausstrecke seine Hand und breche auch von dem

Baum des Lebens und esse und lebe ewiglich!" (1. Mose 3:22). Zuerst fällt auf, dass Gott dasselbe sagt wie die Schlange. Hat die Schlange recht? Wollte Gott Adam und Eva tatsächlich nur in Unwissenheit halten? Und gehört Gott nur zu irgendeiner Gruppe?

Die Gnostiker beschreiben den Gott der Genesis als einen Engel, der ein Schöpfer sein wollte. Nach dem gnostischen Mythos steckte dieser Demiurg einfach Seelen in einen physischen Körper, hielt sie darin gefangen und unternahm alles, um sie von dem Wissen ihrer ursprünglichen Herkunft fernzuhalten. Als sie durch die Bemühungen der Schlange einen Teil der Wahrheit erfuhren, verhinderte der Demiurg wenigstens, dass sie auch noch den anderen Teil erkannten, dass sie vollkommen makellos waren und ohne einen Körper.

Diese Interpretation ist sehr radikal und herausfordernd. Sie kann uns dabei helfen, uns von unserem Kinderglauben zu befreien, davon, dass uns beigebracht wurde, die Geschichte vom Garten Eden sei eine historische Tatsache. Unter dem Strich macht es aber wenig Sinn, den Schöpfer als einen Tyrannen und den Körper als ein Gefängnis zu sehen. Wenn wir unser altes Schuldgefühl losgeworden sind, taucht nämlich die Frage auf, was nun? Unternehmen wir noch ein bisschen R & D, *remez* und *drash*, in Sachen *peshat* der Eden-Geschichte und prüfen wir, ob wir nicht Hinweise auf *sod* finden, auf Geheimnisse, auf den Baum und ganz besonders auf Haindls Abbildung davon.

Die Kabbala lehrt, dass das ganze Leben, so wie es im Baum symbolisiert ist, aus dem *en sof* entspringt, einem Nichts, das zugleich eins und ewig ist (mehr darüber im nächsten Kapitel). Als das Licht nach *kether* hineinfloß blieb es zunächst noch ganz. Als es aber die beiden Säulen hinunterrann, nahm es solche Eigenschaften an wie weiblich und männlich und zusammenziehend und ausdehnend. Die schöpferische Kraft bleibt eine einheitliche. Wir sehen das in der Verbindung der Sephirot untereinander. Es steht dort ein Baum – genau wie ein Baum in einem Wald, mit einem Stamm und Ästen, mit Blättern und Wurzeln. Alle sind eins, drücken aber jeweils unterschiedliche Aspekte des einen Organismus aus.

Kabbalistische Texte bezeichnen die Sephirot direkt unter *kether* mit humanistischen Begriffen als „erhabener Vater und erhabene Mutter" (*hokhmah* und *binah*, Weisheit und Erkenntnis). Der *sohar* nennt diese sehr mythologischen Figuren „ein Geheimnis über allen Geheimnissen"; wahrscheinlich in der Sorge, allzu naive Leser möchten sich darunter die buchstäbliche Beschreibung eines heidnischen Götterpaars, das die Welt regiert, vorstellen.

Und in der Tat spiegeln die meisten polytheistischen Religionen mit ihren prächtig ausgestatteten Himmeln voller Götter und Göttinnen denselben Grundgedanken wieder wie die Kabbala: dass alle Gottheiten letztlich auf eine göttliche Energie zurückzuführen sind, die sich in einer dramatischen Weise zum Ausdruck gebracht hat. Im Glauben der Hindus entstammen das Leben und die Götter einer gewaltigen unerforschlichen Energie namens *brahman*. Dorthin werden sie nach vielen Millionen Jahren zurückkehren. Die Ägypter lehrten, dass die Welt und alle Götter von *atum* her kommen, einer Figur, die selber ungeschaffen ist.

Die westliche Kabbala geht in ihrer Zusammenschau so vieler Kulturen noch über die jüdische Überlieferung hinaus. Sie stellt nicht nur Christus an den zentralen Platz von *tiferet,* sondern auch den ägyptischen Osiris und all die anderen sterbenden und wiederauferstehenden Götter. Auch Odin erscheint auf dem Baum und die griechischen Götter und die Planeten der Astrologie. Haindls Baum bevölkern Tiere und Pflanzen, Steine und Gesichter, wohin wir auch schauen. Aber alle leben sie auf dem einen Baum.

Aus dem Nichts (*en sof*) kommt das eine (*kether*) und aus dem einen kommen zwei und drei (*hokhmah* und *binah*), und aus der Vereinigung von zwei und drei kommt das, was Lao-Tse, der große taoistische Weise, „die zehntausend Dinge" genannt hat, der ganze wunderbare Reigen der Schöpfung (im *Tao Te King*). Das soll man sich merken: Im Baum erzeugt das *en sof kether* und *kether* erzeugt *hokhmah* und *binah*. Unterhalb dieser drei „erhabenen" Sephirot sind die sieben niederen Sephirot des erforschbaren, dem Wissen zugänglichen Universums angesiedelt, die zehntausend Dinge. Der Baum erinnert uns daran, dass wir in der Welt der zehntausend Dinge leben. Wir können unser Wissen über die Sephirot benutzen, um zu verstehen, wie die Welt funktioniert. Wir können die verschiedenen Formen und Eigenschaften der Sephirot auch dazu nutzen, die ursprüngliche Energie, das Eine, dessen Atem das ganze Sein durchpulst, zu erkennen und wiederzuerkennen.

Warum erschien es Gott aber nun so dringlich zu sein, Adam und Eva davon abzuhalten, nach der Kostprobe vom Baum der Erkenntnis nun auch noch vom Baum des Lebens zu essen? Man könnte eine Vermutung äußern und sich dabei auf die Schilderung der Scham des ersten Menschenpaares beziehen. Die „Erkenntnis", die sie gewinnen, öffnet ihnen nicht die Augen für ihr wahres Wesen. Sie trennt die beiden vielmehr gerade davon. Bevor sie von *da'ath* essen, leben sie in einer unbewussten Harmonie mit der Welt ihres Gartens. Diese Welt müssen sie verlassen. Gott wirft sie mitten auf den Weg, den alle Menschen gehen müssen. Es ist der Weg zur Bewusstheit, der viele

Leben lang dauern mag, bis er erfüllt ist. Der Kabbala-Baum ist unsere Landkarte auf dieser Reise. Wenn wir uns auf den Weg machen, kehren wir nicht zur Unschuld zurück, wir erreichen etwas größeres: ein vollständiges Gewahrwerden unseres makellosen Seins.

Wir können es allerdings nicht auf einen Schlag erreichen. Wir können nicht plötzlich von *malkuth* direkt zu *kether* springen. Wie sollten wir diese Kraft aushalten? Also müssen wir unser unschuldiges Paradies verlassen und die Welt der täglichen Auseinandersetzungen betreten. Der Baum und andere heilige Lehren erinnern uns jedoch daran, dass es nicht allein der Kampf ist, der das Sein ausmacht.

Adam und Eva essen von *da'ath* ohne Erkenntnis und Weisheit (ohne *binah* und *hokhmah*). Dazu gibt es Analogien in der Welt unserer täglichen Erfahrung. Wenn *da'ath* tatsächlich Sexualität bedeutet, kann man an die Menschen denken, die ihre Sexualität sehr machtvoll ausleben. Sie kennen alle Techniken der Verführung und Kontrolle, was ihnen jedoch fehlt, ist ein tiefempfundenes Gefühl für den Sinn der Sexualität und wie man diese wundervolle lebendige Kraft auf einen guten Weg lenkt.

Im größeren Maßstab fallen uns die zerstörerischen Aspekte der Technologie ins Auge, besonders die der Nuklearwaffen und anderer „hochentwkckelter" Waffensysteme, die ersonnen wurden, um unglaublich viele Menschen zu töten. Der Einsatz der Wissenschaft für die Erschaffung solcher Dinge bietet ein gutes Beispiel für Wissen ohne Erkenntnis und Weisheit. Ingenieure und Forscher, die an komplizierten Raketensystemen, arbeiten beschreiben ihre Arbeit oft als „sexy" – ein hässlicher Reflex der sexuellen Qualität von *da'ath*. Als die Manhattan-Projektgruppe die erste Atombombe in Los Alamos zündete, ließen die anwesenden Wissenschaftler eine Zigarre herumgehen mit einer Bauchbinde und dem Aufdruck: „Es ist ein Junge".

Schließlich fragen wir uns, was mit denjenigen „religiösen" Leuten los ist, die ganz genau wissen, was falsch und was richtig ist, die aber einfach kein tieferes Verständnis für die eigentliche Botschaft dieser Regeln mitbringen und sie im wirklichen Leben offensichtlich nicht anwenden können? Ursula Le Guins Übersetzung von Lao-Tse möge hier als Antwort gelten: „Gehorsamkeit gegenüber dem Gesetz ist die ausgetrocknete Hülle von Treue und Aufrichtigkeit" (Kapitel 38) und „Wird das große Tao verlassen, gibt es Wohltätigkeit und Rechtschaffenheit" (Kapitel 18).

Trotzdem bleibt der Weg, bleibt der Baum. Er hört nicht auf, die Wirklichkeit zu beschreiben und uns den rechten Weg durch das Dickicht unserer Kämpfe vor Augen zu halten. *Da'ath*, die Sephira des Wissens, versteckt sich im Abgrund zwischen den unteren und den höheren Welten, zwischen den obersten Prinizipien des Seins, den oberen drei Sephirot, und den sieben Sephirot des unteren Bereichs.

Aßen Adam und Eva vor ihrem verhängnisvollen Griff nach der verbotenen Frucht vom Baum des Lebens? Einige Leute sagen, dass sie davon aßen, ohne es zu wissen und ohne das Gefühl zu haben, die Früchte des Baums des Lebens seien etwas besonderes oder gehörten irgendwie nicht auf den Speisezettel. Wenn sie es so gemacht hätten, wie es ihnen der Schöpfer gesagt hatte und nur auf Erkenntnis – also auf die Bruchstelle – verzichtet hätten, so lebten sie noch heute. Die Warnung, dass sie an eben dem Tag sterben würden, an dem sie von *da'ath* essen, ist in einem gewissen Sinn doch zutreffend. Sie beginnen in diesem Moment wirklich zu sterben, auch wenn es noch etwa neunhundert Jahre dauert, bis sich ihr Tod vollendet.

Es gibt noch eine andere Antwort auf die Frage, warum sich Gott vor Adams und Evas Genuss der Frucht vom Baum der Erkenntnis keine Sorgen um den Baum des Lebens und seine beiden Paradiesbewohner machte. Diese Deutung (*drash*) der Geschichte (*peshat*) legt folgendes nahe. Sie konnten den Baum des Lebens buchstäblich noch gar nicht sehen, da ihre Augen, eben weil sie noch nicht vom Baum der Erkenntnis gegessen hatten, noch nicht geöffnet waren. Der Baum des Lebens wuchs im Inneren des Baums der Erkenntnis. Leben ist eingebettet in Wissen.

Ich gebe zu, dass ich diesen Gedanken sehr anziehend finde. Er bringt die Vorstellung einer „esoterischen" Wahrheit sehr schön auf den Punkt. Esoterisch ist eine Wahrheit dann, wenn sie erst aus der äußeren Form der Lehre herausgeschält werden muss. Es ist in der Tat ein im Wissen verborgenes Leben. Ich betrachte diese Deutung als *drash*, als Deutung auf der dritten Ebene und nicht so sehr als *remez*, als Deutung auf der zweiten Ebene. Sie transzendiert den intellektuellen Raum und deutet bereits auf *sod* hin, auf das mystische Geheimnis, das in der Geschichte schlummert. Das göttliche Leben liegt im Inneren des Wissens, es ist dort auf dieselbe Weise verankert, wie die vier Ebenen von *prds* jeweils eine in der anderen eingebettet sind. Wenn es uns gelingt, wirkliches Wissen zu erreichen, Wissen in Verbindung mit Erkenntnis und Weisheit, dann wird der vollständige Baum des Lebens wie eine Offenbarung vor uns stehen, ohne Schranke und ohne einen Abgrund zwischen den höheren und den niederen Prinzipien.

Adam und Eva waren keine historischen Figuren. Sie stehen für einen Daseinszustand, in dem wir uns um ein unvollständiges Wissen bemühen, um am Ende festzustellen, dass wir uns gerade von den Dingen selbst abschneiden, die wir uns sehnsüchtig wünschen. Wir haben das Gefühl, genug zu wissen, um uns zu schämen und uns unsicher zu fühlen, aber nicht genug, um unser Wissen für die Verwirklichung des tief in uns selbst angelegten Potentials zu nutzen. Wir leben im Exil und haben vergessen, wer wir wirklich sind.

Was bringt uns nun wieder zurück? Wissen (*da'ath*) ist auf dem Baum die im Abgrund verborgene Sephira. Es ist in den Baum des Lebens hineingebettet. Das ist genau das Gegenteil von der Situation im Garten Eden. Dort war das Leben im Wissen verborgen. Hier auf der Erde ist das Wissen im Leben verborgen. Was bedeutet das? Auf jeden Fall erinnert es uns daran, dass jeder alltägliche Moment und jede Handlung unseres Lebens „geheimes" Wissen enthält, ob wir unserer Arbeit nachgehen, eine Krankheit durchstehen, oder die Freuden und Leiden des Familienlebens erfahren. Dieses Wissen ist insofern geheim oder esoterisch, weil wir normalerweise die tiefen Wahrheitszusammenhänge des Geschehens übersehen. Meistens haben wir nicht einmal eine klare Vorstellung von unseren Absichten und Motiven. Wir handeln, weil wir entsprechend konditioniert sind, weil wir uns fürchten und weil es in unserer Kultur so erwartet wird. Und doch könnten wir in jedem Augenblick die verborgene Bedeutung der Dinge erkennen und dadurch des Wunders unserer makellosen Unversehrtheit gewahr werden. Der Zugang zu diesem Wissen wird uns von keinem rachsüchtigen Gott verwehrt. Der plötzliche Durchbruch der unverschleierten Wahrheit würde uns jedoch überwältigen. Deshalb ziehen wir es vor, unser Leben in Unwissenheit zu verbringen.

Da'ath, so sahen wir, liegt im Baum verborgen. Tatsächlich geht es doch aber bei dem Kabbala-Baum des Lebens, also bei dem ganzen Baum, sowieso um Wissen. Das täuschend einfache Schaubild kodiert Tausende von Jahren des Nachdenkens, der Meditation und des Studiums. Die kabbalistischen Meister, die es erdachten, ließen all ihre Bemühungen und Einsichten in den Baum einfließen und gaben damit den nachfolgenden Generationen ihr Wissen weiter. Also was ist denn nun eigentlich verborgen?

Möglicherweise verkörpert *da'ath* reale Praktiken zur Überwindung der Schranke zwischen den niederen und den höheren Ebenen des Gewahrwerdens. Das hebräische Wort *da'ath* stellt die Gedankenverbindung zur Sexualität her. In vielen Traditionen existieren sexualmagische Praktiken, besonders im Hindu-Tantra und im Gnostizismus. Dabei versuchen die Menschen, die *kundalini*-Energie von einem einfachen körperlichen Bedürfnis in ein Erleuchtungserlebnis zu transformieren. Im zwanzigsten Jahrhundert hat Aleister Crowley die Wichtigkeit von „sex magic" betont, wofür ihn die eher puritanischen Anhänger der westlichen Kabbala streng verurteilt haben.

Vielleicht gibt es aber noch ein viel älteres Beispiel. Bibelleser entrüsten sich manchmal wegen der offenkundigen Erotik, die das Hohelied des Salomo auszeichnet. Als sich die Rabbis vor bald zweitausend Jahren trafen, um darüber zu entscheiden, welche Bücher in den offiziellen Kanon der Bibel aufgenommen werden sollten, trat Rabbi Akiva ben Joseph für die Aufnahme des Hohelieds ein. Es wird überliefert, dass er es als eine Allegorie der Liebe Gottes zu seinem Volk Israel deutete. Christen ersetzen Israel durch die Kirche. Vielleicht gab es aber noch einen esoterischen Hintergrund. Akiva war neben seiner Funktion als Begründer der rabbinischen Tradition und politischer Führungsfigur auch ein Mystiker. Er war dabei, als die *merkavah* oder Himmelswagenmystik entstand, jene Übungen und Tiefenmeditationen, die wir als schamanische Reisen in himmlische Bezirke bezeichnet haben. Sexualmagie könnte ein Bestandteil dieser Praxis gewesen sein.

Ungefähr vierzehn Jahrhunderte später hob Issak Luria die Bedeutung hervor, die der Geschlechtsliebe bei der Wiedervereinigung der männlichen und weiblichen Aspekte Gottes zukäme. Luria war ein bedeutender kabbalistischer Meister, auf den viele Überlieferungen des Baum des Lebens zurükkgehen. Mann und Frau sollten sich in der Nacht des Sabbath nicht nur zu ihrem sinnlichen Vergnügen lieben, sondern sich als Werkzeuge im Dienst der Wiederherstellung der göttlichen Einheit verstehen (es handelte sich um eine patriarchalische und heterosexuelle Überlieferung). Als Adam und Eva die *da'ath* Früchte so blindlings vom Baum gepflückt hatten, war das eine Verletzung dieses heiligen Bewusstseins. Wenn *da'ath* Sexualität bedeutet, dann benutzten sie sie nur zur Triebbefriedigung und schnitten sich damit von ihrem göttlichen Wesen ab. Mehr noch, sie verursachten dadurch überhaupt erst die Aufsplitterung des Göttlichen in eine männliche und eine weibliche Hälfte und den Auszug dieser beiden in ihr jeweiliges Exil. Es ist gefährlich, die Kräfte der Sexualmagie nur zum Spaß und zur Befriedigung des Ego zu benutzen und so ist es auch zu verstehen, dass Gott Adam und Eva in der Folge daran hindert, vom Baum des Lebens zu essen. *da'ath* bleibt jedoch präsent, auch wenn sie Unkundigen verborgen bleibt. Wenn wir damit richtig umzugehen lernen, öffnet sich der Weg zurück zu den höchsten Ebenen der Bewusstheit.

Noch ein letztes Wort über das im Baum des Lebens verborgene Wissen. Hermann Haindls Baum offenbart das Verborgene noch auf eine andere Art und Weise. Die Lebendigkeit seiner Darstellung zeigt, dass der Baum des Lebens eben vom Leben handelt, vom Leben mit all seinen Geheimnissen. Er weist damit die gnostische Auffassung von der körperlichen Welt als einem

Gefängnis zurück. Sein Bild ist ein Gefäß für das heilige Wunder des Lebens, in jedem Geschöpf, in jedem Felsen und in jedem einzelnen Augenblick.

3. Die Geschichte eines Bildes

Der Baum des Lebens hat eine Geschichte, auch wenn einige seiner Anhänger behaupten, dass er aus der Ewigkeit zu uns spricht. Wie alle Symbole wächst auch der Baum über einen längeren Zeitraum. Er speichert die kraftgeladenen Einsichten in das Wesen Gottes und der Schöpfung und über unserer Platz darin. Der bedeutende Historiker und Magier Israel Regardie schrieb in „der Garten der Granatäpfel", dass der Baum nicht die absolute Wirklichkeit zeige, sondern „das geeignetste System zur Klassifizerung der Phänomene des Universums" sei und sich bei der Aufzeichnung ihrer Beziehungen untereinander bewährt habe. Charles Poncé schreibt in seinem Buch *Kabbalah*, dass der Baum nicht eigentlich einer bestimmten religiösen Lehre zugehöre, sondern zeige, wie das innere Selbst aus der Auseinandersetzung mit jeweils dem hervorgehe, was vor der Psyche erscheine, sei es nun „das Selbst, das *atman*, das *en sof* oder der unbewegte Beweger, mit welchem Namen er auch immer genannt werde".

Die zehn Sephirot gehen auf das eintausendundachthundert Jahre alte *sefer yetsirah* zurück – auf das Buch der Formung. *yetsirah* ist der Name der dritten von insgesamt vier Welten, obwohl diese Idee nicht vor dem zwölften Jahrhundert auftritt. Zusammen mit den intensiven Meditationspraktiken der *merkavah* oder des Himmelswagens, begründet das *sefer yetsirah* die mystische Überlieferung, die später Kaballa genannt wurde. Eine Zeitlang hatte es den Anschein, als lieferten sich beide Wege einen Wettkampf – man unterschied einen kontemplativen Weg, *ma'aseh bereshith* oder „Werk der Schöpfung" von einem eher aktiven, *ma'aseh merkavah. Bereshit* ist übrigens das erste Wort der Genesis und wird üblicherweise mit „Im Anfang" übersetzt. Obwohl der Baum des Lebens überwiegend aus der kontemplativen Tradition stammt, fügt er die beiden Wege doch in einem gemeinsamen Rahmen zusammen, sodass es möglich wird, beide zu gehen.

Der anonyme Autor des *sefer yetsirah* – einige ordnen das Werk dem Akiva zu – beschreibt die Welt als im Kern aus Zahlen und Buchstaben bestehend, aus den Zahlen ein bis zehn und aus den zweiundzwanzig Buchstaben des hebräischen Alphabets. Zahlen haben einen materiellen und einen abstrakten Aspekt. Sie sind materiell, wenn wir an unsere zehn Finger oder Zehen denken oder wenn wir beispielsweise die Schafe einer Herde zählen und sie sind abstrakt, wenn sie bei der Darstellung komplizierter Zusammenhänge wie der Formulierung von Naturgesetzen auftauchen.

Auch die Buchstaben beschreiben die Wirklichkeit, während sie zugleich nicht unmittelbar dazugehören. Im alten Hebräisch stellten die Buchstaben – ähnlich wie bei den meisten älteren Alphabeten – Gegenstände dar. Der erste Buchstabe, *aleph*, bedeutet Rind oder Ochse, der zweite Buchstabe, *beth*, bedeutet Haus (Bethlehem, der Name des Geburtsortes von Jesus bedeutet „Haus des Brotes"). Dabei sind die Buchstaben aber nicht mit den Gegenständen identisch. Es sind Zeichen. Das hebräische Wort für Buchstabe, *oht*, bedeutet auch Zeichen oder Omen. Die Erfindung der Buchstaben war für die Menschheit ein großer Sprung über die physische Wirklichkeit hinaus in das Reich der Abstraktionen. Überrascht es uns, dass die Alten den Buchstaben mystische Kräfte nachsagten und glaubten, dass sie aus der Ewigkeit her überliefert seien? Nach der kabbalistischen Überlieferung existierten die hebräischen Buchstaben bereits vor der Schöpfung. Gott benutzte sie, um das Universum ins Leben zu rufen.

Die beiden Mächte, die Zahlen und die Buchstaben, verbinden sich bei der Unterteilung der Buchstaben in Gruppen. Es gibt drei Mutter-Buchstaben, sieben Doppelbuchstaben und elf einfache Buchstaben. Das *sefer yetsirah* behauptet, dass alle Buchstaben aus der zweiten Sephira hervorgehen (die erste Sephira enthält den reinen Geist des Schöpfers), während die vierte Sephira der *merkavah* zugeordnet ist. Gleichzeitig können wir aber die drei Mutter-Buchstaben mit den drei erhabenen Sephira übereinbringen, mit *kether*, *hokhmah* und *binah*.

Auf gleiche Weise können wir auch die sieben Doppelbuchstaben mit den sieben unteren Sephirot verbinden, mit *chesed*, *gevurah*, *tiferet*, *netzach*, *hod*, *yesod* und *malkuth*. Wir können in etwa sagen, dass die Dreiergruppe das Prinzip der Schöpfung bezeichnet und die Siebenergruppe uns in die Welt der Realität führt. Irgendwann verband man die sieben unteren Sephirot auch mit den sieben dem bloßen Auge sichtbaren „Planeten", mit Sonne, Mond, Merkur, Venus, Mars, Jupiter und Saturn. Daraus ergab sich auch eine Verbindung zu den sieben Himmeln, von denen man annahm, dass sie die Erde in konzentrischen Kreissphären umgeben. Hermann Haindl ist bei seiner Zuordnung der Planeten zu den Sephirot übrigens einem modernen System gefolgt (vgl. Kapitel 5). Ein weiterer Zusammenhang zwischen dem Werk der Schöpfung und dem Werk der *merkavah* ergibt sich durch die sieben *hekhaloth* oder Paläste, die der Mystiker in seinem Aufstieg zur *merkavah* besucht.

Außer bei den mythologischen „sieben Sachen" finden wir diese ganz besondere Zahl auch bei wirklichen sieben Sachen wieder, bei den sieben Farben des Regenbogens, den sieben Chakren oder Energiezentren des menschlichen Körpers und den sieben Noten unserer Tonleiter. Bei der Einteilung in eine Dreier- und eine Siebenergruppe, die erstmals im *sefer yetsirah* vorgenommen wurde, erhielt die sieben noch die Aufgabe, die sieben Schöpfungstage aus der Genesis zu bezeichnen. Wiederum stehen die drei höheren Sephirot, die Mutter-Buchstaben, für die Prizipien des Seins und die sieben niederen für den aus diesen Prinzipien hervorgegangenen Kosmos. Der fundamentale Gegensatz zwischen der drei und der sieben wird auf dem Baum als Abgrund zwischen den drei oberen Sephirot und den sieben unteren dargestellt.

Genauso wie die sieben Doppelbuchstaben die Planeten und die Wochentage repräsentieren, bezeichnen die zwölf einfachen Buchstaben die zwölf Monate des hebräischen Mondkalenders, der in periodischen Abständen an das Sonnenjahr angepasst wird. Wie alle Zwölfen nehmen sie natürlich auch auf den Tierkreis Bezug, auf diese uraltewige Sphäre über den sieben Planetenkreisen.

Das *sefer yetsirah* steuerte einige neue und radikale Ideen zur mystischen Überlieferung bei. Es erklärte, dass Gott das Universum nicht einfach aus dem Nichts durch solche einfachen Ausrufe wie „Es werde Licht" geschaffen habe. Vielmehr habe Gott erst eine Struktur entwickelt, nämlich die zehn Sephirot und die zweiundzwanzig Buchstaben und mit deren Hilfe sei er ans Werk gegangen. Auf den ersten Blick scheint dieser Gedanke den Schöpfer sehr weit von uns fortzurücken. Er gibt uns aber die Möglichkeit – und sei es auch sehr schwierig – das Göttliche durch eine Untersuchung der Struktur kennenzulernen. Wissenschaftler sprechen in dieser Weise von den Naturgesetzen. Sie erlaubten eine Annäherung an die Wahrheit des Seins und sogar einen Einblick in „Gottes Gehirn". Seit den Zeiten des *sefer yetsirah* haben Kabbalisten die Sephirot und die Buchstaben in genau dieser Weise betrachtet, nämlich als Mittel und Werkzeug zur Annäherung an den unerforschlichen Schöpfer. Die Leuchtkraft des Baums gründet auf der gelungenen Kombination der beiden symbolischen Formen, der zehn Sephirot und der zweiundzwanzig Buchstaben, in eine anschauliche Gestalt, die sich als Leiter lesen lässt und zugleich als das älteste und natürliche Symbol der Welt erscheint, als Baum. Trotzdem sollte es nochmal eintausend Jahre dauern, bis dieses großartige Bild zu seiner vollen Entfaltung kam.

Davor entwickelte sich aber noch ein anderer sehr kraftvoller Gedanke: die Idee der vier Welten, die für die Kabbala genauso wichtig ist wie der Baum. Diese vier Welten heißen *atzilut* (Emanation), *beriah* (Schöpfung), *yetsirah* (Formung) und *assiyah* (Handlung). Im Druck erschien dieser Gedanke Anfang des elften Jahrhunderts in einem Buch mit dem Titel *masekhoth atsiluth* (Betrachtungen über die Emanation) von Jakob Ha-Nazir. Natürlich kann die Idee viel älter sein.

Einen der frühesten Hinweise auf den Baum gibt das *sefer ha-bahir* (Buch des Glanzes/der Klarheit) aus dem Jahr 1180. Dort lesen wir: „Alle göttlichen Kräfte bilden eine Abfolge von Ebenen und sind wie ein Baum". Das Buch gibt uns auch die ursprüngliche Bedeutung von *sephirah* an: Es kommt nicht von Sphäre, wie man auch heute noch verschiedentlich vermutet, sondern vom hebräischen *sappir*, Saphir.

In ihrem bemerkenswerten Buch *Die Göttin und die Spiritualität im einundzwanzigsten Jahrhundert* schreibt Judith Laura, dass das *sefer-ha-bahir* in großem Umfang für die Herausbildung der Symbolsprache der Kabbala verantwortlich war. Während das *sefer yetsirah* die Sephirot abstrakt als Zahlen behandelte, beschrieb sie das *sefer-ha-bahir* in poetischer Weise unter anderem als Gefäße, Könige und Stimmen. Ungefähr einhundert Jahre später entwickelte der *sohar*, das bedeutendste kabbalistische Werk, die Idee der Sephirot in Geschichten, Bedeutungsebenen und einem dichten Symbolismus noch weiter. Der Baum des Lebens nimmt alle diese herrlichen Eigenschaften und geheimnisvollen Bedeutungen in sich auf, kodiert sie und schreibt sie in seine Struktur hinein. So entsteht das zur gleichen Zeit sehr einfache und sehr komplexe Bild des Baums.

Das *sefer-ha-bahir* steuerte auch einen anderen wichtigen Gedanken bei, der heute, in einer Zeit, in der die Frauen ihren Platz bei Studium und Praxis der Kabbala einfordern, noch wichtiger geworden ist. Dies ist die Idee der *shekhinah*, der weiblichen Erscheinungsform Gottes. In der Bibel bezieht sich dieser Ausdruck auf Gottes Einwohnung oder Anwesenheit in der Bundeslade. Es bedeutet, dass sich die göttliche Macht physisch in die Welt der Menschen hineinbegibt. Vom Standpunkt des Mystikers könnte man sagen, dass diese Einwohnung die Schöpfung vollendet, auch wenn sie sich erst in den Tagen des Moses vollzieht, also Tausende von Jahren nach dem eigentlichen Anfang. Vor der Herabkunft der *shekhinah* in die Bundeslade blieben Gott und Gottes Schöpfung so voneinander getrennt wie ein menschlicher Fötus und seine Seele, bevor sie einander gefunden haben. Gott hatte zwar mit Abraham gesprochen, in Ereignisse eingegriffen, Joseph Botschaften übermittelt und ähnliches mehr, aber richtig lebendig wurde die Welt erst in dem Augenblick, als die *shekhinah* ihren Platz einnahm.

Wir sollten darauf hinweisen, dass dies hier nicht wörtlich zu verstehen ist. Der biblische Bericht ist eine große Metapher, das, was der *sohar* das „Geheimnis der Geheimnisse" nennt. Ähnliche Geschichten über die Herabkunft des göttlichen Wesens in die physische Welt gibt es in vielen anderen Traditionen, etwa in dem keltisch-christlichen Mythos vom Heiligen Gral.

Die Bibel beschreibt die *shekhinah* als eine Art Energie. Mit der Zeit wird der Begriff immer spezifischer, realer – und weiblicher. Die *shekhinah* wurde zum Inbegriff des spirituellen Körpers des Volkes Israel und zur Seele der Menschheit. Sogar in der Bibel wurden diese Dinge von den Mystikern als weiblich angesehen. In der Grammatik ist *shekhinah*, ebenso wie *kabbalah* und *torah* weiblichen Geschlechts, und so ist es auch bei dem griechischen Wort für Seele, *anima*.

Im *bahir* und später noch vermehrt im *sohar* wurde die *shekhinah* zu einer weiblichen Figur, zu einer Art „hebräischer Göttin“ geformt. *Die hebräische Göttin* ist derTitel eines Buches von Raphael Patai. Der *sohar* beschreibt wie die *shekhinah* (als die weibliche Erscheinungsform Gottes) den König (als die männliche Erscheinungsform Gottes) verlässt, um Israel ins Exil zu folgen. Wir können diese Metapher auf die ganze Menschheit übertragen und feststellen, dass wir alle im Exil leben, fern vom Göttlichen und von unserem wahren Selbst und dass die *shekhinah* jenen Teil von uns vertritt, der das Wissen um unsere wahre Herkunft nie vergisst. Dabei kann uns der Baum des Lebens den Weg zurück zur vollen Bewusstheit weisen.

Späteren Kabbalisten, besonders Isaak Luria, identifizierten die *shekhinah* mit *malkuth*, der letzten Sephira, die üblicherweise als die Sephira der materiellen Welt aufgefasst gilt. Auf Luria geht auch die Auffassung zurück, dass Adam die Schönheit von *malkuth/shekhinah* für die Schönheit des ganzen Baums hielt und deshalb aus dem Paradies (*prds*) vertrieben wurde. Mit unserer eingeschränkten Wahrnehmung begehen wir Heutigen diesen Fehler jeden Tag.

Die Kabbala entspringt einer patriarchalischen Überlieferung, und eine im Patriarchat wurzelnde Einschränkung der Erkenntnismöglichkeiten zeigt sich in der Neigung, das Weibliche zu entstellen und zu begrenzen. In einigen kabbalistischen Schriften wird die *shekhinah* als negativ und streng beschrieben und sogar mit Schmutz in Verbindung gebracht. Fairerweise muss man jedoch sagen, dass das im Vordergrund stehende Bild immer das der herrlichen Braut und Königin ist. Die moderne Göttinnen-Bewegung hat diese Sichtweise verändert. Ihre Betonung der Wichtigkeit der weiblichen Darstellungsformen des Göttlichen in prähistorischen Zeiten und deren Repräsentanz in unserem heutigen Bewusstsein hat auch für die Kabbala ein neues Gleichgewicht herbeigeführt. Hermann Haindls Kunst – zuerst im Tarot und jetzt in seinem Bild des Baums – hat allerdings schon immer sein tiefes Verständnis für die Lebenskraft, die der weiblichen Energie entspringt, zum Ausdruck gebracht.

Unter den Kabbalisten ist man sich einig, dass der *sohar* die bedeutendste Niederschrift im Rahmen der Überlieferung darstellt. Der Titel heißt übersetzt Glanz oder Lichtkranz. Obwohl das Buch um 1280 herum von Moses de Leon geschrieben wurde, behauptet das Buch von sich selbst, über tausend Jahre zuvor von einem Rabbi namens Simeon bar Yohai erstellt worden zu sein. Angeblich empfing bar Yohai die Lehren des *sohar* als Glied in einer Kette mündlicher Überlieferung, die bis auf Adam im Garten Eden zurückgeht. Dieser Bericht über die Niederschrift des *sohar* wurde über viele Jahrhunderte von den Menschen geglaubt. Man sah de Leon lediglich als den Herausgeber an.

Als der Historiker Gershom Scholem um 1930 mit linguistischen und anderen Methoden nachwies, dass de Leon tatsächlich der Autor des *sohar* war, löste er damit einen Sturm der Entrüstung unter Kabbalisten und orthodoxen Juden aus. Es erscheinen sogar heute noch Bücher, die auf der Autorenschaft von bar Yohai beharren. Der Dichter und Übersetzer David Rosenberg teilt hingegen mit (in seinem Buch *Dreams of Being Eaten Alive: The Literary Core of Kabbalah*), dass de Leon zwar mit einer Gruppe zusammengearbeitet habe, aber dass seine Witwe es im nachhinein auch bestätigt hätte, dass er es gewesen sei, der den *sohar* geschrieben habe.

Wenn es damals also schon bekannt war, wie das Buch entstanden war, stellt sich die Frage, warum die Menschen es vorzogen, die andere Geschichte zu glauben. Es gibt eben tief in uns eine Sehnsucht nach Autorität und absoluter Wahrheit. Je älter eine Botschaft ist, je geheimnisvoller ihr Ursprung, desto eher glauben wir, dass sie tatsächlich göttlichen Quellen entspringt. Wir möchten gern an eine Lehre glauben, die ganz anders ist als etwas, dass wir oder andere normale Sterbliche zu Papier bringen können. Also muss die Torah direkt von Gott auf dem Berg empfangen, der Koran direkt von Gott in Mohammeds Ohr und das Buch Mormon – um ein neuzeitliches Beispiel zu geben – auf einem goldenen Tablett übergeben worden sein. Deshalb ist es gut zu glauben, dass der *sohar* in einer Höhle als ein Wissen aufgeschrieben wurde, das Adam von einem Engel überbracht worden war.

Dasselbe Bedürfnis bringt uns dazu, den Baum des Lebens als ein buchstäbliches Abbild der Struktur des Kosmos zu betrachten. Tatsächlich ist er aber eine hell leuchtende, geniale Metapher, die sich über viele Generationen hinweg entfaltet hat, um uns einen Weg zu zeigen, auf dem wir unsere Beziehung zu den göttlichen Kräften, die uns geformt haben, erkennen können.

Es ist der Aufbau des *sohar*, der zu einem guten Teil für die Leuchtkraft des Werkes verantwortlich ist. Wie der Talmud hat er die Form eines mehrstimmigen rabbinischen Gesprächs über die Bedeutung der Torah. Wir bekommen aber keine eindeutigen Erklärungen, sondern werden mit Parabeln und Bildern beschenkt, mit Poesie und Mythos und werden so immer tiefer in seine Geheimnisse hineingeführt. Typischerweise werden wir aber auch gewarnt, die Gleichnisse nicht allzu wörtlich zu nehmen.

Das Bedürfnis, geheimnisvolle Geschichten zu erzählen, ist dem Menschen tief eingepflanzt. Es beschränkt sich keineswegs auf besonders ausgebildete Leute. Ich will einmal ein Beispiel geben, zum einen, weil ich es vor kurzem erlebt habe und zum anderen, weil es zeigt, dass mystische Tiefgründigkeit nichts mit Bildung und nichts mit Reife zu tun hat. Ich kenne einen elfjährigen Jungen, der seine Mutter neulich mit einer interessanten Deutung einer bekannten biblischen Geschichte überraschte. Also: Moses teilt mit seinem Stab die Wasser des Schilfmeers, um das Volk Israel sicher hindurch und in die Freiheit zu führen. Max, so hieß der Junge, glaubte nun, dass diese Geschichte bedeute, dass Gott die Schenkel einer Mutter geöffnet habe, um die Kinder Israels aus der Gefangenschaft heraus und in die Freiheit hinein zu gebären.

Viele Seiten ließen sich mit einer Auslegung dieser Deutung füllen. Wenn es so im *sohar* zu lesen gewesen wäre, wohin es im übrigen wunderbar gepasst hätte, dann hätte dieser Satz wahrscheinlich schon eine vielbändige Literatur hervorgebracht. Max glaubte nun natürlich nicht wörtlich daran, dass in Ägypten eine reale mit den Kindern Israels schwangere Mutter (oder eine Göttin, würden wir vielleicht sagen) gelegen habe oder dass eine wirkliche Hand aus dem Himmel gekommen wäre, um Hebammendienste zu leisten. Er zeigt einfach, dass er es verstanden hat, dass die Wahrheit einer Geschichte in ihrer Bedeutung gesucht werden muss. Und genau das ist der Schlüssel zur Kabbala und zum Baum.

Trotzdem gibt es einen gravierenden Unterschied zwischen Max und Moses de Leon. Die *sohar*-Geschichten entspringen nicht einfach einer persönlichen Eingebung, sie stehen vielmehr in einer langen und reichen esoterischen Tradition, die mehr als eintausend Jahre älter ist als de Leon und die bis auf das *sefer yetsirah* zurückgeht. Der *sohar* übernimmt dessen Leitgedanken, besonders das Konzept der Sephirot und baut darauf auf. So hat beispielsweise der *sohar* den Gedanken des umgekehrten Baums entwickelt: „Der Baum des Lebens erstreckt sich von oben nach unten. Er ist die Sonne, die alles erleuchtet" (zitiert nach Roger Crook, *The Tree of Life*). Der Hauptgehalt der modernen Kabbala mit ihrer Betonung der Vollkommenheit des Baums ist als vom *sohar* inspiriert anzusehen, wenn sie auch nicht sein ganzes Lehrgebäude übernommen hat. Sogar einige der heute verwendeten Namen kommen aus dem *sohar*. Nach Judith Laura nennt erst der *sohar* die erste Sephira *kether* (Krone). Vorher sei sie unter dem Namen *ru'ach* (Geist) bekannt gewesen. Auch das *en sof* als ursprünglicher Quellgrund aller Emanationen sei eine Entwicklung des *sohar*.

Im Jahr 1492 vertrieb das christliche spanische Königspaar alle Juden und Muslime, die sich nicht bekehren lassen wollten, aus dem Land. Es geschieht nicht oft in der Geschichte, dass man das Ende einer fünfhundertjährigen Zivilisation so genau festmachen kann. Das Unwahrscheinliche geschah: die erneute Vertreibung führte die Häupter der kabbalistischen Geistlichkeit zurück in das Heilige Land. Zur neuen Heimat wurde Safed, eine kleine Stadt in Galiläa (in der Region, in der Jesus gelehrt hatte). Die Überlieferung will es, dass Simeon bar Yohai hier auf dem Friedhof auf den Hügeln unterhalb der Stadt begraben liegt. Sein gewaltiges Grab ist himmelblau gestrichen.

Einer der bedeutendsten Denker Safeds war Moses Cordovero (Moses ist ein beliebter Name für jüdische Gelehrte). Cordovero schrieb noch vor seinem siebenundzwanzigsten Geburtstag das *pardes rimmonim (Der Garten der Granatäpfel)*. Das wird diejenigen überraschen, die davon gehört haben, dass die Kabbala nicht vor dem vierzigsten Geburtstag studiert werden dürfe. Doch damit nicht genug: Der andere große Kabbalist aus Safed, Isaak Luria, starb bereits im Alter von achtunddreißig Jahren!

Neben anderen Bereichen vertiefte sich Cordovero in das Wesen des *en sof*. Das entbehrt nicht gerade der Ironie, denn Cordovero betonte, dass wir über das *en sof* eigentlich gar nichts wissen können, nicht einmal etwas über diese „Nichtheit". Es entzieht sich uns vollständig. *En sof* und *kether* seien nicht dasselbe, lehrte Cordovero. Aber viele Menschen bringen das noch heute durcheinander. *kether* gehe – wie alle anderen Sephirot auch – aus dem *en sof* hervor.

Gleichzeitig lehrte er, dass man auch *kether* nicht direkt erkennen könnte. Er schlug stattdessen vor, sich *kether* über *da'ath* zu nähern, über jene verborgene Sephira, die wir mit „Wissen" übersetzt haben. Ferner deutete er an, dass jenseits des Baumes drei Lichter leuchteten, die man allerdings durch *kether*, *hokhmah* und *binah* hindurchglimmen sehe. Jahrhunderte später haben Okkultisten drei Ebenen einer vom Baum aus gesehenen Jenseitigkeit ausgemacht: *ain soph aur* (grenzenloses Licht), *ain soph* (eine über das Licht hinausgehende Grenzenlosigkeit) und schließlich *ain* (die Leere), ein von allen Konzepten vollständig leerer Bereich (*ain soph* ist eine andere Schreibweise von *en sof*).

Cordovero gehörte zu den ersten Autoren, die die Pfade zwischen den Sephirot beschrieben haben. Das göttliche Licht hatte dabei jeweils mehrere Möglichkeiten, von einer bestimmten Sephira aus weiterzufließen. Dies ist die Lehre von den zweiundzwanzig Pfaden, die für unser modernes Verständnis des Baums so wichtig geworden ist. Einen interessanten Reflex dieser alten Idee in der modernen Physik stellt die Eigenschaft des Elektrons dar, zu jedem gegebenen Zeitpunkt ein bestimmtes Geflecht von „Pfaden" durchlaufen zu können. Einflussreich war auch Cordoveros Zuweisung der Farben an die Sephirot. Im Haindl-Bild kommen die jeweils zugehörigen Farben im hebräischen Namen jeder Sephirah und im zarten die Kreise durchschimmernden Licht zum Einsatz.

Am wichtigsten ist aber Cordoveros Lehre von der Polarität. Noch heute betrachten wir den Baum in ihrem Licht. Die Sephirot auf der rechten Seite verkörpern das aktive Prinzip. Es ist mit dem Männlichen, dem Licht, dem sich Ausdehnenden und mit der Gnade verbunden. Die Sephirot auf der linken Seite stehen für das weibliche Prinzip mit solchen Eigenschaften wie Dunkelheit, Passivität, Zusammenziehung und Gerechtigkeit. Die mittlere Säule wird so zum Pfad der Harmonie.

Und wieder kommt *da'ath* ins Spiel, als Vermittler zwischen der männlichen Sephira *hokhmah* (Weisheit), dem erhabenen Vater, und *binah* (Erkenntnis), der erhabenen Mutter. Da wir wissen, dass *da'ath* einen sexuellen Bedeutungshorizont hat, wird es klar, dass diese Meditation eine Vereinigung auf allen Ebenen umschließt. *Da'ath* ist es ja auch, was uns erlaubt, uns *kether* zu nähern – einem Wissen jenseits rationalen Nachforschens.

Warum ist *da'ath* verborgen? Zum Teil hängt das mit der Gestalt des Baums zusammen. Drei Sephirot weisen nach oben und sieben nach unten. Zwischen ihnen klafft eine Lücke oder ein Abgrund. Wir können an dieser Stelle nicht einfach eine Sephira ansiedeln. Denn das *sefer yetsirah* sagt: „Es gibt zehn Sephirot. Zehn – und nicht neun. Zehn – und nicht elf."

Bei der Kabbala wird aber so ein „Zufall" wie dieser Zwischenraum gleichsam zu einer Einladung, nach einer tiefen Bedeutung zu suchen. So entsteht die Idee von dem im „Baum des Lebens" verborgenen „Baum der Erkenntnis". Gemäß Cordovero, wird Wissen zur aktivierenden Kraft des Baums. Es macht ihn lebendig. Deshalb sprechen wir bei *da'ath* von Sexualität, weil sexuelle Energie alles Leben erfüllt. Weil *da'ath* verborgen ist, können wir sagen, dass es nicht wirklich jene Stelle zwischen den drei oberen und den sieben unteren Sephirot besetzt hält. *Da'ath* bewegt sich durch den Baum hindurch. In der kabbalistischen Überlieferung ist Wissen in der Tat die Eigenschaft, die den Baum lebendig macht. Durch das Studium, diese zutiefst jüdische Übung, gehen wir dem unermesslichen Bedeutungsreichtum des Baums entgegen. *Da'ath* ist verborgen, weil es eine Bewusstheit einschließt, die die meisten von uns nie erlangen werden. Unser Wissen beschränkt sich auf die alltäglichen Notwendigkeiten, auf Dinge, die wir in der Schule gelernt haben oder von Freunden oder in unserer Familie, auf die Vorurteile und die Grundüberzeugungen, die in unserer Gesellschaft vorherrschen. In gewissem Sinn wissen wir eben rein gar nichts. Wir können uns eine absolute Wirklichkeit – im esoterischen Sinn – ohne kulturelle Überformungen nicht vorstellen.

Zum Teil ist *da'ath* einfach deswegen geheim, weil das Wissen, das wir Kabbala oder Sufismus oder Tantra oder ägyptische Mysterien nennen – oder wie immer unser Pfad zur Wahrheit heißt – , weil dieses Wissen geheim ist. Es erfordert eine Art zu denken, die die meisten Menschen nicht durchzuhalten vermögen. Und es ist auch deshalb geheim, weil es anerkennt, dass Sexualität und Spiritualität ein und dasselbe sind, die absolute kosmische Energie.

Indem Cordovero den Baum als eine sexuelle Metapher benutzte, folgte er der Bilder- und Gedankenwelt des *sohar. Tiferet* entsteht als Sohn aus der Vereinigung von *hokhmah* und *binah* und ist seinerseits der Bräutigam von *malkuth*, die sowohl als *shekhinah* als auch als die Braut des Sabbaths aufgefasst wird. Nach Judith Laura schüren *chesed* und *gevurah* mit ihren jeweils männlichen bzw. weiblichen Eigenschaften das Begehren der beiden. Die vier unteren Sephirot – das Dreieck *hod / netzach / yesod* auf der einen und *malkuth* auf der anderen Seite – sind die sexuellen Organe: *netzach* und *hod* die Hoden, *yesod* der Penis und *malkuth*, die Vagina, die den Samen von *yesod* empfängt. Viele Jahrhunderte später wurde der Okkultist Aleister Crowley dafür verdammt, dass er sexualmagischen Praktiken einen hohen Stellenwert bei der Beschäftigung mit dem Baum des Lebens einräumte. Zur Zeit Königin Viktorias war das nicht weiter verwunderlich, aber er war ganz bestimmt nicht der erste, der den Baum unter diesen Gesichtspunkten sah.

Dennoch müssen wir eine allzu wörtliche Interpretation vermeiden. Wenn sich schon der elfjährige Max keineswegs eine reale Hand vorstellt, wie sie die Schenkel einer realen Mutter, die am Ufer des Roten Meeres liegt, spreizt, dann dürfen wir auch annehmen, dass Cordovero die Sexualorgane des Baums vor allem als Metaphern für den Energiefluss sieht, der das ganze Universum durchzieht. Die alte esoterische Lehre des „Wie oben, so unten" (weiter unten werden wir den Ursprung dieses Ausdrucks besprechen) erinnert uns daran, dass wir das göttliche Leben durch eine genaue Betrachtung unseres eigenen Lebens verstehen, jedenfalls, solange wir nicht im buchstäblichen steckenbleiben. Die Botschaft der Vereinigung zwischen oben und unten kommt von der anderen Seite aus gesehen auch in der Genesis vor, nämlich in Gottes an eine unbekannte Zuhörerschar gerichteten Worten: „Lasset uns Menschen machen, ein Bild, das uns gleich sei" (1. Mose 1:26). Kabbalisten und andere – wie etwa die Jainisten Indiens – haben tatsächlich Mediationen über die genauen Abmessungen des göttlichen menschenförmigen Körpers entwickelt. Dabei geht es nicht darum, dass Gott Finger, Zehen und Geschlechtsorgane hat, sondern darum, dass wir unseren Körper und unsere Sexualität als einen Zugangsweg zu einem vertieften Verständnis der göttlichen Wahrheit ansehen können.

Genauso ist es bei Hermann Haindls Bild. Will er uns etwa weismachen, dass über *tiferet* wirklich ein weißer Vogel fliegt oder, dass sich eine Schlange um *hokhmah* windet? Sicher nicht. Die Bilder erlauben Haindl – und uns, die Eigenschaften des Baums wahrzunehmen, das abstrakte Bild in einen lebendigen Baum des Lebens zu verwandeln.

Issak Luria, der zu der auf Cordovero folgenden Generation gehört, nimmt einen besonderen Platz in der Geschichte der Kabbala ein. Seine Gedanken über die Schöpfung summieren sich zu einem neuen Mythos. Seine spirituellen Übungen, *yihud* und *tikkun olam* herbeizuführen, eroberten sich einen zentralen Platz in der kabbalistischen Praxis. *Yihud* bedeutet „Vereinigung" und meint das Zusammenkommen der männlichen und weiblichen Aspekte Gottes. *Tikkun olam* bedeutet „Heilung der Welt" und meint die Wiederherstellung der göttlichen Einheit des Kosmos. Auf diesen beiden Wegen führte Luria den kontemplativen und den praktischen Pfad der Kabbala zusammen.

Nach der Legende war Luria ein Wunderkind. Er lebte zuerst in Jerusalem, wo er auch geboren wurde. Nach dem Tod seines Vater zog er mit seiner Mutter und seinem Onkel nach Ägypten. Luria war bereits in jungen Jahren ein anerkannter Meister der talmudischen Überlieferung. Im Alter von siebzehn Jahren erwarb er von einem Trödler ein Exemplar des *sohar*. Während viele Leser vor ihm dieses Buch zwar aufregend schön fanden, es aber kaum verstehen konnten, erkannte Luria seine unter der Oberfläche verborgenen Geheimnisse sofort – und damit auch seine Lebensaufgabe. Er reiste nach Safed, wo er in kurzer Zeit eine ergebene Anhängerschaft um sich versammelte. Sein Hauptschüler Chaim Vital, der Lurias Lehre schriftlich niederlegte, nannte ihn einen Engel in Menschengestalt. Lurias Grabstätte befindet sich auf demselben Friedhof wie das Grab von Simeon bar Yohai. Sie ist zu einem Wallfahrtsort geworden. Die Menschen suchen ihn auf, um dort zu beten und zu meditieren. Viele stecken zusammengefaltete Zettelchen in die Spalten des Grabsteins, und hinterlassen auf diese Weise oft Botschaften an ihre verstorbenen Angehörigen.

Cordovero brachte Licht in die überlieferte Lehre. Luria brach hingegen in Neuland vor. Als einer der radikalsten Denker der Mystik beschrieb er, wie das *en sof* den Baum hervorbrachte. Gott war alles, er erfüllte das ganze Universum. Aber weil er eben alles war, konnte er sich nicht selbst erkennen. Der Grenzenlose musste etwas Anderes erschaffen. Nur wie sollte das gehen, er war ja Alles? Also zog sich Gott in sich selbst zurück. Das hebräische Wort für diesen Vorgang ist *tzimtzum.*

Frühere Kabbalisten hatten mit diesem Ausdruck die Hinwendung der göttlichen Aufmerksamkeit auf einen besonderen Aspekt des Kosmos bezeichnet. Einige Menschen unserer Tage, darunter vor allem Frauen, haben *tzimtzum* mit den Geburtswehen verglichen, als habe der weibliche Teil Gottes im *tzimtzum* das Universum zur Welt bringen wollen. Luria verglich es jedoch mit dem Zusammenschrumpeln eines Penis nach dem Geschlechtsverkehr, mit einem „Kleinerwerden". Das *tzimtzum* konzentrierte die göttliche Energie in einen einzigen, von Leere umgebenen, ungreifbaren Punkt.

In diese Leere hinein ergoss der Schöpfer die Lichter, die dann die Gestalt der Sephirot annahmen. Wenn wir an den biblischen Schöpfungsbericht zurückdenken, werden wir uns an eine anscheinend unabhängig von Gott existierende Dunkelheit erinnern: „... und es war finster auf der Tiefe und der Geist Gottes schwebte auf dem Wasser" (1. Mose 1:2). In diese Situation hinein spricht Gott sein: „Es werde Licht!"

Luria entwickelte auch noch eine weitere Vorstellung, die sehr einflussreich bleiben sollte. Es ist der unter dem Namen *shiverah* bekannte Gedanke vom „Zerbrechen der Gefäße". Der Ausdruck beschreibt eine kosmische Katastrophe, in deren Folge ein zerbrochenes Universum zurückblieb. Der Baum besteht aus den Gefäßen der Sephirot, die dazu bestimmt waren, das göttliche Licht aufzunehmen.

Bei *kether* war das kein Problem, aber bereits bei *hokhmah* und *binah* kam es zu einer Überlastung. Die nächsten sechs Gefäße allerdings – *chesed, gevurah,* tiefert, *netzach, hod* und *yesod* – zerbrachen. Das Licht brach hervor, stieg auf und kehrte zu *binah,* der erhabenen Mutter, zurück. Die materiellen Überreste der Gefäße, die Scherben, hebräisch *klippoth* genannt, fielen hingegen hinunter in die natürliche Welt. Hier wurden sie zu dichter Materie und zu einer Quelle des Bösen. In einer Abwandlung dieses Gedankens erschuf das *en sof* den Adam Kadmon, den kosmischen Menschen, noch vor den Sephirot und den vier Welten. Aus allen Öffnungen seines Kopfes quollen dann gewaltige Lichter hervor, die zum Teil zu Buchstaben und heiligen Namen „kondensierten". Diese Vorstellung gab den eher intellektuellen Einsichten des *sefer yetsirah* einen mehr mythologischen Charakter. Auch hier heißt es, dass die ersten drei Gefäße hielten und die folgenden sechs zerbrachen und ihre Scherben von *malkuth* aufgefangen wurden.

Wem dies alles zu weit von unserer Realität entfernt zu sein scheint, der bedenke einmal unsere gegenwärtige wissenschaftliche Theorie des Urknalls. Dort geht man davon aus, dass die gesamte Existenz vor der „Schöpfung" in einem einzigen ursprünglichen Punkt konzentriert war, in der sogenannten „Singularität". Die Menschen fragen nun gelegentlich, was denn außerhalb von diesem Punkt existiert habe, worauf sie nur immer wieder die Antwort „Nichts" erhalten. Es erscheint allerdings fast unmöglich, auf die Vorstellung einer Leere zu verzichten, die bereit steht, um das entstehende Universum aufzunehmen. Darüberhinaus heißt es in der Wissenschaft, dass wir das Wesen dieser „Singularität" einfach nicht kennen können, weil sie eben vor dem Moment der Schöpfung existiert habe und deshalb auch außerhalb des Geltungsbereichs der Naturgesetze läge. Hört sich das nicht irgendwie nach dem *en sof* an, besonders nach dem *tzimtzum*, der zusammenziehenden Konzentration in einen einzigen ungreifbaren Punkt?

Wissenschaftler gehen von einer zufälligen Schwankung in der „Singularität" aus, die dann zur explosionsartigen Entladung der Energie im Urknall geführt habe. In diesem allerersten Mikro-Augenblick gab es noch keine Partikel, die Naturgesetze galten noch nicht – es gab nur Energie, Licht, so wie es aus Adam Kadmons Kopf hervorquoll. Warum wurde dieses Licht nun zu Materie? Bis heute haben moderne Kosmologen hierauf noch keine Antwort zu geben gewagt. Wenn sie es eines Tages tun, wird ihre Beschreibung vielleicht den kabbalistischen Mythos widerspiegeln.

Die lurianische Lehre lässt den Kosmos nicht in seinem hilflosen und in tausend Stücke zersplitterten Zustand zurück, sie verweist uns auf *tikkun olam*, die Wiederherstellung oder Heilung. Auf der mythischen Ebene verändern sich die Sephirot und werden zu Gesichtern und Figuren. *kether* wird das „große Gesicht" oder der „Langgesichtige", der wie ein alter Mann mit einem Bart aussieht. *Hokhmah* und *binah* werden zu Vater und Mutter. Mit den Funken die zu *binah* zurückkehren – den „weiblichen Wassern" – zeugen sie einen Sohn, den „Kleingesichtigen", der aus den sechs zersprungenen Gefäßen besteht.

Malkuth wird unter den Namen der beiden Frauen Jakobs die zweifältige Braut des Sohnes. Als Leah ist sie an den normalen Wochentagen Jakobs (des „Kleingesichtigen") Frau, die ihm nur bis zur Brust reicht. Am Sabbath, von Freitagnacht bis Sonnabend, tritt Rachel auf den Plan. Sie liebt Jakob auf Augenhöhe und das öffnet den Weg für die Heilung des Kosmos.

Tikkun entsteht aber nicht einfach von selbst. Die Menschen müssen aktiv mitarbeiten. Wir müssen unsere Kräfte und Handlungen auf die Befreiung des Lichts richten und auf die Wiedervereinigung des männlichen Königs und der weiblichen *shekhinah*. Ein Weg zu diesem Ziel ist eine Form von spiritueller Sexualmagie. Wenn wir uns am Sabbath mit unserem Partner in Liebe vereinen, soll daraus eine Art Meditation werden, die uns über unsere persönlichen Begrenzungen hinausführt und uns zu Kanälen werden lässt für die männlichen oder weiblichen göttlichen Kräfte, die sich nach ihrer Wiederveinigung, nach *yihud*, sehnen. Es kann sein, dass solche Vorstellungen diejenigen Leser schockieren, die in dem Glauben groß geworden sind, Religion sei so ungefähr das Gegenteil von Sexualität und Geschlechtlichkeit und der Hauptfeind der Reinheit. Wir können die Geschichte dieser ablehnenden Haltung hier nicht vertiefen. Wir wollen nur deutlich machen, dass die esoterische Tradition die spirituelle Kraft des Geschlechtstriebs schon immer anerkannt hat.

Issak Luria war ebenso wie viele andere Kabbalisten Mitglied einer patriarchalischen Kultur. Er entwarf seine *yihudim* als Anleitungen für Männer, die diese Übungen mit ihren Frauen machen sollten. Eine der umwälzenden Bewegungen unserer Zeit ist die Eröffnung esoterischer Möglichkeiten für alle Menschen. So konnten auch gleichgeschlechtliche Paare zeigen, dass die sexuelle und spirituelle Vereinigung nicht der rein körperlich aufgefassten geschlechtlichen Polarität bedarf. Ganz allgemein gesprochen haben Frauen die Kräfte und den Stellenwert des weiblichen nicht nur im eng gefassten Bezirk der sexuellen Magie wiederhergestellt, sondern für alle Bereiche der spirituellen Wahrheit. „Alle Taten der Liebe und der Lust sind mein Ritual" heißt es in Doreen Valientes Gedicht *Auftrag der Göttin*. Die Anhänger und Anhängerinnen der Wicca-Religion übernehmen diese Worte als Anrufung bei der geschlechtlichen Liebe.

Der Haindl-Baum stellt die Natürlichkeit des Baums auf vielen Ebenen wieder her. Seine Bildwelt schwelgt in allen Bereichen des Lebens. Obwohl keine geschlechtliche Vereinigung auf seinem Bild dargestellt ist, gibt es uns doch ein Gefühl für die Sinnlichkeit der Welt. Zur gleichen Zeit werden wir auf die Tiefenschichten jenseits des Offensichtlichen aufmerksam gemacht, sodass wir uns von der Illusion, nur das unmittelbar vor Augen liegende sei wahr, verabschieden können. Dieser Irrtum hatte Adams Verbindung zum Paradies zertrennt.

Wir tragen alle Verantwortung für das Gelingen von *tikkun*. Jeder Einzelne muss lernen, seinen besonderen Anteil am göttlichen Licht zu erkennen und zu befreien. Luria lehrte, dass diese Wiederherstellung mehrere Lebensspannen umfassen kann. Damit erweckte er einen älteren kabbalistischen Gedanken wieder zum Leben, nämlich den der Wiedergeburt, hebräisch: *gilgul*, was manchmal auch mit Seelenwanderung übersetzt wird. Es ist sicher nicht richtig, Luria als „modern" zu bezeichnen. Die meisten seiner Anweisungen und Praktiken erscheinen uns Heutigen recht eigenartig zu sein. Seine Gedanken über die Wiedergeburt ähneln indes durchaus heute im Umlauf befindlichen Vorstellungen. Wir beschäftigen uns mit unseren früheren Leben nicht zum Spaß oder aus Gründen der Selbsterkenntnis, sondern weil wir die Aufgaben kennenlernen wollen, die uns unsere Seelen stellen und gestellt haben. Vielleicht erfüllen alle diese persönlichen Lernaufgaben darüber hinaus auch noch den Zweck einer Heilung der ganzen Welt.

Bisher haben wir uns mit der jüdischen Überlieferung der Kabbala beschäftigt. Die Kabbala ist eben jüdischen Ursprungs. Sie trägt jüdische Züge. Auch heute benutzen christliche und okkulte Kabbalisten die hebräischen Namen für die Sephirot und die hebräischen Buchstaben für die Pfade. Das *sefer yetsirah*, Isaak Luria und andere rabbinische Quellen stellen nach wie vor eine Inspiration dar. Trotzdem fand das kabbalistische Gedankengut früh Eingang in die christliche Welt und verschmolz dort alsbald mit der westlich-hermetischen – nach Hermes Trismegistos benannten – Tradition. Ramon Lull führte ein gebildetes christliches Publikum bereits Anfang des 13. Jahrhunderts in die Gedankenwelt der Kabbala ein.

Im späten 15. Jahrhundert, ungefähr vierzig Jahre nach dem ersten bezeugten Erscheinen der Tarot-Karten in Norditalien, studierte der Philosoph Giovanni Pico della Mirandola Übersetzungen kabbalistischer Schriften und machte sie einem größeren Leserkreis zugänglich. Ihm folgte der große Mystiker Jakob Böhme. Im 16. Jahrhundert entwickelte schließlich Heinrich Cornelius Agrippa in *De Occulta Philosophia* die christliche Kabbala weiter.

Die wichtigste Figur für die vorliegende Abhandlung ist wahrscheinlich Athanasius Kircher, ein Philosoph aus dem 16. Jahrhundert. Auf Kircher geht diejenige Version des Baums zurück, die in der westlichen Kabbala noch heute in Gebrauch ist. Viele Menschen, die sich für die Kabbala interessieren, wissen gar nicht, dass es mehrere Versionen des Baums des Lebens gibt. Sie

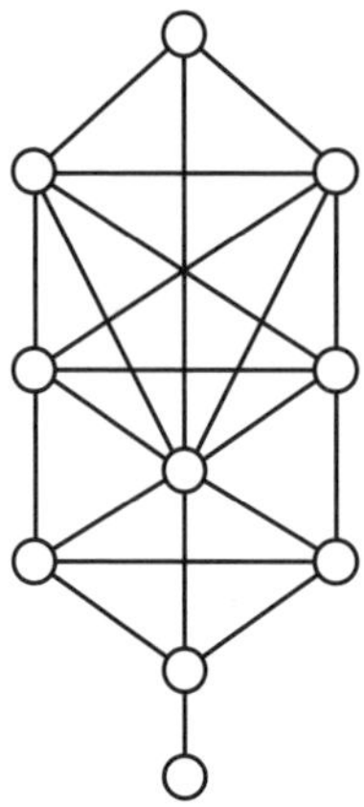 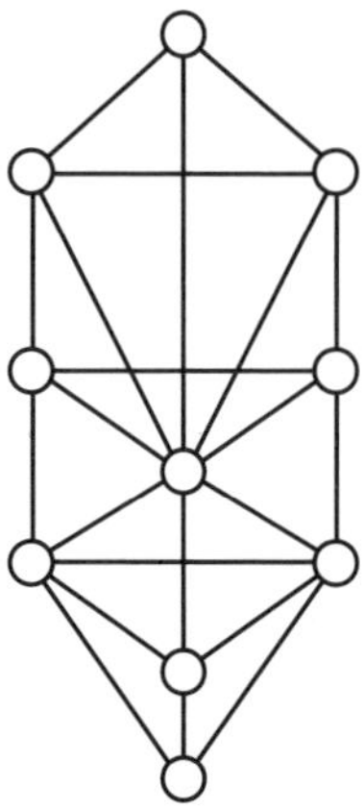

haben zwar alle zehn Sephirot (und *da'ath*) und die zweiundzwanzig Verbindungslinien, diese werden aber von verschiedenen Lehrern jeweils unterschiedlich gezogen. So verbindet beispielsweise in Lurias Version des Baums (oben links) nur eine einzige Linie zwischen *yesod* und *malkuth* die unterste Sephira mit den neun darüberliegenden. In Kirchers westlicher Version (oben rechts) münden drei von *hod*, *netzach* und *yesod* her kommende Linien in *malkuth*. Hermann Haindls Baum orientiert sich an Kirchers Version.

Die wichtigste Erneuerung bei der christlichen Kabbala ist, wie man sich leicht vorstellen kann, die Einführung von Christus in den Baum. Christen setzen ihn mit *tiferet* gleich, mit dem Zentrum, indem alle Linien zusammenlaufen. Hermann Haindl bildet Christus auf der rechten Seite über der männlichen Säule ab, die auch die Säule der Gnade und des Mitgefühls ist. Für viele Christen haben Kreuzigung und Wiederauferstehung die göttliche Harmonie bereits wiederhergestellt, sodass eine Wiedervereinigung der Polarität als weniger dringlich angesehen wird. Der Baum wird dann eher als ein Weg gesehen, sich Gott und besonders Christus zu nähern. Dennoch arbeitet die hermetische Überlieferung mit Polaritäten, besonders mit dem Gegensatz männlich und weiblich; insofern knüpft sie durchaus an die lurianische Tradition an.

Im christlichen Mythos kommt das Holz des Kreuzes vom Baum des Lebens. Symbolisch betrachtet können wir sagen, dass Christus selbst der Baum ist oder, dass er ihn ersetzt, denn Christen betrachten Christus als den eigentlichen Quellgrund ihres Lebens. Christen verbreiten das Evangelium, um ihr Wissen über Christus und die lebensspendenden Kräfte, die sie bei ihm gefunden haben, weiterzugeben. Für christliche Gläubige eröffnet das Wissen einen Zugang zum Weg des Lebens.

In ähnlicher Weise betrachten Juden die Torah als Stellvertreter des ursprünglichen Baums. Jedenfalls singen sie beim Zurücklegen der Schriftrolle in den Kasten: „Sie ist ein Baum des Lebens für alle, die an ihr hängen". Da die Menschen die Torah studieren, dient sie ihnen als Baum der Erkenntnis. Dieses Studium bringt aber Leben, weil es den Juden Möglichkeiten zeigt, Gottes *mitzvoth* zu verstehen, damit sind seine Gebote gemeint und zwar im Sinne von „Segnung" und „Chance". So erweist sich von Neuem – exoterisch und esoterisch gesehen, dass der „Baum des Leben" im „Baum der Erkenntnis" liegt.

Eine weitere christliche Veränderung betrifft die drei höchsten Sephirot. Für einige christliche Kabbalisten werden sie zu „Vater", „Sohn" und „Heiliger Geist". Eine andere Version bleibt vielleicht etwas näher an den ursprünglichen Visionen. Sie macht *kether* zum Schöpfer (oder Geist), *hokhmah* zum Vater und *binah*, die erhabene Mutter, zu Maria. Dadurch wird Maria zum Vater – auf eine göttliche Ebene – gestellt, was in der orthodoxen Kirche nie geduldet wurde (die römisch-katholische Kirche rang sich erst 1950 zu der Erklärung durch, dass Maria an der Seite ihres Sohnes im Himmel wohne).

Für die moderne esoterische Tradition des Baums besteht die einschneidenste Erneuerung in einer Vorstellung, die die großen Rabbiner und wahrscheinlich auch die christlichen Mystiker für sehr seltsam, wenn nicht gar für anstößig befunden hätten.

1781 schrieb der Freimaurer und Esoterik-Forscher Antoine Court de Gébelin über eine persönliche Entdeckung, die er im Zusammenhang mit dem beliebten Tarot Kartenspiel gemacht hatte. De Gébelin war gerade mit der Abfassung seines neunbändigen Werks *Le Monde Primitif (die Welt der Primitiven)* beschäftigt. im 18. Jahrhundert bedeutete „primitiv" keinesfalls wild und unzivilisiert, wie wir es heute aufzufassen gewohnt sind. Damals rief es das Bild eines goldenen Zeitalters hervor, in dem die Menschen in Übereinstimmung mit dem göttlichen Gesetz gelebt hätten und mit einem Wissen, das inzwischen verlorengegangen sei.

Während seiner Arbeit an dem Werk geschah es, dass er eine gewisse Madame la C. de H. aufsuchte, die ihm die neueste Liebhaberei der Gesellschaft demonstrieren wollte, nämlich ein ursprünglich in Italien beheimatetes

Kartenspiel, das mittlererweile seinen Weg nach Südfrankreich gefunden hatte. Court de Gébelin schrieb, wie er beim Anblick der billigen, in grellen Farben kolorierten Karten von einer Offenbarung überwältigt wurde: die vor ihm ausgebreiteten, zweiundzwanzig Trumpfkarten mit allegorischen Darstellungen wie dem „Papst", dem „Tod" oder dem „Gehängten", die es in normalen Kartenspielen gar nicht gab, schienen ihm direkt aus einem alten ägyptischen Buch des Geheimwissens entgegenzuspringen, als dessen Urheber Thoth, der Gott der Magie und des Wissens, galt. Thoth wurde auch mit Hermes Trismegistos in eins gesetzt, wobei Hermes als der griechische Gott der Zauberei angesehen wurde, während Trismegistos soviel wie der „Dreimal-Große" bedeutete.

Thoth habe die Bilder der Kartentrümpfe angeblich seinen Schülern übergeben, um sie in die Geheimnisse des Lebens einzuweihen. In dem Bewusstsein, dass der Lauf der Welt in abschüssiger Richtung zur Unwissenheit führe, hätten die weisen Zauberer ihre Lektionen zu einem bestimmten Zeitpunkt in das Gewand eines einfachen Kartenspiels gekleidet. Auf diese Weise würden sie der Aufmerksamkeit der Behörden entgehen und trotzdem für jedermann sichtbar sein, da der Reiz des Karten- und Glücksspiels immer bestehen bleibe. Für eine initiierte Person läge der wahre Gehalt der Kartenbilder jedoch offen zu Tage. Der Charakter des Spiels würde in den Hintergrund treten, das Buch der Weisheit käme wieder ans Licht.

Court de Gébelin beschrieb die Verbindung der Tarot-Karten mit der Kabbala nicht genau. Er sagte aber, dass die zweiundzwanzig Karten als Repräsentanten der zweiundzwanzig Buchstaben des „ägyptischen Alphabets, das die Hebräer und die Orientalen" benutzen, gelten dürfen. Nun stellen zwar ägyptische Hieroglyphen in der Tat ein Alphabet dar, aber es zählt keine zweiundzwanzig Buchstaben. Letzteres trifft aber auf das hebräische Alphabet zu und wir haben bereits gesehen, dass dieses von fundamentaler Bedeutung für die Kabbala ist. Es blieb einem Ergänzungsartikel des Autors Comte de Mellet im *Le Monde Primitif* vorbehalten, ein Grundschema der Verbindungen zwischen den Tarot-Karten und dem hebräischen Alphabet aufzuzeigen.

Hermes Trismegistos, der angebliche Zeichner der Tarot-Bilder, gilt auch als der legendäre Autor der Smaragd-Tafel, eines Werkes, das innerhalb der westlichen Tradition den gleichen Rang beansprucht wie das *sefer yetsirah* für die Kabbala. Zur Zeit des Court de Gébelin nahm man allgemein an, dass die Smaragd-Tafel ursprünglich aus dem alten Ägypten stamme, genauso wie man Simeon bar Yohai als Kompilator des *sohar* akzepierte. Tatsächlich kommt das Buch aus dem hellenistischen Ägypten. Es erscheint dort etwa einhundert Jahre nach Christus, und damit ungefähr zweihundert Jahre vor dem *sefer yetsirah.*

Aus der Smaragd-Tafel stammt der berühmte Satz: „Wie oben, so unten". Wörtlich heißt es: „Was unten ist, ist genauso wie das, was oben ist und ... was oben ist, ist genauso wie das, was unten ist, damit das Wunder des Einen immer weitergeht." Anders ausgedrückt: der menschliche Körper und die menschliche Erfahrung spiegeln die göttlichen Bereiche des Seins – tiefe Selbsterkenntnis wird zu Gotteserkenntnis. Dies ist auch die Grundlage der Astrologie: die Vorstellung, dass unser Leben und das Geschick ein Spiegelbild des Tierkreises und der Planeten sind.

Der Gedanke scheint derselbe zu sein wie in der Kabbala und sicher gibt es auch viele Kabbalisten, die zugleich Astrologen sind. Tatsächlich besteht jedoch ein radikaler Unterschied zwischen der klassischen Kabbala und der Smaragd-Tafel. Bei der Kabbala geht eine Reihe von Emanationen aus dem ungreifbaren *en sof* hervor. Jede nachfolgende Emanation ist dabei verdichteter oder materieller und weiter vom rein Geistigen entfernt. Nur die allerletzte, *malkuth*, stellt am Ende das dar, was wir die physische Realität nennen. Die Sephirot spiegeln sich zwar tatsächlich auch untereinander, besonders diejenigen derselben Säule, trotzdem bleibt aber das Bewusstsein der Getrenntheit der höheren Dreiheit von *kether / hokhmah / binah* von der untersten Stufe in *malkuth* deutlich erhalten. Durch seine Verbindung der Lehren des Hermes Trismegistos mit der Kabbala durch die zweiundzwanzig Trumpfkarten des Tarot erweiterte Antoine Court de Gébelin unser Verständnis des Baums. Jetzt ist der ganze Baum zu einem Spiegel unseres Selbst geworden – und unsere Erfahrungen zu einem Spiegel des Baums.

Antoine Court de Gébelin und Comte de Mellet machten bei der Verbindung von Tarot und Kabbala den Anfang. In der Mitte des 19. Jahrhunderts erweiterte ein anderer französischer Okkultist, Eliphas Lévi, diese Verbindung zu einem System. Lévi hieß ursprünglich Alphonse Louis Constant. Er hatte diesen hebräischen Namen angenommen, um seiner Verehrung für die kabbalistische Überlieferung Ausdruck zu verleihen. Er glich die Nummern der Kartenfolge der Tarot-Trümpfe mit der Reihenfolge der Buchstaben ab und wies jeder Karte einen bestimmten Pfad zwischen den Sephirot zu. Hermann Haindl folgt diesem Überlieferungsstrang in seinem Bild. Wenn man das Gemälde genau ansieht, kann man den hebräischen Buchstaben und den Namen je einer Tarot-Karte auf den Linien oder in den Zwischenräumen zwischen den Sephirot erkennen. Es sind allerdings nicht dieselben Zuweisungen, die Eliphas Lévi vor so langer Zeit vorgenommen hat. Die Veränderung geht auf eine Gruppe kabbalistischer Magier zurück, die sich 1888 in England unter dem Namen „Orden der goldenen Dämmerung" gebildet und einen maßgeblichen Einfluss auf die weitere Entwicklung der westlichen Überlieferung ausgeübt hat. Der hermetische Orden bestand nur fünfzehn Jahre lang. Diese Zeitspanne reichte indes aus, auf der Grundlage des Baums des Lebens und des Tarot ein umfassendes System auszuarbeiten, in das Astrologie, Alchemie, Freimaurer- und Rosenkreuzertum, heidnische Götter und Göttinnen und rituelle Magie gleichermaßen Eingang fanden. Nach dem offiziellen Auseinandergehen des Ordens führten andere Lehrer und Gruppen die Arbeit weiter. Dabei verfolgten einige die alte Linie, während andere einige Abweichungen einbrachten.

Die prominente Stellung, die dem Baum des Lebens heute zukommt, ist zu einem großen Teil der Arbeit des Ordens der „Goldenen Dämmerung" und seiner Nachfolger geschuldet. Seine überraschende Popularität – Filmstars treten für ihn ein, zahllose mehr oder weniger wertvolle Bücher erscheinen – hängt eng mit der Bedeutung zusammen, die der Orden dem Baum verliehen hat. Hier waltet gewissermaßen eine Ironie der Geschichte. Zum einen hat die jüdische Überlieferung die westlichen Versionen der Kabbala nie zur Kenntnis genommen. Die Rabbiner hätten im übrigen die Ersetzung von Jakob durch Christus bei *tiferet* schwerlich unterstützt. Zum anderen ist es eine Ironie, weil sich der Orden der „Goldenen Dämmerung" absoluter Geheimhaltung verschrieben hatte.

Die ersten Mitglieder, die dem Orden noch zu seinen Hochzeiten beigetreten waren, hatten in heiligen Schwüren versprochen, die Rituale und Lehrsätze niemals zu verraten. So gelangten entsprechende – teilweise auch abgeänderte – Informationen von ehemaligen Mitgliedern erst nach dem Zusammenbruch des Ordens in die Öffentlichkeit. Später schrieben dann auch noch andere Autoren, die von der ersten Generation beeinflusst worden sind. Die wichtigsten Autoren sind: A. E. Waite, der Entwickler des weltweit verbreitetsten Tarot-Spiels, des Rider Tarot, das seinen Namen von seinem Verleger bekommen hat; dann Israel Regardie. Er war der erste, der die schriftlichen Unterlagen des Ordens einschließlich der Beschreibungen der Initiationen und Rituale veröffentlichte; ferner Dion Fortune, Autorin des Buches *Mystical Qabalah*; weiter Paul Foster Case, Schöpfer des *Builders-Of-The-Adytum-Korrespondenz-Kurses*, der bis heute eine der besten Möglichkeiten ist, Tarot und westliche Kabbala zu lernen; und schließlich Aleister Crowley, den viele für eines der Genies der kabbalistischen Überlieferung halten.

Der Orden der „Goldenen Dämmerung“ veränderte Eliphas Lévis Zuordnung der Tarot-Karten zum Baum in zwei wichtigen Hinsichten. Einmal vertauschte er zwei Trumpfkarten. Im klassischen französischen Tarot-Deck – im sogenannten Marseille Tarot – trägt Gerechtigkeit die Nummer acht, während Kraft als elf zählt. Der Orden drehte diese Zählweise um, damit belegten diese Karten andere Plätze auf dem Baum.

Zum Zweiten – und wichtiger noch – verlegte der Orden die Position des Narren an die erste Stelle. Der Narr stellt für Tarot-Kabbalisten ein besonderes Problem dar. Weil er die Nummer „0“ trägt, gehört er irgendwie an keine Stelle innerhalb der Reihe. Der Ansatz des Ordens, diese Karte vor der Karte mit der Nummer eins (dem Magier) zu plazieren, erscheint logisch. Das Problem dabei ist allerdings, dass der erste Buchstabe im hebräischen Alphabet nicht für die Null steht sondern für die eins. Wenn man den Narren auf die Position des ersten Buchstabens legt, wird der Rest der Karten um jeweils eine Zahl verschoben. Der Magier („eins“) liegt dann also auf der Verbindungslinie „zwei“. Die Hohepriesterin („zwei“) auf Linie „drei“ und immer so weiter bis zur letzten Karte, der Welt („einundzwanzig“), die auf der Verbindungslinie „zweiundzwanzig“ zu liegen kommt. Das hört sich ein bisschen nach Erbsenzählerei an, aber wenn man glaubt, dass die Tarot-Karten tatsächlich für die Pfade auf dem Baum des Lebens stehen, ist es natürlich schon wichtig, welche Karte auf welchem Pfad zu liegen kommt. Als Hermann Haindl sein Tarot-Deck entwickelte, setzte er einen hebräischen Buchstaben auf jede einzelne Karte. Bei seinem Baumbild entschied er sich für die gleiche Anordnung und das ist die Reihenfolge, die der Orden der „Goldenen Dämmerung“ festlegte. Wir finden also den Narren, die Karte mit der Null, zusammen mit dem ersten hebräischen Buchstaben *aleph* zwischen den beiden ersten Sephirot, also zwischen *kether* und *hokhmah.*

Es gibt verschiedene Gründe, der Ordensversion zu folgen. Erstens ist es die bekannteste Reihenfolge. Der Orden hat die westliche Kabbala eben entscheidend geprägt. Zweitens herrscht bei den meisten Menschen Übereinstimmung darüber, dass der Orden trotz der leicht zur Verwirrung führenden Parallelisierung von Karte „Null“ mit dem Buchstaben „eins“ eine gute und richtige Entscheidung getroffen hat. Die Linien auf dem Baum sind ja kein Schaltplan. Jede Linie steht für eine Idee, einen besonderen Gedanken. Eine besondere Bedeutung hat auch jeder hebräische Buchstabe. Wir haben bereits gehört, dass die Buchstaben Tiere oder Dinge darstellen, die ihrerseits für Allegorien stehen. Schließlich transportiert jede einzelne Tarot-Karte eine Botschaft innerhalb eines komplexen symbolischen Verweissystems.

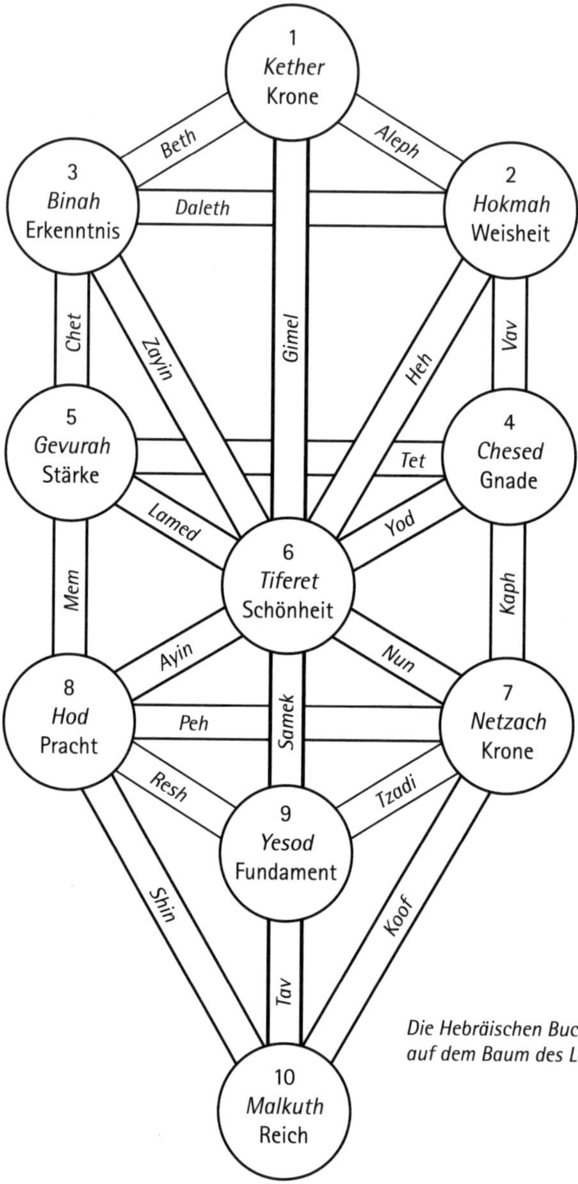

Die Hebräischen Buchstaben auf dem Baum des Lebens

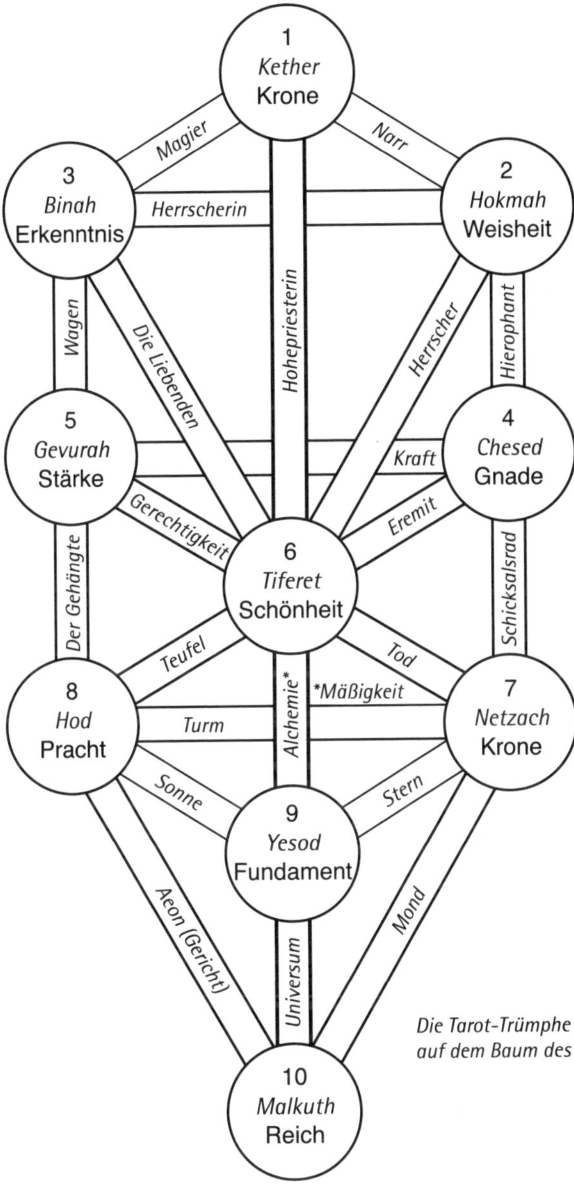

Die Tarot-Trümphe auf dem Baum des Lebens

Wenn wir also eine einzelne Verbindungslinie betrachten, so können wir sie auf mindestens drei Ebenen interpretieren und je mehr sich diese Deutungen und Erklärungen untereinander bestärken, umso mehr können wir etwas daraus lernen, wenn wir über diese Linien nachdenken.

Als Gershom Sholem Anfang des 20. Jahrhunderts mit seinen historischen und philosophischen Studien zur Kabbala begann, war dieses Themenfeld fast aus dem Bewusstsein verschwunden. Außer kleinen Gruppen jüdischer Mystiker oder in relativer Verborgenenheit forschender Okkultisten kannte kaum jemand auch nur das Wort, geschweige denn ihre Lehrsätze und ihre wichtigsten Symbole. Höchstwahrscheinlich hätten weder Sholem noch Crowley es für möglich gehalten, dass der Baum des Lebens in nur wenigen Jahrzehnten auf Postern erscheinen oder als Anhänger um den Hals getragen würde. Die Wiederauferstehung der Kabbala an der Wende zum 21. Jahrhundert erinnert uns daran, dass wahrhaft tiefgründige Ideen niemals sterben. Sie verfallen höchstens für eine gewisse Zeit in eine Art Winterschlaf und erwachen zu neuem Leben, wenn die kulturelle Strömung der Epoche in der Lage ist, sie wiederzuentdecken.

4. Vier Welten

Die Welt ist eine verwickelte Angelegenheit – Millionen biologische Arten, zahllose Möglichkeiten, krank zu werden, undurchsichtige Beziehungen, immerwährende Schönheit um uns herum, chaotische Wetterverhältnisse, Naturkatastrophen – und so könnte man immer weiter fortfahren. Unsere innere Stimme besteht darauf, dass eine solche Vielfalt nicht aus dem Nichts und auch nicht insgesamt zur gleichen Zeit entstanden sein kann. Für den enger gefassten Bereich der biologischen Arten hält die Evolution eine Antwort bereit, ebenso wie Chemie und Physik für das große Panorama des Universums. In den vergangenen Jahren haben Physiker darauf aufmerksam gemacht, dass die Grundkräfte des Seins so fein austariert sind, dass bereits eine geringfügige Abweichung nur eines Faktors die Existenz des Universums in Frage stellen würde. Daraus ergeben sich zwei Möglichkeiten: erstens, dass eine irgendwie geartete Führungs-Intelligenz das Gesetz dieser Kräftebalance entwickelt hat oder zweitens, dass es vor unserer so genau richtig ausbalancierten Welt verschiedene Versuchs-Universen gab, die samt und sonders in sich zusammengefallen oder explodiert sind.

Im Mythos und in der Religion finden sich Varianten von beiden Vorstellungen. Die westliche Kultur hat sich offenbar für die Idee einer Schöpfergottheit entschieden, die jederzeit genau weiß, was sie tut. Andere Kulturen bevorzugen die Devise „Versuch macht klug". Einige nord- und zentralamerikanische Mythen erzählen von mehreren, der unsrigen vorausgehenden Welten. Dabei wird selbst unsere Welt – oft ist es die vierte – als noch immer fehlerhaft und unvollkommen beschrieben. In irgendeiner mehr oder weniger entfernten Zukunft werde dann eine fünfte Welt entstehen, in der es – anders als auf der Erde – kein Leid und keine Tränen mehr gebe.

Wem dieser Gedanke seltsam anmutet, der schaue sich doch einmal die europäische Vorstellung der vier Elemente an. Danach besteht unsere materielle Welt aus Feuer, Wasser, Erde und Luft. Tarotkundige erkennen hier die vier Sätze der kleinen Arkana wieder. Es gibt aber noch ein fünftes Element, Äther, und dies ist beim Tarot mit den zweiundzwanzig Pfaden des „Baums des Lebens" verbunden. Die vier Elemente stehen für die physische Realität, Äther symbolisiert die spirituelle Dimension. Wir sprechen manchmal von der Quintessenz, wörtlich Fünftessenz, und verstehen darunter den wahren Bedeutungskern einer Sache oder Angelegenheit. Wenn es uns nur gelänge, die vier Elemente mit der Quintessenz zu verbinden, also der Spiritualität zu ermöglichen, unseren Alltag zu durchweben, dann könnte es sich so anfühlen, als ob wir durch eine Schale hindurch in so etwas wie eine neue, fünfte Welt hindurchgebrochen wären.

Das *sefer yetsirah* gründet zum Teil in dieser Gedankenwelt, in dem Gefühl, dass dieses Universum nicht auf einmal entstanden sein kann, so wie der biblische Bericht es schildert, in dem Gott die Welt in sieben Tagen einfach durch sein Wort erschafft. So werden bereits die zehn Sephirot als Stufen des Schöpfungsprozesses angesehen. Aber damit noch nicht genug. Auch hier stoßen wir auf die Vorstellung von vier verschiedenen Welten, die alle Teil des einen Schöpfungsvorgangs sind, wobei jede nachfolgende als immer weiter von ihrem göttlichen Ursprung entfernt angesehen wird.

Gewiss hängt diese Vorstellung auch mit der Ferne und der Unerreichbarkeit Gottes zusammen. In unserem täglichen Leben mit seinen Anforderungen, seinen Ablenkungen und Kompromissen, Sehnsüchten, Hoffnungen und Enttäuschungen, fällt es uns schwer, die greifbare Anwesenheit einer göttlichen Macht wahrzunehmen. Instinktiv wissen wir, dass es einen Gott gibt, er scheint sich aber sehr weit entfernt von uns aufzuhalten. In der Kabbala nimmt dieses Gefühl die Form vier voneinander verschiedener Welten an, wobei jede einzelne ihre eigenen zehn Schöpfungs-Sephirot aufweist.

Der Gedanke der vier Welten hängt auch mit der Bedeutung der Zahl vier in der jüdischen Mystik zusammen. In der Torah erscheint der Name Gottes als ein Wort mit vier Buchstaben.

יהוה

Sprachwissenschaftlich betrachtet ist dieser Name vermutlich eine Erscheinungsform des Verbs „sein“, aber ohne eine bestimmte grammatische Form. Die Überlieferung beschreibt den Namen als unaussprechlich und damit als Gleichnis für Gottes letztendliche Unerforschlichkeit. Es ist derselbe Gedanke, der später zum *en sof* führte. Um Gott anzusprechen, benutzen Juden einen Euphemismus und sagen *adonai*. Es handelt sich um ein Lehnwort aus dem babylonischen, wo es „Herr“ bedeutet. Wenn in christlichen Gebeten oder europäischen Bibelübersetzungen die Bezeichnung „Herr“ vorkommt, bezieht sich dies in Wirklichkeit auf Gottes geheimen und allmächtigen Namen.

Vor dem Untergang des zweiten Tempels soll der Hohepriester im alten Israel angeblich die korrekte Aussprache gekannt haben. Er durfte den Namen aber nur einmal im Jahr aussprechen und zwar am Tag des Sühneopfers im Allerheiligsten im Zentrum des Tempels. Zur Vorbereitung auf diesen Tag musste er fasten und sich anderen Reinigungszeremonien unterziehen, bevor er das Wagnis in Angriff nehmen konnte. Wenn er sich als zu schwach erweisen würde, um die Kraft zu kontrollieren, die das Aussprechen des Namens freisetzt, könnte er sterben. Auf jeden Fall wäre er so verwirrt, dass er den Ausgang nicht mehr finden würde. Da niemand sonst den heiligsten Bezirk betreten durfte, banden ihm die zurückbleibenden Priester ein Seil um den Leib, um ihn nötigenfalls am anderen Ende wieder herausziehen zu können.

Einige Leser fühlen sich jetzt vielleicht an den griechischen Mythos von Theseus erinnnert, der das Labyrith bekanntlich ebenfalls mit einem um seine Hüften geschlungenen Seil betrat. Ariadne hielt das andere Ende fest in der Hand, sodass Theseus nach dem Hinschlachten des monströsen Minotaurus seinen Weg am Ariadnefaden entlang hinausfand. Die Geschichten sind zwar sehr unterschiedlich. Die eine ist voller Gewalt, die andere handelt von heiliger Kraft. Und doch gebrauchen beide dasselbe Bild. Wenn wir eine heilige Pflicht erfüllen müssen, verlassen wir den Bereich normaler menschlicher Bewusstheit und benötigen deshalb einen Ankerfaden, an dem wir uns bei unserer Rückkehr in die Wirklichkeit orientieren können. Schamanen bitten ihre Gefolgsleute deshalb auch manchmal, sie an einen Mast festzubinden, wenn sie sich zu einer spirituellen Reise rüsten.

Der Baum des Lebens stellt beides gleichzeitig dar: den Weg hinein in die heiligen Welten und den Rückweg. Hermann Haindls Bild illustriert diesen Doppelcharakter besonders einleuchtend. Die Motivwelt des Gemäldes ist zugleich natürlich und archaisch, gewöhnlich und geheimnisvoll. Indem die einzelnen Motive gleichsam auf dem Baum eingetragen sind, kann uns Haindls Baum als Reiseführer und Landkarte für andere Seinsbereiche dienen.

In den europäischen Sprachen wird der Name mit den vier Buchstaben manchmal als „Tetragrammaton“ bezeichnet und manchmal mit den vier Buchstaben *yod-heh-vav-heh* dargestellt. Die Leserichtung des Hebräischen geht von rechts nach links, sodass das *yod* in der abgebildeten Kalligraphie rechtsaußen zu stehen kommt. Die westliche Überlieferung setzt die vier Buchstaben mit den vier Elementen Feuer, Wasser, Luft und Erde gleich. Feuer und Wasser werden dabei als primär empfunden, während Luft und Erde als komplexer gelten und damit gleichsam eine nachfolgende Generation bilden.

Gleichzeitig gehören die Elemente rhythmisch wechselnd verschiedenen Geschlechtern an, wobei Feuer und Luft zum männlichen und Wasser und Erde zum weiblichen zählen. In Genesis ruft Gott: „Es werde Licht!". Daraufhin durchdringt die göttliche Energie (der Urknall der modernen Wissenschaft) die „Finsternis über der Tiefe".

Denselben Gedanken finden wir beim Heiligen Namen. Der kabbalistische Mythos beschreibt das *yod* und das erste *heh* als den Vater und die Mutter und *vav* und das zweite *heh* als den Sohn und die Tochter, also ganz buchstäblich als die nachfolgende Generation. Weiterhin ist die Form der Buchstaben aufschlussreich. *Yod* und *vav* haben beide eine eher phallische Form, während die beiden *hehs* besonders dann, wenn man sie sich umgedreht vorstellt, Gefäßen ähneln. Die Mutter (Wasser) erhält die Energie vom Vater (Feuer). Aus dieser Verbindung geht die Tochter (Erde) hervor, die ihrerseits die Bewusstseinskräfte des Sohns (Luft) empfängt. Das Bild des Gefäßes lässt sich noch vertiefen, wenn wir uns die Leerstelle zwischen der vertikalen und der gebogenen Linie als eine Art Tülle vorstellen, aus der die endlose Energie in für den Menschen erträglichen Mengen herausfließt.

Wie bei den vier Welten folgt auch die Symbolik des Namens und der vier Elemente der Stufenreihe der Schöpfung vom Anfang der reinen Energie bis zum Ende der materiellen Welt. Das *yod*, symbolisiert als der kleinste Buchstabe des hebräischen Alphabets den ersten Zündfunken der Schöpfung, den Augenblick, nachdem das *en sof* – oder in moderner wissenschaftlicher Sprache die „Singularität" - die unvorstellbaren Energiemengen des Anfangs freigesetzt hat. Das erste *heh* oder Wasser steht für die unermessliche Leere – die Tiefe – über die dieses Feuer hereinbricht und dem es Gestalt zu verleihen beginnt. Das *vav* erweitert das *yod* in derselben Weise, wie der kreative Prozess durch bewusste Überlegungen – also durch Luft – den ersten feurigen Impuls aufgreift und fortführt. Schließlich überführt das zweite *heh*, die Erde, die Schöpfung, in die Beständigkeit der Welt, wie wir sie kennen.

Westliche Kabbalisten bringen die vier Elemente und die vier Buchstaben auch mit den vier Sätzen oder Farben der Tarot-Karten überein. Stäbe stehen für Feuer und *yod*, Kelche für Wasser und für das erste *heh*, Schwerter für Luft und *vav* und Münzen (oder Pentakel bzw. Steine) schließlich für Erde und das zweite *heh*. Der Haindl-Tarot stellt darüberhinaus noch Verbindungen zu den vier Himmelsrichtungen und zu vier Kulturkreisen her. Stäbe-Feuer sind mit Osten und Indien verbunden, Kelche-Wasser mit Norden und Europa, Schwerter-Luft mit Süden und Ägypten und Steine-Erde mit Westen und Nord-Amerika. Auf diese Weise reichert Haindl das Konzept mit natürlichen Gegebenheiten und der Vielfalt menschlicher Kulturen an. Die Himmelsrichtungen sind ja auch keine willkürlichen Setzungen, sondern natürliche Folgen der Erdrotation.

Die Stufenfolge der vier Welten verläuft von körperloser Ursprünglichkeit zu physischer Realität. Die Namen der vier Welten sind folgende:

Atzilut, die Welt der Emanation
Beriah, die Welt der Schöpfung
Yetsirah, die Welt der Formung
Assiyah, die Welt der Handlung

Einige Schriftsteller bezeichnen *atzilut* auch als die Welt der Archetypen. Dieser Wortgebrauch weicht aber von demjenigen ab, wie er aus der Jungschen Psychologie bekannt ist. Jung nahm an, dass bestimmte Grundmuster und vielleicht sogar Ereignisstrukturen in allen auf der Welt bekannten Mythologien weitgehend unabhängig von ihrer jeweiligen Färbung innerhalb der lokalen Kultur wiederkehrten. Er sah hier Energiekonstellationen der menschlichen Psyche am Werk und benutzte den alten Ausdruck „Archetypus", um auf deren überindividuelle und zeitlose Qualität aufmerksam zu machen.

Im Hinblick auf *atzilut* bedeutet archetypisch, dass die Sephirot auf dieser Welt den Status von Prinzipien haben. Wir können dabei ruhig an Platos Ideale denken. Das hebräische *atzilut* bedeutet Nähe und zeigt an, dass sich diese Welt in der größtmöglichen Nähe zum göttlichen Schöpfungsquell befindet. Der zeitgenössische Kabbalist Z'ev ben Shimon Halevi sagt, dass Gesetz und Dynamik in *atzilut* bereits existieren. Raum und Zeit fehlen jedoch noch und so kann nichts geschehen. Er beschreibt *atzilut* als die Welt des reinen göttlichen Willens.

Um Veränderung und kosmische Evolution zu ermöglichen, bedarf dieser Wille der drei anderen Welten. Aus *atzilut* geht *beriah* vervor, die Welt der Schöpfung. Es entsteht die Zeit und der Baum nimmt die Form an, die wir nun erkennen können, denn in *beriah* trennen sich auch Licht und Dunkelheit zum ersten Mal. Bei dieser Trennung entstehen auch die Säulen der Gerechtigkeit und des Mitleids und das, was wir als die Naturgesetze bezeichnen.

Nach Halevi erscheinen die sieben Tage der biblischen Schöpfung hier als Gruppen von Sephirot auf dem Baum von *beriah* im Prozess seines buchstäblichen Hervortreibens aus dem *atzilut*-Baum. Das hört sich jetzt etwas verworren an, da wir doch vorher festgestellt haben, dass die sieben niederen mit den sieben Doppelbuchstaben verbundenen Sephirot die sieben Tage repräsentieren. Wir müssen uns aber immer daran erinnern, dass die Kabbala kein linearer Bericht ist und auch kein orthodoxes Lehrgebäude, dass sich umstandlos in griffige Formeln fassen ließe. Die kabbalistische Überlieferung wird von vielen verschiedenen Meistern zusammen- und weitergetragen. Einzelne von ihnen legen oft ihren Schwerpunkt auf die Ausarbeitung kleinerer Spezialthemen. Die Kabbala ist genau wie der Baum selbst ein Pfad des Verstehens und keine exakt vermessene Landebahn.

Sehen wir also jetzt einmal die sieben Tage als eine Erscheinung von *beriah* an. Wir wollen dabei nicht allzu sehr ins Detail gehen (Halevis Version verkompliziert das Ganze noch durch eine Überlappung von *atzilut* und *beriah*), sondern uns auf den ersten und den letzten Tag konzentrieren. Der erste Tag – mit seiner Scheidung von Licht und Finsternis und der Entstehung der zwei Säulen – wird zur erhabenen Triade von *kether, hokhmah* und *binah*. Die am unteren Ende dieses Baums liegende Sephira *malkuth* ist auf der anderen Seite der Ort des Ausruhens Gottes am siebenten Tag. Am Ende des sechsten Tages erklärt Gott: „und siehe, es war sehr gut" (1. Mose 1:31). Damit ist nicht nur gemeint, dass das Schöpfungswerk insgesamt gut gelungen ist. Diese Wendung bedeutet auch, dass die beiden Säulen der Gerechtigkeit und der Gnade ein gut ausbalanciertes Gleichgewicht gefunden haben und dass *malkuth* zum Fundament der dritten Säule, der Säule der Harmonie, geworden ist.

Atzilut war die Emanation des reinen Willens, vergleichbar mit den platonischen Idealen. *Beriah* zeigt nun gleichsam die Musterkollektion der Schöpfung einschließlich aller Wesen. Gott erschafft hier den Prototyp des Löwen, des Schafs, der Rose und schließlich des Mannes und der Frau. Erst in *yetsirah*, der Welt der Formung, beginnen sich jeweils verschiedene Arten von Schafen, Rosen und Menschen herauszubilden.

Wir haben bereits gesehen, dass der zweite Schöpfungsbericht mit der Geschichte vom Garten Eden und den beiden Bäumen ein scheinbar anderes Szenario entwirft als der erste. Unter anderem werden „Mann und Weib" des ersten Kapitels im zweiten zu Adam und Eva. Die Kabbalisten lösen dieses Paradox, indem sie an dieser Stelle das Heraufkommen einer neuen Welt und eines neuen Baums annehmen und eine zunehmende Differenzierung des Seins.

Auf dem Baum von *yetsirah* – der Name ist derselbe wie bei dem ersten kabbalistischen Text – entwickeln sich die idealen Wesen von *beriah* zu der unendlichen Vielfalt der Formen und Arten. Hier durchleben Adam und Eva das dramatische Geschehen mit der Schlange, der Frucht und dem Baum der Erkenntnis von Gut und Böse. Halevi spricht von der „Welt der sich unter dem Einfluss des göttlichen Willens und der Schöpfungstat beständig wandelnden Phänomene“, wobei der göttliche Wille auf *atzilut* und die Schöpfungstat auf *beriah* verweisen.

Die vierte Welt *assiyah*, die Welt der Handlung, ist unsere Welt. Hier leben wir als Nachkommen von Adam und Eva, des aus dem Paradies vertriebenen Paares. Die Bibel berichtet von einem Fluss, der, als er den Garten Eden verlässt, sich in die vier berühmten Ströme des alten Mittleren Ostens aufteilt. Einige Kabbalisten nehmen dies als ein Echo der vier Welten wahr. Alle Ströme fließen nach *assiyah* hinein, aber sie spiegeln auch noch die vorherigen Welten.

Im Hinblick auf den Baum lassen sich die vier Welten auf unterschiedliche Weise visualisieren. Wir können uns vier Bäume nebeneinander oder untereinander vorstellen. Jeder trägt seine zehn Sephirot, sodass sich insgesamt vierzig ergeben. Dies ist auch der Grund für das häufige Auftreten der Zahl vierzig in biblischen Berichten. Bei der Sintflut regnet es vierzig Tage und Nächte. Der Auszug aus Ägypten wird zum vierzig Tage langen Marsch durch die Wüste. Die Flut und die Wüste stehen dabei in ähnlicher Weise für Trennung und Mühsal wie die Vorstellung von den vier verschiedenen Bäumen die Aufsplitterung der göttlichen Einheit symbolisiert. Wir werden daran erinnert, wie weit entfernt wir uns vom Schöpfer befinden. Wir leben schließlich nicht nur in *assiyah* sondern in *assiyahs malkuth*, in der untersten Sephira.

Die Zahl vierzig steht aber auch für den Weg der Rückkehr zu größerer Bewusstheit. Moses bereitet sich vierzig Tage und Nächte vor, ehe er den Aufstieg zum Sinai wagt, um die Torah in Empfang zu nehmen. Dort bleibt er ebenfalls vierzig Tage und Nächte lang.

Jeder Mensch verfügt über zehn Finger und zehn Zehen. In der Liebesvereinigung umschlingen sich zwei Körper und erstrecken sich vierzigfach hinaus ins Universum. Diese vierzig Finger und Zehen sind wie die vierzig Sephirot. Sie sind nicht mehr voneinander getrennt, sondern vereinigt. Sexualität und Spiritualität werden eins. Die Liebenden verkörpern die vier Welten in dynamischer Bewegung.

Die meisten Kabbalisten stellen sich nicht wirklich vier allein stehende Bäume vor. Sie betrachten die jeweils untere Hälfte des oberen Baums als die jeweils obere des nachfolgenden. Der untere Baum hat seine Spitze bei *tiferet* des oberen Baums. Mit anderen Worten: *tiferet*, *netzach* und *hod* von *atzilut* werden zu *kether*, *hokhmah* und *binah* von *beriah*. Die Sephira *yesod* wird immer jeweils zu *da'ath* des unteren Baums. *Yesod* wird also unsichtbar, weil *da'ath* unsichtbar ist, oder umgekehrt: *da'ath* wird sichtbar, weil *yesod* – als Einbildungskraft verstanden – *da'ath* sichtbar macht. Unser Vorstellungsvermögen führt uns auf den Weg zum Wissen.

Die Sephira *malkuth* des oberen Baums wird zu *tiferet* des unteren. Da aber die Sephira *tiferet* des unteren Baums gleichzeitig zu der neuen Sephira *kether* des dann noch nachgeordneten Baums wird, ergibt sich eine dreifache Funktion einer einzigen Sephira für jeweils drei Bäume. Ein Beispiel: Die Sephira *malkuth* des ersten Baums, *atzilut*, ist auch die Sephira *tiferet* des zweiten Baums, *beriah*, und auch die Sephira *kether* des dritten Baums, *yetsirah*. In gleicher Weise ist die Sephira *malkuth* von *beriah* auch die Sephira *tiferet* von *yetsirah* und auch die Sephira *kether* des letzten Baums, *assiyah*.

Das Schaubild auf der gegenüberliegenden Seite mag hier zu etwas mehr Klarheit verhelfen. Auf der linken Seite ist das Schema für zwei Bäume dargestellt und auf der rechten Seite für alle vier.

Die langgestreckte, umfassendere Grafik auf der rechten Seite trägt oft den Namen Jakobs-Leiter, weil sie einfach einer Leiter so ähnlich sieht. Wenn die Bäume in dieser Weise überlappen, verringert sich die Anzahl der Sephirot von vierzig auf achtundzwanzig. Zusätzlich ergibt sich ein interessanter Effekt: die mittlere Säule, die Säule der Harmonie, zählt jetzt genau zehn Sephirot und vereinigt damit gewissermaßen alle Sephirot-Qualitäten. Im Prinzip könnte ein Meditationsreisender, dem es gelingt, dieses komplexe Schaubild zu visualisieren, jetzt direkt auf der mittleren Säule von *malkuth* nach *kether* aufsteigen.

Bisher haben wir darüber nachgedacht, wie der eine Baum die vier Welten fassen kann, sei es in der Form von vier nebeneinander existierenden Einzelbäumen oder von einem aus einander überlappenden Bäumen gebildeten Riesenbaum. Wir können es aber auch mit der umgekehrten Sichtweise probieren und uns vorstellen, dass alle vier Welten in einem Baum mit zehn Sephirot Platz finden. Bei dieser Methode liegt *atzilut* auf den drei oberen Sephirot, *beriah* auf den drei mittleren, *yetsirah* auf den drei unteren und *malkuth* trägt ganz unten einzig und allein *assiyah*.

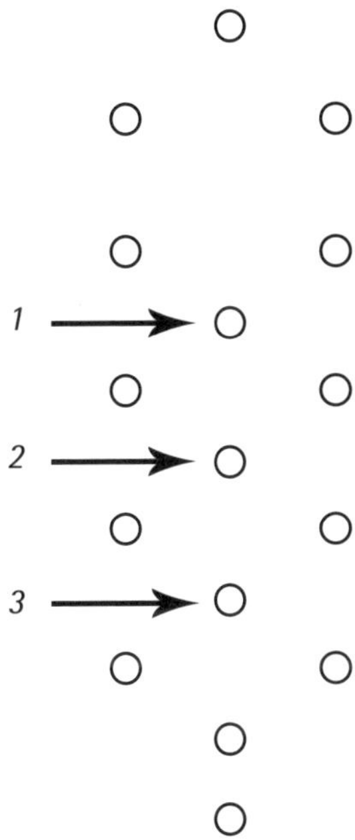

1) *Tifert von Baum 1*
   und Kether von Baum 2
2) *Yesod von Baum 1*
   und Da'ath von Baum 2
3) *Malkuth von Baum 1*
   und Tiferet von Baum 2

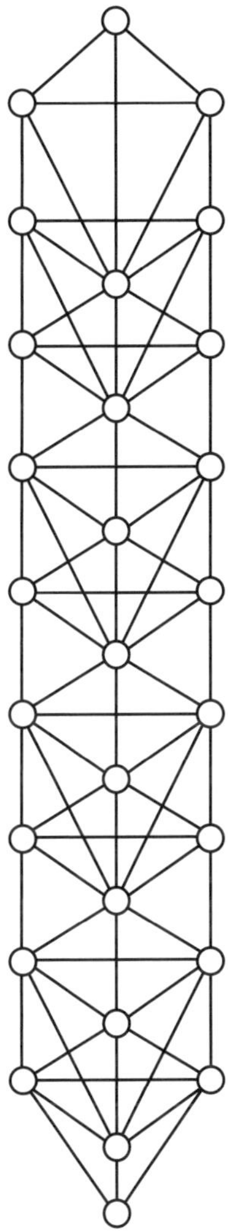

Bei dieser Betrachtungsweise der vier Welten ist es sehr leicht, Korrespondenzbeziehungen zu entdecken. Im folgenden gebe ich ein paar Beispiele und beginne mit der Welt, die wir am direktesten erfahren können, nämlich mit *assiyah* und bewege mich dann aufwärts in Richtung *atzilut*.

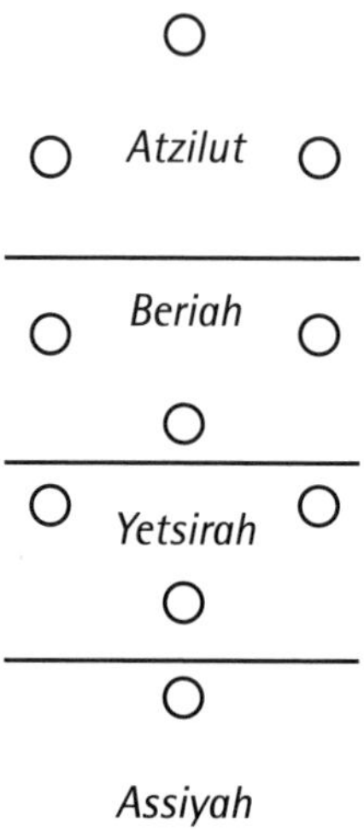

Yod	*S*	*Stäbe* *Feuer*	*Chai* *(Lebenskraft)*
Heh	*D*	*Kelche* *Wasser*	*Neshamah* *(Geist)*
Vav	*R*	*Schwerter* *Luft*	*Ruach* *(Intellekt)*
Heh	*P*	*Münzen* *Erde*	*Nefesh* *(Tier)*

Assiyah, oder Handlung, steht für die materielle Welt und liegt auf *malkuth*, der letzten oder untersten Sephira. Wir erinnern uns daran, dass Adam den Fehler machte, *malkuth* für das ganze unendliche Sein zu halten, einen Fehler, den wir selber tagtäglich wiederholen. *Assiyah* ist auch in dem letzten Buchstaben des Namens Gottes angesprochen, im *heh*, der uns darauf hinweist, dass wir uns auf den Weg zurück zur göttlichen Bewusstheit machen müssen. Zur gleichen Zeit besteht eine Verbindung mit dem P, oder *peshat*, aus *prds* (Paradies).

Dieses „P“ steht für das buchstäbliche Schriftverständnis. Mit *yod-heh-vav-heh* bewegen wir uns zurück zum göttlichen Wissen. Mit *prds* geht es wie in einem Puzzlespiel voran und nach vorn, so als könnten wir das Paradies wieder zusammensetzen. *Assiyah* repräsentiert auch das Element Erde und im Tarot Steine, Pentakel oder Münzen, je nach Kartenspiel. Einige sehen auch eine Verbindung zu *nefesh*, zur animalischen Seele, die wir uns als eine Art Urinstinkt vorstellen können.

Als nächstes kommen wir zu *yetsirah*, zur Welt der Formung, die auf dem Dreieck von *netzach*, *hod* und *yesod* liegt. *Yetsirah* steht für das Element Luft und hält Verbindung mit dem dritten Buchstaben des Heiligen Namens, der langgezogenen Linie des *vav*. Bei *prds* steht es für das R, für *remez*, also für das intellektuelle Verständnis. Scharfsinnige Klarheit gehört wie zur Luft so zu den Schwertern des Tarot. Die Seelenebene ist hier *ruach*, die Kraft der Einsicht.

Von *yetsirah* geht es hinauf nach *beriah*, zur Welt der Schöpfungstat im zentralen Dreieck von *chesed*, *gevurah* und *tiferet*. Hier finden wir das Element Wasser und die Verbindung zum zweiten Buchstaben im Namen Gottes, der derselbe wie der vierte ist. *Beriah* ist D, oder *drash*, der Buchstabe für das allegorische Schriftverständnis, das umfassender ist als das intellektuelle. Die Tarot-Korrespondenz ist Kelche. Das tiefste Wasser symbolisiert die göttliche Intuition, die Fähigkeit, ein Gefühl für die göttliche Bewusstheit, die dem intellektuellen Zugriff verschlossen bleiben muss, zu entwickeln. *Neshamah* ist der Name für diesen seelischen Bereich.

Schließlich steigen wir hinauf nach *atzilut*, zur archetypischen Welt der Emanation auf dem aus *kether*, *hokhmah* und *binah* gebildeten Gipfeldreieck des Baums. Die westliche Kabbala verbindet diese Welt mit dem Element Feuer. Die meisten der hier angeführten Korrespondenzen hat übrigens in Wirklichkeit der Orden der „Goldenen Dämmerung" ins Spiel gebracht. Feuer ist reine Energie und im Tarot den Stäben zugeordnet. *atzilut* ist auch der erste Buchstabe im Heiligen Namen Gottes, das kurze, intensive *yod*. *atzilut* ist ferner auch *sod*, das S aus *prds*, der Buchstabe der unio mystica, des umfassenden mystischen Verständnisses. Die Seelenebene ist hier *chai*, was einfach „Leben" bedeutet. Es ist die ungeteilte reine Lebenskraft jenseits der persönlichen Drei-Schichten-Seele.

Diese Eigenschaften und Korrespondenzen leiten sich aus verschiedenen kabbalistischen Überlieferungssträngen her, aus jüdischen und aus westlichen. Ich habe sie hier aus Übersichtsgründen so schematisch zusammengestellt. Eine interessante Frage ist jetzt aber, wie sich die vier Welten auf dem Haindl Bild wiederfinden.

Auffallend ist zunächst, dass es keine offensichtliche Abgrenzung zwischen den unterschiedlichen Ebenen gibt. Wir finden beispielsweise keine eher abstrakten Formen an der Spitze des Baums und auch keine mehr realistischen Motive an seinem unteren Ende. Stattdessen herrscht durchgängig eine Mischung von eher vage angedeuteten Formen mit verwitterten Steinen und sehr realistisch wiedergegebenen Motiven vor. Hier werden wir erneut darauf gestoßen, dass die Kräfte des Baums gar nicht so säuberlich voneinander getrennt sind, wie es die Beschreibung vermuten lässt. Wir werden wieder daran erinnert, dass der Baum eins ist, dass sich die verschiedenen Eigenschaften und Qualitäten gegenseitig durchdringen.

Dennoch können wir feine Unterschiede bei den Bildebenen wahrnehmen. Der mittlere Bereich wird von den eher sehr realistischen Motiven dominiert, während der obere und der untere Bereich mehr diese für Haindls Arbeit typische archaisch-verwitterte Anmutung hat. Das überrascht insofern, als wir ja gehört haben, dass die Welten im Abstieg von *atzilut* nach *assiyah* immer dichter, weniger ätherisch werden. Wir haben aber auch gehört, dass das P und das S von *prds*, also die offen zutage liegende Ansicht und die mystische Erkenntnis, beide die tiefsten Geheimnisse und die umfassendste Wahrheit bergen. Und P, so lernten wir eben, korrespondiert mit *assiyah* – und S mit *atzilut*.

In Wirklichkeit beginnt das Haindl Bild oberhalb des Baums mit einer Andeutung des *en sof*. In der Mitte dieses Bereichs bricht die dunkle Spitze eines Stierhorns durch ein weiches schimmerndes Licht. Dies ist Bewusstheit im Moment ihres Eindringens in eine Welt der Unerforschlichkeit.

An den beiden Seiten begegnet uns allerdings wieder mehr Illustratives. In der linken oberen Ecke taucht ein freundliches Gesicht auf, das Albert Einstein recht ähnlich sieht. Und war dieser Forscher nicht ein moderner Kabbalist, der die unter der Oberfläche der physikalischen Phänomene verborgenen tiefsten Geheimnisse des Universums ergründen wollte? Eine berühmte Geschichte erzählt, wie es einmal eine Sonnenfinsternis gab, die eine Überprüfung der Einsteinschen Relativitätstheorie möglich machte. Die Theorie behauptet, dass große Körpermassen den Raum um sich herum krümmen. Da die Sonne eine große Masse hat, müsste das Sternenlicht an seinem Weg an der Sonne vorbei eine leicht Kurve beschreiben. Normalerweise kann man Sternenlicht in der Nähe der Sonne nicht beobachten, eine totale Sonnenfinsternis bietet jedoch diese Chance. Als sich dann bei einer solchen Gelegenheit zeigte, dass sich das Licht um genau den vorhergesagten Winkel beugte, wurde das in der ganzen Welt gefeiert. Nur Einstein blieb davon fast unberührt. Er hatte ja gewusst, was geschehen würde (wer mehr über Einstein und die möglichen Überschneidungen zwischen gnostischem Gedankengut und Relativitätstheorie wissen möchte, kann mein Buch *The Forest of Souls* in die Hand nehmen).

Das Bild des alten Mannes erinnert auch an den kabbalistischen Ausdruck „Der Alte der Tage". Er taucht zuerst als eine Beschreibung Gottes im Buch des Propheten Daniel auf. Für einige Kabbalisten nimmt er auch die Bedeutung des ersten Menschen, des Adam Kadmon an, oder die des „Langgesichtigen“, der vom *atzilut*-Dreieck *kether / hokhmah / binah* aus hinunterschaut.

Gleich neben dem alten Mann – leicht unterhalb von ihm – erkennt man ein von sich kreuzenden Linien durchzogenes, farbiges Rhombenmuster. Es handelt sich wahrscheinlich um das am meisten abstrakte Teilmotiv des ganzen Bildes und lässt an die Vollkommenheit der Gesetzmäßigkeiten des Seins denken, wie sie in *atzilut* herrschen. Auf der gegenüberliegenden Bildseite ist Christus am Kreuz mit der Dornenkrone in durchschimmernder Malweise dargestellt. Für Christen ist die Kreuzigung genau der Moment, an dem das ewige, göttliche Wesen in die menschliche Geschichte eintritt. Wir könnten auch sagen, es ist der Moment des Hinübergehens von *atzilut* hinab nach *assiyah.*

Im eigentlichen *atzilut*-Dreieck – *kether / hokhmah / binah* – befinden sich Bildmotive, die irgendwie gealtert und wie aus Stein wirken. Zwischen *hokhmah* und *binah* bewegen sich Figuren sehnsüchtig aufeinander zu. Von *hokhmah* aus schauen zwei engelsgleiche Steingesichter nach *binah* hinüber, während von *binah* her ein bezaubernder fliegender Rabbi seine Arme in deren Richtung ausstreckt. Der Rabbi geht seinerseits aus einer Göttinnenfigur hervor, die aufrecht inmitten von *binah*, der erhabenen Mutter, steht. Außerhalb der eigentlichen Sephira *binah* löst sich ein dunkles Gesicht von der steinernen Säule. Dies ist die älteste Welt, in der der göttliche Wille anfängt, alles in Bewegung zu setzen.

Wenn wir weiter hinuntergehen nach *beriah* – zum Dreieck *chesed / gevurah / tiferet* – werden die Figuren in Umriss und Ausführung klarer und abgegrenzter, behalten jedoch ihre altertümliche Anmutung. Hier begegnen uns die *ouroboros*-ähnliche Schlange von *chesed* als ein ewiges und lebensspendendes Symbol und in und um *gevurah* etwas, das man vielleicht als Schlangennest ansprechen kann. Diese Bilder passen gut zu der Spannung zwischen diesen beiden Sephirot, die mehr als die anderen die Pole von Ausdehnung und Zusammenziehung, von Gnade und Gerechtigkeit charakterisieren. Dies ist *beriah.* Hier bilden sich erstmals die Gegensätze heraus. *Tiferet* bildet in *beriah* als Verkörperung des Herzens das eigentliche Zentrum des Baums und löst die Spannungen durch eine Transformation der Kräfte. Wir sehen deshalb auch nicht noch mehr Schlangen, sondern einen weißen Vogel, der mit ausgebreiteten Schwingen auf uns zu fliegt. Dieser weiße Vogel bekommt noch eine viel deutlichere Gestalt, wenn wir jetzt von *beri-*

ah, der Welt der Schöpfungstat, nach *yetsirah* eintreten, in die Welt der Formung. Im Dreieck *netzach / hod / yesod* sehen wir einen Schwan mit langgestrecktem Hals im Flug von der rechten Bildseite hinüber nach *hod*, wo über einem lächelnden Mund weiße Schwingen Augen verdecken. Am Boden des Dreiecks bei *yesod* richtet ein Lamm seinen Blick nach oben, als wolle es Kontakt aufnehmen mit dem gehörnten Stier in *kether*. Kurz bevor alle Welten sich nach *malkuth* hinein ergießen, versucht *yesod*, die Sephira des Fundaments, sich mit dem Elternteil an der Spitze, mit *kether* zu verbinden.

Für die Welt von *assiyah* gibt es nur eine Sephira, *malkuth*. Statt einer genau umrissenen deutlich abgeschilderten Alltagswelt kehren wir hier wieder zum Geheimnisvollen zurück. An den Bildseiten sehen wir ein Durcheinander von Menschen- und Tiergesichtern. Die Sephira selbst ist nicht als vollständig zu sehender runder Kreis abgebildet, dafür wird sie aber von einem Regenbogen überspannt. Bei den anderen Sephirot können wir immer den ganzen runden Kreis sehen. Die Natur ist eben unvollendet und damit ein ebensogroßes Geheimnis wie das unerforschliche Gebiet jenseits von *kether*.

Die *assiyah*-Welt ruht insgesamt auf einem dunklen Meer. Jetzt, wo der Baum fertig ist, werden wir noch einmal daran erinnert, dass es am allerersten Anfang der Schöpfung – noch vor dem „Es werde Licht!" – dass es da „finster war auf der Tiefe" (1. Mose 1:2). Wenn wir das Bild unter dem Gesichtspunkt der vier Welten betrachten, so stehen die beiden mittleren Abschnitte wohl für den in Klarheit erkennenden Geist. Wenn wir uns dem physischen Bereich von *malkuth* nähern, wird es dunkel, archaisch und die Dinge gehen mehr ineinander über.

Ein traditioneller Kabbalist könnte dies als die Dichte der materiellen Welt ansehen, die das reine Licht der höheren Sphären abschirmt. Ich glaube allerdings, dass man es auch umgekehrt sehen kann. Wenn wir die Natur nur einmal unvoreingenommen – ohne den intellektuellen Filter und ohne wissenschaftliche und kulturelle Konzepte – betrachten, kann uns jedes Ding, jeder Baum, jeder Vogel und jede Welle im großen Meer die Tür öffnen, hinter der die Wunder des Seins verborgen liegen.

Wenn wir die Geheimnisse von *assiyah* erfahren, erkennen wir, dass die Welten, so wie sie eine Leiter bilden, auch ein Kreis sind. *Kether*s wesentliche Eigenschaft an der Spitze von *atzilut* ist undifferenzierte Energie, die Fähigkeit, alles zu enthalten. Und das zeichnet auch *malkuth* aus: alles zu enthalten, alle Wunder der physischen Schöpfung. In *malkuth* erfüllt sich jener Wunsch des jungen Tieres in *yesod* nach Wiedervereinigung mit seinem Vater in *kether*. So wie sich die Schlange in *chesed* in ihren eigenen Schwanz beißt, so scheinen sich auch die höchste und die niedrigste Sephira zu berühren. Als Baum des Lebens bilden die vier Welten auch einen Kreis.

Wir können die vier Welten auf dem Baum auch noch auf eine weitere interessante Weise betrachten, nämlich als ein Schaubild des menschlichen Körpers. Wir haben bereits gesehen, dass das Prinzip von „wie oben, so unten" und das biblische „Lasset uns Menschen machen, ein Bild, das uns gleich sei" die Lehre enthält, dass der Mensch in seiner Gestalt und in seinem Erleben das Göttliche widerspiegelt. Wir verstehen das sofort, wenn wir uns zuerst den Körper anschauen und dann den Heiligen Namen Gottes mit den vier Buchstaben *yod-heh-vav-heh.* Wenn man die Buchstaben untereinander aufreiht und den dritten dabei etwas in den zweiten hineinschiebt, ergibt sich eine menschliche Gestalt.

Das *yod* wird zum Kopf. Wir stellen ihn uns im Profil vor oder mit einem in die Form hineingezeichneten Gesicht. Das erste *heh* bildet Schultern und Arme, das *vav* den Rumpf und das zweite *heh* Hüften und Beine. Wenn man jetzt noch die vier Welten dazunimmt, stehen wir mit unseren Füßen in *assiyah*, in der physischen Welt. *Assiyah* bedeutet Handlung und mit unseren Beinen sind wir auch in diesem Sinn unterwegs.

Von *assiyah* aus gehen wir ein Stück höher und erleben unseren Rumpf und Bauch als die Welt von *yetsirah.* Hier liegen unsere inneren Organe. Jedes hält eine besondere Lektion für uns bereit. Das Herz ist der Sitz der

Gefühle und ihrer Wahrheit. Sein rhythmisches Schlagen lehrt uns die Grundlagen des Rhythmus des Lebens. Die Lungen ermöglichen uns die Aufnahme von Sauerstoff, der seinerseits ein Geschenk der Pflanzenwelt ist. Wir geben ihr Kohlendioxid zurück. Dieser Austausch lehrt uns, dass wir von den anderen Lebewesen und von der uns umgebenden Welt nicht isoliert sind. Die Verdauungsorgane errinnern uns daran, dass wir nur durch das Opfer anderer lebender Organismen zu überleben vermögen.

Noch weiter oben entdecken wir in den Schultern und Armen des ersten *heh beriah*, die Welt der Schöpfungstat. Mit unseren Armen und Händen strecken wir uns einer Welt entgegen, die größer ist als wir. Unsere zehn Finger sind zehn Zeichen für die zehn Sephirot. Mit unseren Händen können wir schöpferisch arbeiten, sei es als Baumeister oder Künstler oder in einem der vielen anderen Tätigkeitsfelder der herrlichen menschlichen Zivilisation. Die eigentlichen Ideen mögen vom Gehirn ausgehen, aber ohne unsere Arme und Hände könnten wir nichts ausrichten. Wenn wir unsere „*beriah*tischen" Hände benutzen, um unseren Ideen Gestalt zu verleihen, dann setzen wir dabei auch nicht einfach schlicht das um, was wir vorher im Geist gesehen haben. Das körperliche schöpferische Handeln bringt vielmehr vorher unbekannte Aspekte überhaupt erst hervor. Wenn wir etwas mit unseren Händen tun, dann lernen wir auch immer etwas.

Yod ist der Kopf in der Welt von *atzilut*. Das heilige Feuer des reinen Gedankens, der Ideen und Prinzipien, der Geistesblitze und Einsichten. Dieses Feuer verbindet uns mit dem Göttlichen.

Jetzt kann man noch diese Verknüpfungen mit den vier Welten auf den Baum übertragen. Füße und Beine stehen dabei in *malkuth*. Im Dreieck *netzach / hod / yesod* liegen Rumpf und innere Organe, Schultern und Arme im Dreieck *chesed / gevurah / tiferet* und unser Kopf im dreieck *kether / hokhmah / binah*.

Dies ist eine Möglichkeit, den menschlichen Körper auf den Baum zu projizieren, wenn man dabei auch die vier Welten und den Heiligen Namen Gottes berücksichtigen will. Wenn wir später noch im Detail den Baum durchgehen, werden wir sehen, dass jede einzelne Sephira für etwas Spezifisches im Körper steht – *tiferet* beispielsweise für das Herz.

Keinesfalls soll man das bisher gesagte dahingehend missverstehen, als sei der Körper irgendwie in bestimmte Bereiche unterteilt oder als gehörten seine Teile wirklich verschiedenen Welten an. Die eigentliche Botschaft ist genau das Gegenteil. Gerade weil unser Körper mit seinen vielfältigen Lebensfunktionen ein einziger Organismus ist, wird es uns möglich, den Kosmos der vier Welten und den Baum des Lebens jeweils als ein Wesen, eine Einheit zu begreifen. Wie unten, so oben – unser eigener Körper und unsere eigenen Erfahrungen belehren uns über das Wesen des Göttlichen.

Bevor wir die vier Welten verlassen, müssen wir uns noch einmal darüber Gedanken machen, welche Rolle diese umfassenden Konzepte überhaupt in unserem alltäglichen Leben spielen können. Die großen Kabbalisten haben sich in ihrem Bemühen, Gott und die Schöpfung zu verstehen, oft in recht luftige Höhen begeben. Diese Bemühungen sind ohne Zweifel sehr wichtig. Aber wir dürfen auch eine etwas konkretere Anwendung, einen unmittelbareren Zugang zur Selbsterkenntnis erwarten. Etwas, das unseren Daseinskämpfen Bedeutung verleiht.

Ein Angebot macht hier der Tarot. Wir haben bereits gezeigt, wie sich der reichhaltige Symbolismus der Tarot-Karten mit den vier Elementen und damit mit den vier Welten in Verbindung bringen lässt. Wir haben darauf hingewiesen, dass die zweiundzwanzig Tarot-Trümpfe auf die zweiundzwanzig Pfade gelegt werden können, die die Sephirot untereinander verbinden. Wenn wir jetzt die mehr abstrakten Gedanken des Baums und der Welten mit den eher konkreten Bildern der Karten zusammenbringen, dann haben wir eine besondere Chance, die Überlieferung der Kabbala zu begreifen.

Wir können mit den Karten aber auch etwas anderes machen. Wir können sie auslegen, lesen und deuten. Wir können ihnen Fragen stellen, die im Rahmen der spirituellen Grundlagen der Karten Sinn machen. Wir können sie mischen, einzeln ziehen und aufdecken, Karte für Karte, Frage für Frage und so Einsichten in unsere ganz besondere Situation gewinnen, sei diese auch nur ein Ausschnitt aus dem großen Ganzen. Nachdem wir in den nachfolgenden Abschnitten die Sephirot und das Wesen ihrer Beziehungen untereinander noch genauer kennengelernt haben, werden wir abschließend noch einmal fragen, inwieweit die Einbeziehung der Sephirot in die Fragestellung beim Tarot Sinn macht. Jetzt können wir einen ähnlichen Versuch zunächst mit den vier Welten machen.

Um die Welten als Positionen innerhalb einer Auslegung nutzen zu können, müssen wir zunächst prüfen, wie deren Gesamtentwurf auf das tägliche Leben der Menschen bezogen werden kann. Ich habe darüber in meinen monatlichen Seminaren, die ich in New York gebe, mit den Teilnehmenden diskutiert. Einige Ergebnisse möchte ich im folgenden hier vorstellen.

Atzilut verbindet jeden Menschen mit der reinen Essenz seines Wesens. *Atzilut* führt ihn zurück zum Ursprung seines wahren Selbst, zum allerersten Anfang. Wenn es jemandem gelingt, *atzilut* zu berühren, wird er der überwältigenden Erfahrung inne, dass alles im Leben mit allem zusammengehört und dass alle Erlebnisse auf eine innere Wahrheit verweisen und aus ihr hervorgehen. Ein Teilnehmer schlug den Vergleich mit einem Hologramm vor. In einem Hologramm enthält jeder einzelnen Bildpunkt das ganze Bild. In der Welt von *atzilut* beginnen wir zu erkennen, dass das, was wir als die Bruchstücke unserer Erfahrung zu sehen gewohnt sind, in Wirklichkeit an dieser reinen Essenz teilhat. So wie der visionäre Dichter und Maler William Blake das Universum in einem Sandkorn erkennen konnte, so können wir in unseren *atzilut*-Momenten klar erkennen, wie wir in jedem einzelnen Augenblick so sein können, wie wir gemeint sind.

Beriah führt uns in den Bereich des Unbewussten. Ich meine hier nicht die Freud'sche Vorstellung verdrängter Wünsche oder Erfahrungen, sondern die persönliche Verbindung zum eigenen Kraftzentrum. Ein Teilnehmer nannte diese Verbindung „die Suppe“. Ein anderer erinnerte uns daran, dass unsere Erde zu drei Vierteln von Wasser bedeckt ist und unser Körper sogar zu einem noch höheren Anteil aus diesem Element besteht. In unserer Lesart hatten wir *beriah* mit Wasser in Verbindung gebracht – andere Systeme stellen jedoch andere Korrespondenzen her. Für uns jedenfalls befördert *beriah* die Intuition und ein mythisches Verständnis von Wahrheiten, die wir nicht in Worte fassen können.

Zur gleichen Zeit ist *beriah* diejenige Welt, in der sich einzelne Prinzipien aus der reinen Essenz von *atzilut* herauszukristallisieren beginnen. Wir können uns das so vorstellen, als ob sich auf dem ursprünglich die ganze Erde bedeckenden Ozean Inseln und Kontinente zu bilden beginnen. Für einzelne Menschen kann *beriah* den Bereich ihrer Grundüberzeugungen und ihres Wertesystems bezeichnen.

Yetsirah steht für das bewusste Denken. Was in *beriah* noch weitläufig und schemenhaft war, erhält nun die scharfen Umrisse der Wirklichkeit. Hierzu gehört unser innerer Katechismus, der sich zum einen Teil auf das von den Eltern und der Gesellschaft übernommene stützt und zum anderen Teil auf das selbst erlebte und erfahrene. Die undeutlicheren Konzepte aus der *beriah*-Welt werden nun ausgefeilter und konstruierter. *Yetsirah* zeigt uns auch unser bewusstes Selbstbild. In *yetsirah* sehen wir die Komplexität unseres Lebens. Wir betrachten unsere Vergangenheit und machen Pläne für die Zukunft. Wir bewerten unsere ethischen Entscheidungen, die wir auf der Grundlage unserer *beriah*-Inseln getroffen haben.

In *assiyah* begegnen wir unseren Handlungen. Unsere Ideen und Überzeugungen aus *yetsirah* werden hier auf ihre Brauchbarkeit im Alltag mit seinen Anforderungen an unsere Verantwortung getestet. Wir müssen uns mit unserem Körper auseinandersetzen, mit unseren physischen Bedürfnissen, mit dem Alter, mit Verlusten, und mit der Geburt des Neuen. Wir kämpfen um unseren Platz im Leben und sorgen uns um die Konsequenzen all der Entscheidungen, die wir getroffen haben, egal ob sie den eher praktischen Teil unseres Lebens betreffen oder den mehr wertebezogenen. *Assiyah* verwickelt uns in das unübersichtliche tägliche Leben. Die große Vision der anderen Welten droht auf der Strecke zu bleiben. Gleichzeitig fühlen wir uns wirklich lebendig.

Aus diesen Beschreibungen der vier Welten lassen sich bereits Fragen formulieren. Die Legemethode ist ganz einfach. Für jede Welt gibt es immer die beiden gleichen Fragen: 1. „Wer bin ich in dieser Welt?“ und 2. „Wie lautet meine Aufgabe in dieser Welt?“ (eine Anleitung zum technischen Vorgehen beim Kartenlegen findet sich im Anhang).

Legebild:

Atzilut	1	2
Beriah	1	2
Yetsirah	1	2
Assiyah	1	2

Um ein Beispiel zu geben, fasse ich im folgenden kurz die Ergebnisse der Legung zusammen, die ich für mich selbst durchgeführt habe:

Wer bin ich in atzilut? – gezogene Karte: die Sonne

In dieser Welt der reinen Essenz erfahre ich Unkompliziertheit und Licht. Ich bin ein Teil von fundamentaler und unendlicher Energie.

Wie lautet meine Aufgabe in atzilut? – gezogene Karte: As der Steine (Pentakel oder Münzen)

Ich muss dieses vollkommene Licht in die materielle Welt des täglichen Lebens bringen.

Wer bin ich in beriah? – gezogene Karte: die Hohepriesterin

Diese Karte ist ein Volltreffer. Die Hohepriesterin ist genau die Figur, die in der großen „Suppe“ der Mythen, Träume und spirituellen Prinzipien zu Hause ist.

Wie lautet meine Aufgabe in beriah? – gezogene Karte: die Sechs der Steine (Pentakel oder Münzen)

Auch hier geht es irgendwie darum, die großen Gedanken Wirklichkeit werden zu lassen. Hermann Haindl gibt der Sechs der Steine den Titel „Erfolg“. er meint aber nicht so sehr den finanziellen Erfolg sondern die gelungene Verbindung der spirituellen Werte mit der materiellen Wirklichkeit

Wer bin ich in yetsirah? – gezogene Karte: der Stern

Dies ist eine Karte der Erneuerung. Sie zeigt einen sehr ursprünglichen Zustand, eine Welt aus Fels und Wasser. Im Vergleich zur Hohenpriesterin verbleibt der Stern aber nicht in seiner „Suppe“ sondern er geht an Land. Mit anderen Worten: er bewegt sich vom Intuitiven hin zum Bewussten. Die Frau bückt sich und gießt Wasser über ihren Kopf, so als wolle sie sich waschen, um dann etwas Neues anzufangen. Ich erneuere mich in der Welt des bewussten Denkens und setze meinen Weg erfrischt fort.

Wie lautet meine Aufgabe in yetsirah? – gezogene Karte: das Universum

Zusammengenommen mit der Karte des Sterns weist das Universum auf Isaak Lurias berühmte Beschreibung unserer spirituellen Lebensaufgabe hin, auf *tikkun olam*, auf die Heilung der Welt. Ich muss mich nach Kräften bemühen, mit meinen Ideen und Fähigkeiten anderen zu helfen.

Wer bin ich in assiyah? – gezogene Karte: die Fünf der Stäbe

Man beachte, dass in den drei „höheren“ Welten für die „Wer bin ich-Frage“ jeweils eine Trumpfkarte – oder eine Karte der großen Arkana – gezogen wurde. Es macht Sinn, dass ich für die Alltagswelt von *assiyah* eine Augenkarte – oder eine Karte der kleinen Arkana – aufgedeckt habe. Hermann Haindl nennt diese Karte auch „kreative Auseinandersetzung“. Sie legt intellektuelles Engagement und Anregung nahe. Ich habe in meiner Arbeit meine eigenen Ideen oft an den Weisen und Meistern überprüft, die vor mir gelebt haben.

Wie lautet meine Aufgabe in assiyah? – gezogene Karte: der Narr

An dieser Stelle taucht die allererste Karte der großen Arkana auf. Wie es in *atzilut* wichtig war, das helle Licht der Sonne in die materielle Welt zum As der Steine zu tragen, so geht es jetzt in der Welt der Handlung darum, dieses Licht als Argument und Gedanken wieder mit dem Spirituellen zusammenzubringen. Am Ende verbinden sich *atzilut* und *assiyah* – wie in Hermann Haindls Bild – wieder zu einem Kreis.

5. Der Baum ist überall

Inzwischen haben wir gesehen, wie komplex das kabbalistische Gedankengebäude sein kann. Die umfassendste Bedeutung des Baums tritt allerdings trotz Welten, Buchstaben und Querverbindungen erst bei einer Betrachtung der Sephirot und der zweiundzwanzig Pfade zutage. Wir haben einige der Eigenschaften der Sephirot bereits im Kontext der bisher diskutierten Überlegungen angerissen. Jetzt wollen wir sie systematischer untersuchen und dabei besonders auf das kraftvolle Bild von Hermann Haindl eingehen.

Trotzdem müssen wir vor dem Studium des symbolischen Gehalts der einzelnen Plätze auf dem Baum noch einmal einige Übereinstimmungsbereiche beachten. In Kapitel drei haben wir die historische Entwicklung der vielen Attribute verfolgt, Wir hörten z.B. von Farben und von den sieben Tagen der Schöpfung. Der Leser wird gemerkt haben, dass die verschiedenen Autoren jeweils leicht voneinander abweichende Systeme entwickelt haben. Hermann Haindl folgt dem Überlieferungsstrang des Ordens der „Goldenen Dämmerung“ und berücksichtigt ferner die Ratschläge seines Freundes Günther Cherubini. Eine nähere Betrachtung des Bildes ergibt, dass die Sephirot jeweils in folgende Farben getaucht sind:

Kether – weiß
Hokhmah – grau
Binah – schwarz
Chesed – blau
Gevurah – rot
Tiferet – gelb
Netzach – grün
Yesod – violett
Malkuth – gold

Haindls astrologische Zuweisung der Planeten folgt ebenfalls einer modernen Anschauung. Dabei werden die relativ spät entdeckten äußeren Planeten Neptun, Uranus und Pluto berücksichtigt und auch die Erde. Bei der traditionellen Astrologie steht die Erde gleichsam als Brennpunkt im Zentrum der Planetensphären. Ihren Himmel durchziehen die sieben „Planeten“ Sonne, Mond, Merkur, Venus, Mars, Jupiter und Saturn. Insofern *malkuth* ja die physische Welt, den Ort unseres täglichen Lebens, bezeichnet, macht es durchaus Sinn, *malkuth* als Erde zu nehmen.

Haindl und Cherubini haben folgende Zuordnung vorgenommen:

Kether – Pluto
Hokhmah – Neptun
Binah – Saturn
Chesed – Jupiter
Gevurah – Mars
Tiferet – Sonne
Netzach – Venus
Hod – Merkur
Yesod – Mond
Malkuth – Erde

Man beachte, dass die Aufnahme der Erde in die Reihe keinen Platz mehr für Uranus lässt. In gewisser Weise überspringen wir diesen Planeten beim Übergang von *hokhmah*/Neptun zu *kether*/Pluto. Wir könnten Uranus aber auch der verborgenen Sephira des Wissens, *da'ath*, zuordnen. Eine Eigenschaft von Uranus ist der transformierende Gedankenimpuls und damit liegen wir bei *da'ath* sicher nicht ganz falsch.

Wir sahen oben schon, wie sich Adam Kadmon – und mit ihm alle Menschen – in den vier Welten spiegeln. Wir können den menschlichen Körper jedoch auch über die zehn einzelnen Sephirot auf dem einen Baum abbilden, entgegen der vorherigen Betrachtungsweise über die drei Dreiecke und *malkuth*. Auch hier existieren wieder verschiedene Varianten. Ich gebe im folgenden das System von Charles Poncé wieder, das er in seinem Buch *Kabbalah* vorgestellt hat. Es handelt sich um ein zeitgenössisches Werk, welches die alte jüdische Tradition und die moderne westliche Überlieferung zur Deckung bringt. Die Zuordnungen werden aufgrund der Funktion und der jeweiligen Lage im Körper vorgenommen.

Kether, die Krone, bildet den Kopf.

Hokhmah, Weisheit, hat ihren Sitz im Gehirn

Binah, Erkenntnis, ist im Herzen angesiedelt. Poncé weist darauf hin, dass viele Menschen, besonders dort, wo sie an esoterischen Überlieferungen teilhaben, das Herz als das eigentliche Denkorgan ansehen. Das Gehirn beherrscht zwar das rationale Urteilsvermögen, das mit der Spehira gemeinte

Erkenntnisvermögen liegt jedoch im Herz. In einigen Yoga-Lehren wird über die *kundalini*-Energie gesagt, dass sie an der Wirbelsäule entlang zum Gehirn (*hokhmah*) hinaufsteigt, dort anscheinend den Schädel am Scheitelpunkt öffnet (*kether*), um sich dann ins Herz zurückzuziehen und zur Ruhe zu begeben.

Chesed, Gnade, liegt im rechten Arm und in der rechten Hand. Für Rechtshänder ist dies der Arm, mit dem sie anderen Menschen zur Hilfe kommen.

Gevurah, Stärke, liegt im linken Arm und in der linken Hand. Im Gegensatz zur rechten Seite markiert der linke Arm eine Begrenzung. Während wir mit dem rechten Arm geben, halten wir mit dem linken etwas zurück. Es wird sich bei genauerer Betrachtung dieser Sephira zeigen, dass dieses Zurückbehalten keineswegs als „böse" oder negativ zu bewerten ist. Wenn wir uns vollständig weggeben, sind und haben wir am Ende eben gar nichts mehr.

Tiferet bezeichnet den Brustraum. Hier ist der Sitz der *binah*-Energie des Herzens und hier befindet sich auch der Verbindungspunkt des oberen und mittleren Dreiecks. Ferner sind hier auch die Lungenflügel eingebettet. Die Lunge ermöglicht uns den Energieaustausch mit der uns umgebenden Welt. Wir atmen den in der Photosynthese als Nebenprodukt entstehenden Sauerstoff ein und atmen das für das pflanzliche Leben unentbehrliche Kohlendioxid wieder aus. Der Atem ist auch unsere Verbindung mit dem Göttlichen. Wir sprechen vom Atem der Welt und tatsächlich bedeuten ja solche Worte wie Geist und Äther oder die hebräischen Worte *ruach* (Geist) oder *neshamah* (Seele) in wörtlicher Übersetzung entweder direkt Atem oder sie gehören wenigstens in dieses Bedeutungsfeld hinein. Für Kabbalisten beschreibt der vierbuchstabige Heilige Name Gottes manchmal einfach das Geräusch eines Atemzugs.

Netzach, Ewigkeit, ist das rechte Bein. *Netzach* ist eine aktive Kraft. Für Rechtshänder – und diese sind in der Mehrheit – beginnt der Aufbruch zu spirituellen Begegnungen und Siegen, der Schritt nach vorn, mit dem rechten Bein.

Hod, Pracht, ist das linke Bein. Wir können uns Pracht als den Ort vorstellen, an dem wir mit beiden Beinen fest auf der Erde stehen.

Yesod, Fundament, bezeichnet die männlichen und weiblichen Genitalorgane. Adam Kadmon war als vollkommener Hermaphrodit erschaffen worden und teilte sich erst später in männlich und weiblich auf.

Malkuth, oder das Reich, erhält all ihre Energie von den über ihr liegenden Sephiroth. Und so symbolisiert *malkuth* nach Poncé „Adam Kadmons Harmonie oder Vollständigkeit". Wir können uns *malkuth* aber auch als die Wurzel der Wirbelsäule vorstellen, als Wurzel-Chakra und als Aufenthaltsort der *kundalini*.

Poncé weist auch darauf hin, dass Kabbalisten Adam Kadmon gewöhnlich von hinten darstellen. Diese Sichtweise geht auf die berühmte Passage aus Exodus zurück, in welcher Moses darum bittet, Gott sehen zu dürfen. Er darf den Schöpfer aber nur von hinten sehen, da es keinem Sterblichen erlaubt ist, Gott unmittelbar gegenüberzutreten. Die Rückansicht von Adam Kadmon hat aber auch einen praktischen Wert für die Meditation. Unser eigener Körper stimmt nämlich in dieser Position mit dem Bild überein: unsere rechte Seite ist auch Adam Kadmons rechte Seite. Auf diese Weise befinden sich auch das Herz und die anderen Organe an den jeweils selben Stellen. Wir können Adam Kadmon visualisieren und uns dann vorstellen, wie wir in das Bild hineinsteigen.

Die Korrespondenzen erlauben es uns, den Baum als System zu betrachten. Um dieses System aber wirklich nutzen zu können, müssen wir trotzdem jede einzelne Position untersuchen.

Wir fangen – wie immer – wieder ganz von vorn an, dort, wo die Geschichte beginnt, außerhalb des eigentlichen Baums, im unerforschlichen Bereich des *en sof*. Das Haindl Bild deutet dieses Geheimnis dadurch an, dass sich der Baum am oberen Bildrand in eine helle leere Stelle hinein auflöst, die wie altes verwittertes Gestein aussieht. Die Vorstellung des *en sof* stellt den Versuch dar, immer tiefer und weiter in den Ursprung des Seins vorzudringen. Man denke einmal an einen in tiefe Meditation versunkenen Mystiker, wie er den Pfad des Baumes langsam Schritt für Schritt hinaufsteigt, von der physischen „Realität" *malkuths*, von Ebene zu Ebene bis zum Abgrund des Wissens und noch darüberhinaus bis nach *kether*. Aber was kommt dann? Wo kommt *kether* her?

Es ist wie bei der Kinderfrage im allerersten Religionsunterricht: „Gott hat also das Universum gemacht. Aber wer hat denn Gott erschaffen?". Eltern und Erzieher pflegen darauf zu antworten: „Niemand hat Gott erschaffen.

Gott gab es schon immer." „Aber wie denn? Kam Gott von nirgendwo her?". Ein solches Gespräch endet dann meist mit: „Ich weiß es auch nicht, mein Liebling. Keiner weiß es".

Das *en sof* ist eben gerade dadurch definiert, dass es sich jeder Definition entzieht. Wer über einen langen Zeitraum hinweg meditiert hat, wird den Zustand kennen, in dem man jedes „Etwas" loslassen kann, um die Qualität des „Nichts" wahrzunehmen. Aber das ist nicht das *en sof.* Denn dieses „Nichts" ist immer noch eine menschliche Vorstellung.

Der Orden der „Goldenen Dämmerung" hat von drei Ebenen des *en sof* gesprochen, um die Grenze der Erkenntnis möglichst weit nach hinten zu verlegen. Auf *kether* folgt zunächst *ain soph aur* (nach der Schreibweise des Ordens), grenzenloses Licht. Es ist dieses Licht, welches sich im *tzimtzum* zusammenzieht, diese „Singularität", die sich zum Urknall der Schöpfung auswächst. Das Licht selbst fließt jedoch aus einem größeren uferlosen Geheimnis heraus, dem *ain soph.* Und wenn wir noch einen Schritt weitergehen, wird *ain* „sichtbar", die schlichte Leere.

Die Vorstellung vom *en sof* hat die moderne Mathematik beeinflusst. Als Georg Cantor seine Ebenen der Unendlichkeit entwickelte, bezeichnete er sie mit dem Buchstaben *aleph. Aleph* ist der erste Buchstabe in dem hebräischen Wort *en.* Man erinnere sich auch daran, dass *aleph* nicht selbst klingt, sondern nur für die Öffnung des zum Sprechen bereiten Mundes steht, als eine Heraufbeschwörung der Leere, wie sie sich anschickt, die Grenze zum Dasein zu überschreiten, als ein „Etwas" – Klang – das aus dem „Nichts" – *aleph* – kommt.

Mit *aleph* beginnen noch andere Wörter im Hebräischen. Nicht zuletzt *ani,* oder „Ich". Auch das Geheimnis des Selbst beginnt im Schweigen. Unser Ursprung aus einem Nichts ist – ähnlich wie der Ursprung des Universums – für das Ego kaum zu fassen. Auch wir sind in Wirklichkeit gar nicht all das, als was wir uns beschreiben. Genau darauf zielt die Aussage, dass Gott den Menschen nach seinem Bild geschaffen hat. Im Gebetbuch der jüdischen Rekonstruktionisten kommt dieser Gedanke knapp und schön in folgendem Segenspruch zum Ausdruck: „Gesegnet seist du; von dem es kein Bild gibt, der du mich in deinem Bild erschaffen hast." Wie oben, so unten.

Hat das *en sof* die Sephiroth und den Baum als etwas außerhalb von sich selbst geschaffen? Mit anderen Worten: Ist das Universum wirklich von seinem Schöpfer getrennt und etwas eigenes? Die Kabbala legt das Gegenteil nahe. Sie lehrt, dass das vollständige Sephirot-Muster – und damit die ganze Wirklichkeit – vor dem eigentlichen Anfang schon im *en sof* präexistent war.

Alles, was wir sehen und alles, worüber wir nachdenken können und auch alles, was wir nicht sehen können – dies alles kommt vom Göttlichen her. Und trotzdem – dies ist das Paradox der Kabbala und des Baums – musste es ins Dasein treten, um selbst Wirklichkeit zu werden. Mag ein Maler sein großartiges Bild auch noch so deutlich vor seinem geistigen Auge sehen, zum Leben kommt es erst auf der Leinwand.

Der Baum kommt aus dem *en sof.* Er erwächst zwar in Stufenfolge von *kether* hinunter nach *malkuth*, aber der ganze Prozess läuft so schnell ab, dass, könnten wir ihn beobachten, uns alles gleichzeitig vor Augen wäre. Kabbalisten vergleichen diese Bewegung daher auch mit dem Blitz, den wir am Himmel auch auf einmal wahrnehmen, obwohl es sich um eine Bewegung von Elektrizität handelt.

Das Emanationsgeschehen gleicht in der Tat dem Zackenmuster des Blitzes, wie er hin und her durch die Sephirot fährt.

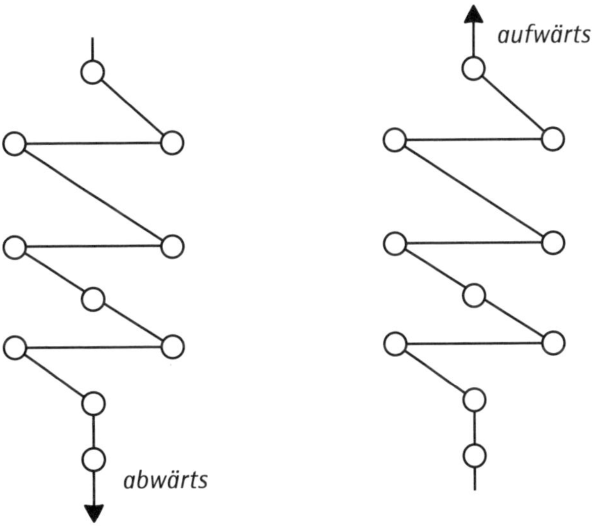

Wenn wir darüber nachsinnen, wie die Welt entstand, stellen wir uns vor, wie der Blitz der Energie den Baum herabfährt. Und wenn wir unsere Bewusstheit auf eine direktere Begegnung mit dieser Energie ausrichten wollen, dann stellen wir uns vor, wie wir auf den Baum hochfahren. Die wechselseitigen Beziehungen der Sephirot rufen nach einer sexuellen Metapher. Der Mann ergießt beim Geschlechtsverkehr seinen Samen in die Frau. Damit das Leben seinen Anfang nehmen kann, muss der Samen mit dem Ei, das in ihrem Körper darauf wartet, zusammentreffen. Die acht Sephirot von *hokhmah* bis *yesod* haben demnach sowohl männliche als auch weibliche Eigenschaften. Sie empfangen die Energie jeweils von der über oder vor ihnen liegenden Sephira und geben sie jeweils an die unter ihnen liegende oder nach ihnen kommende weiter. Obwohl *hokhmah* an der Spitze der männlichen Säule steht , und wir diese Sephira „erhabener Vater" nennen, hat sie doch in dem Moment einen weiblichen Charakter, in dem sie die Emanationen von *kether* empfängt. Und obwohl wir *binah* an der Spitze der weiblichen Säule finden und sie den Namen „erhabene Mutter" trägt, „benimmt sie sich doch wie ein Mann, wenn sie die Energie an *chesed* abgibt.

Einige werden diese Beschreibung als sexistisch empfinden. Scheinbar wird die Frau hier nur als ein leeres Gefäß betrachtet. Tatsächlich glaubte man zum Zeitpunkt, als diese Gedanken aufkamen, dass der Samen des Mannes den ganzen Menschen in Kleinformat enthielte – so ähnlich wie das Samenkorn die Pflanze. Die Erde gab dem Samenkorn die Nährstoffe, die es zur Pflanze heranreifen liessen. In gleicher Weise stellte man sich auch die Frau so vor, als werde lediglich ihre Gebärmutter für das Gedeihen des Fötus benötigt, bis dieser stark genug geworden wäre, um sie zu verlassen. (Wahrscheinlich stammt diese Idee aus dem alten Griechenland). Aber genauso, wie wir heute wissen, dass es keine menschliche Befruchtung ohne Ei geben kann, genausowenig hätten die Sephirot entstehen und ihre Energien weitergeben können, wenn sie nicht ihre eigene, innere Wahrheit besessen hätten, wenn sie nicht die gewesen wären, die sie sind.

Zwei Sephirot gehen nicht auf diese hermaphroditische Weise vor. Mit *kether* beginnt der Baum bekanntlich und da es keine Sephira über *kether* gibt, betrachten sie die Kabbalisten als ganz und gar männlich. *Malkuth* hat auf ihrem Platz keine nachfolgende Sephira und wird daher als rein weiblich angesehen. Wir erinnern uns auch daran, dass die *shekhinah* in *malkuth* wohnt.

An dieser Stelle möchte ich einmal für eine alternative Sichtweise der sexuellen Sephirot-Zuschreibungen plädieren. Die traditionelle Anschauung geht von den beiden Säulen aus, von der männlichen und der weiblichen und von ihren jeweils gegensätzlichen Eigenschaften. Diese Zuschreibungen entspringen jedoch einer patriarchalischen Kultur, die von einem Misstrauen gegenüber den Frauen und teilweise sogar von Furcht geprägt ist. Viele moderne Menschen stellen ein System in Frage, das Männlichkeit mit Licht, dem

Positiven, Aktivität, Liebe und Gnade gleichsetzt und Weiblichkeit mit den Attributen Dunkelheit, dem Negativen, Passivität, Herbheit und Verurteilung belegt. Es geht nicht darum, dass es wünschenswert wäre, in einer Welt ohne Härte und Ernsthaftigkeit zu leben. Wir wissen, dass wir die Dunkelheit genauso brauchen wie das Licht. Ich wundere mich nur darüber, warum alle strengen Eigenschaften der Frau zugeschrieben werden, wenn die meisten Menschen doch in Wirklichkeit bei ihren Müttern mehr Liebe und Verständnis gefunden haben, als bei ihren restriktiven und befehlsmächtigen Vätern.

Hermann Haindls Baum-Gemälde folgt zwar den überlieferten Ideen, doch geht es auch darüber hinaus. Die meisten Sephiroth werden, was die Bildmotive angeht, nicht mit spezifisch menschlichen Eigenschaften in Verbindung gebracht. Stattdessen finden wir viele Tiere dargestellt, meist Schlangen und Vögel mit weitgehend unbestimmtem Geschlecht. Indem Haindl Tiere in den Mittelpunkt stellt, versetzt er den Baum in eine mehr archaische Zeit, um uns die Erinnerung an unseren natürlichen Ursprung zu erleichtern. Dort, wo er Menschen oder menschenähnliche Figuren abbildet, wird die sexuelle Polarität meist ausbalanciert. Bei *binah*, der Sephira der erhabenen Mutter, reckt sich eine göttinnenähnliche Figur aus dem Kreis empor und schaut hinüber in das Licht jenseits von *kether*. Aber es gibt dort auch den fliegenden bärtigen Rabbi, der nach *hokhmah* hinüber will. Bei *hokhmah* selbst, bei dem erhabenen Vater, entdecken wir vor allem Eulen als Symbole der in dieser Sephira verkörperten Weisheit. Aber wir entdecken auch die weiblichen Figuren, die sich nach *binah* hinüber bewegen. Die Eule ist ja ohnehin als Begleiterin der weiblichen Weisheits-Göttinnen bekannt.

Diese Bildwelt kreuzt die Pole also eher, mischt das männliche und das weibliche. Und tatsächlich finden wir eine ähnliche Herangehensweise in der Kabbala, besonders in der westlichen Überlieferung. Der Orden der „Goldenen Dämmerung“ betrachtete *netzach* als die Sephira des Planeten Venus, der seinen Namen der Göttin der Liebe verdankt, obwohl *netzach* auf der männlichen Säule liegt. Der gegenüberliegenden weiblichen Sephira *hod* wurde Merkur beigesellt, der Gott der Klugheit. Vielleicht irritiert eine solche Mischung am Anfang, aber eigentlich wirkt sie eher belebend. Die männlichen und weiblichen Pole existieren niemals isoliert voneinander, weder in der Natur noch bei uns Menschen.

Die Schriftstellerin Judith Laura hat einen fasziniereden Vorschlag gemacht, wie wir die Sexualität auf dem Baum neu verteilen können. Zunächst weist sie darauf hin, dass die Verehrung von Bäumen im alten Israel einer Göttin galt, nämlich Asherah. Die Bibel verbietet das Anlegen von Baumwäldchen bei heiligen Stätten ausdrücklich deswegen, damit sich die Anhänger der Asherah nicht herausgefordert fühlen. Ist es nicht sogar möglich, fragt Laura, dass der Symbolismus, der sich um den Baum des Lebens rankt, ursprünglich aus dem Umkreis einer archaischen Natur-Göttin hervorgegangen ist? Das grammatische Geschlecht des hebräischen Wortes für Baum, *aytz*, ist jedenfalls weiblich.

Damit sind wir schon bei Lauras zweitem Punkt. Bei hebräischen Substantiven hängt das Geschlecht – weiblich oder männlich – von der Endung ab. Die meisten heiligen Ausdrücke einschließlich *kabbalah*, *torah* und *sephirah* sind weiblich. Die Namen der Sephirot sind männliche und weibliche Worte. Laura schlägt nun vor, diese grammatischen Endungen nicht einfach zu übergehen, sondern nachzuschauen, ob ihre Anordnung auf dem Baum nicht einen Sinn ergibt. Und tatsächlich zeigt sich eine faszinierende Balance. *Kether* ist männlich, *hokhmah* und *binah* sind beide weiblich (wir werden gleich sehen, dass *hokhmah*, Weisheit, sowohl in der hebräischen als auch in der griechischen Tradition ursprünglich eine weibliche Figur war). *Chesed* ist männlich, *gevurah* weiblich, genau wie im traditionellen kabbalistischen Symbolgefüge. *Tiferet* ist dagegen weiblich – und so schaut nicht mehr ein männlicher „Kleingesichtiger" zu einem ebenfalls männlichen „Langgesichtigen" auf, sondern jetzt ergibt sich eine geschlechtlich ausgewogene männlich-weibliche Balance zwischen *kether* und *tiferet*. *Netzach* und *hod* sind beide männlichen Geschlechts und damit ein Gegengewicht zu *hokhmah* und *binah*. *Yesod* ist wiederum – genau wie *kether* – männlich und *malkuth* – wie *tiferet* – weiblich.

Wir erhalten auf diese Weise einen Baum, bei dem sich – besonders auf der Mittelachse – die Geschlechter abwechseln. Die einzige Stelle mit einer traditionellen rechts-links-Polarität ist die Achse *chesed-gevurah*. Bei diesen beiden Sephirot gibt es aber noch etwas besonderes: sie haben noch einen zusätzlichen alternativen Namen. *Chesed*, Gnade, heißt auch noch *gedullah*, Größe, und für *gevurah*, Stärke finden wir außerdem *din*, Urteil. *Chesed* ist männlich, *gedullah* jedoch weiblich. *Gevurah* ist weiblich, *din* wiederum männlich. Auf diese Weise sind *chesed* und *gevurah* nicht einfach männlich und weiblich sondern eher männlich/weiblich und weiblich/männlich.

Man könnte hier an die ihr Geschlecht verwandelnden Schamanen in vielen Kulturen denken. Im Deuteronomium (Kap. 22) wird es Männern und Frauen ja in der Tat ausdrücklich untersagt, Kleidung oder andere Gegenstände anzulegen, die eng mit dem jeweils anderen Geschlecht verbunden sind. Die priesterlichen Autoren wollten damit nicht nur bestehende Geschlechterrollen festschreiben. Sie warnten vor einem solchen spielerischen Umgang mit dem zugewiesenenen Geschlecht, weil der Asherah-Kult den Rollentausch begünstigte.

Im folgenden nun die schematische Darstellung des Baums gemäß Judith Lauras grammatischer „Wiederherstellung“.

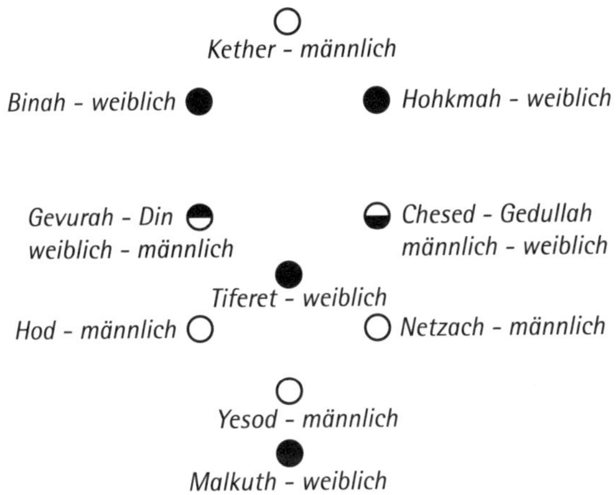

Ich möchte hier gar nicht vorschlagen, dass wir die alte kabbalistische Überlieferung der rechten und der linken Säule an diesem Punkt durch Judith Lauras eher achsensymmetrische Verteilung ersetzen. Wir wollen ein derart kraftvolles Gedankengebäude, wie es sich über Jahrtausende mit feinsten Bedeutungsnuancen aufgebaut hat, keineswegs abreißen. Stattdessen wollen wir einfach alternative Deutungsmöglichkeiten im Kopf behalten, wenn uns die streng in die beiden Geschlechter aufgeteilte Bilderwelt der alten Überlieferung begegnet. Der Baum des Lebens hat sehr alte Wurzeln. Als Wegweiser des Menschen für die Begegnung mit dem Göttlichen hat er auch viele Zweige.

6. Die zehn Sephirot – 1. Abschnitt

Nach der Untersuchung des paradoxerweise eigentlich unerforschlichen *en sof* wenden wir uns jetzt dem Baum selbst zu und beginnen mit *kether.*

Kether

Kether steht für undifferenzierte Energie. Das bedeutet einfach, dass diese Sephira alles enthält. Das *en sof* umfasste die gesamte, in der Zukunft liegende Wirklichkeit, den ganzen Raum, die ganze Zeit. *Kether* birgt das vollständige Ordnungsmuster des Baums, also alle Sephirot mit ihren Eigenschaften. Man könnte *kether* auch als die monotheistische Gottesidee ansehen. Die moderne Auffassung dieser Vorstellung nimmt davon Abstand, die zahlreichen Gottheiten und Mythologien der Menscheit zu verurteilen oder fallenzulassen. Tatsächlich haben der Orden der „Goldenen Dämmerung“ und auch andere den Sephirot jede Menge heidnische (und auch christliche) Gottheiten zugeordnet. Damit leugnen sie aber keineswegs die Einheit Gottes.

Alle diese Gottheiten sind im Gegenteil nur ein Ausdruck des Einen, in gleicher Weise, wie die verschiedenen Sephirot mit ihren zahlreichen Attributen aus der Ganzheit und Vollkommenheit *kethers* hervorgehen.

Im vorigen Kapitel haben wir die traditionelle Vorstellung des sexuellen Energieflusses kennengelernt. Acht Sephirot scheinen zwischen Männlichkeit (Energieabgabe an die nachfolgende Sephira) und Weiblichkeit (Energieempfang von der vorhergehenden) hin- und herzuwechseln. *Kether*, so hatten wir gesehen, ist durch und durch männlich, *malkuth* am anderen Ende ganz weiblich. Damit machen diese Sephirot einen gewissermaßen unvollständigen oder unterentwickelten Eindruck, so wie man einen Mann oder eine Frau, die von sich behaupten, keine weiblichen bzw. männlichen Seiten zu haben, als unausgewogen empfindet. Paradoxerweise sind *kether* und *malkuth* aber die vollständigsten Sephirot.

Die acht mittleren Sephirot definieren sich in erster Linie durch ihre relative Position zueinander. In gewissem Sinn besteht ihre Aufgabe darin, zu empfangen und weiterzugeben, die Energie durchzuleiten. *Kether* trägt aber alles in sich selbst, ohne Aufteilung oder Absonderung. *Malkuth* ist das Gegenteil, es ist der Ort, in den alles einmündet. Auch von *malkuth* lässt sich sagen, dass sie alles in sich trägt, aber in ausdifferenzierter Wirklichkeitsform.

Schauen wir uns einmal die Namen der Sephirot an. Die acht inneren Sephirot heißen alle nach abstrakten Eigenschaften oder Qualitäten, wie Weisheit, Schönheit oder Pracht. *Malkuth* hingegen bedeutet Königreich oder einfach Reich. Es ist ein Wort, bei dem wir an die Erde denken. *Kether* ist der Name für die vollkommenste Sephira und er bedeutet Krone. Die Krone ist ein sehr realer Gegenstand und sie gehört auch zum Königreich dazu. *Kether* ist die Sephira, die über das größte Potential verfügt und dieses auch ausschöpft: es ist die in vollster Wirklichkeit stehende Sephira. Wir können uns ruhig eine Königskrone vorstellen. Die Kabbalisten malten sich immer sehr liebevoll aus, wie Gott als König auf seinem Thron sitzt. Wir können uns *kether* aber auch als die Krone des menschlichen Hauptes vorstellen.

Das Haindl-Bild erinnert uns daran, dass wir den Baum nie verstehen werden, wenn es uns nicht gelingt, seine Bedeutung in dieser konkreten Art und Weise aufzuspüren. Wir werden darauf gestoßen, dass die konkrete Wirklichkeit der Natur uns ohne Unterlass zur spirituellen Bewusstheit führen kann. Nach der Lehre des *kundalini*-Yoga öffnet sich der Kopf buchstäblich wie eine Lotusblume, wenn die Lebensenergie die Wirbelsäule emporgestiegen ist und im Kronen-Chakra – *kether* – angelangt ist. Dabei handelt es sich nicht um eine Metapher oder um eine intellektuelle Vorstellung, denn wir verlieren in diesem Moment tatsächlich das Gefühl der Isolierung von dem unermesslichen Kosmos.

Auf Hermann Haindls Bild füllt der Stierkopf fast den ganzen Kreis von *kether* aus. Der Kopf ist ja in Wahrheit ein Schädel. Damit soll aber nicht die Vorstellung des Todes erweckt werden. Die Betonung liegt auf dem Archaischen der Energie. Auf so etwas könnten wir stoßen, wenn wir an einem Ort graben, der seit Jahrtausenden unberührt geblieben ist. Für die ältesten Völker ist das Rind die Verkörperung der göttlichen Energie. In vielen Mythologien werden eine Kuh oder ein Büffel als das erste Wesen, als Schöpfer vorgestellt. Die Milchstraße ist aus ihrem Euter geflossen. Alle Wesen sind aus ihrem Körper gemacht. Die kraftvolle Massigkeit der Kuh und ihr unversieglicher Milchstrom machen sie zu einem idealen Vorbild für eine Muttergottheit.

Bullen verkörpern die rohe Kraft der männlichen Energie. Bilder von kraftvollen Bullen finden sich ganz am Anfang der aufgezeichneten Geschichte, sogar in der Vorgeschichte. Sie dominieren die europäische Höhlenmalerei. In der berühmten Höhle von Lascaux mit ihren siebzehntausend Jahre alten Zeichnungen ist ein sechs Meter messender rennender Bulle zu bewundern. Sehr eindrucksvolle Bullen bevölkern auch die Decke der zentralen Höhle von Altamira in Spanien. Das kleine Mädchen, das sie zum ersten Mal wiederentdeckt hat, soll beim Anblick der Zeichnungen nach ihrem Vater gerufen haben: „Papa! die Bullen! die Bullen!"

Die religiöse Bedeutsamkeit von Bullen und Kühen hat sich möglicherweise wegen der Form der Hörner entwickelt. Ihre sichelförmige Gestalt erinnert von alters her an den zu- und abnehmenden Mond. Die mächtigen Tiere waren besonders geeignet, den Himmel und den Mondzyklus von Geburt, Tod und Wiedergeburt lebendig zu verkörpern. In einer ähnlichen Weise verleiht auch der Baum spirituellen Geheimnissen fassbare Gestalt.

Da die Hörnersicheln sich auf dem Tierschädel gegenüberstehen, symbolisieren sie auch Polarität. Wir denken an weiblich/männlich, positiv/negativ, oben/unten, gut/böse. Der Baum weist eine solche Polarität in seinen zwei äußeren Säulen, der rechten und der linken, auf. Bei *kether* sind diese Säulen noch nicht da. Wir können noch beide Seiten erleben. Energie fließt zwischen den Hörnern hin und her und erinnert uns daran, dass Dualität letztendlich eine Illusion ist. Diese Energie vermag Kräfte wie in einem Gewitter freizusetzen, eben weil *kether* so kraftgeladen ist.

Nach der Tradition ist die linke Säule weiblich und die rechte Säule männlich. Das Gemälde überschreitet eine solche strikte Trennung jedoch. In der oberen linken Ecke haben wir bereits die an Einstein erinnernde Figur entdeckt. Und auf der rechten Seite können wir neben dem Horn die Andeutung eines Frauenkopfs mit langem Haar ausmachen.

Bulle und Hörner weisen eine Neigung nach links auf. In Hermann Haindls Ikonographie steht die linke Seite für den Instinkt und das Unbewusste. Die geneigte Linie kann uns auf den heiligen Weg bringen. Eine nach rechts geneigte Linie würde vergleichsweise in die Richtung des Menschen weisen. Die rechte Seite ist die Seite der Rationalität und des Bewusstseins.

Hokmah

Kether ist der allererste Anfang des Baums. Alles weitere ist eine Emanation der Krone. Zunächst erscheint *hokhmah*, die Sephira der Weisheit. *Hokhmah* bildet die Spitze der männlichen Säule mit den Qualitäten Ausdehnung, Mitgefühl und Handlung. All diese Dinge erweckt das Bild von Christus am Kreuz zum Leben. Wir können sein Gesicht nicht erkennen, aber die Dornenkrone. Wir sehen auch das Kreuz nicht, stattdessen aber Seile, wie sie – seinen Körper unterstützend – um seine Arme geschlungen sind und uns an die unsichtbaren göttlichen Kräfte denken lassen, die ihn in seinem Leiden aufrecht erhalten haben.

Obwohl sich hier hinter *hokhmah* das Bild des Sohnes Christus erhebt, wird diese Sephira in der kabbalistischen Überlieferung als „erhabener Vater“ angesprochen, womit das Urprinzip der männlichen Schöpfungskraft gemeint ist. Wenn wir uns an die in der Kabbala vorherrschende sexuelle Metaphorik erinnern, dann können wir *hokhmah* als einen phallischen Erguss beschreiben, der nie versiegt, weil er aus der unerschöpflichen Ganzheit von *kether* kommt.

Trotz seiner primären Männlichkeit in der Kabbala entstand *hokhmah* ursprünglich als eine weibliche mythologische Figur. Das Wort erscheint in der Bibel als Personifizierung einer bestimmten Eigenschaft. Am häufigsten begegnen wir ihr im Buch der Sprüche. In Kapitel drei heißt es: „Wohl dem Menschen, der Weisheit erlangt, und dem Menschen, der Einsicht gewinnt. Denn es ist besser, **sie** zu erwerben, als Silber, und ihr Ertrag ist besser als Gold“ (Sprüche 3:13-14). Im achten Kapitel lesen wir: „Ruft nicht die Weisheit, und lässt nicht die Klugheit sich hören? Öffentlich am Wege steht sie und an der Kreuzung der Straßen; an den Toren am Ausgang der Stadt und am Eingang der Pforte ruft sie ...“ (Sprüche 8:1-2).

Man beachte, dass Weisheit und Klugheit (Erkenntnis) – *hokhmah* und *binah* – eine einzige Figur zu sein scheinen, eine Art weibliche Göttin. In vielen alten Kulturen und auch in Israel wurden Göttinnen sowohl an Kreuzungen als auch auf Bergeshöhen verehrt. Weiter heißt es in Kapitel acht: „Der Herr hat mich schon gehabt im Anfang seiner Wege, ehe er etwas schuf, von Anbeginn her. Ich bin eingesetzt von Ewigkeit her, im Anfang, ehe die Erde war“. (Sprüche 8:22-23) und „Als er die Himmel bereitete, war ich da, als er den Kreis zog über den Fluten der Tiefe ..., als er dem Meer seine Grenzen setzte und den Wassern, dass sie nicht überschreiten seinen Befehl; als er die Grundfesten der Erde legte, da war ich als sein Liebling bei ihm; ich war seine Lust täglich ... und hatte meine Lust an den Menschenkindern“ (Sprüche 8:27-31).

Hier wird *hokhmah* sogar zu einer kosmischen Figur, sie war bereits vor der Schöpfung da, als Gottes Begleiterin. Schließlich enthält Kapitel neun eine Anspielung auf die sieben Säulen, die wir als die sieben Planeten, die sieben Tage der Schöpfung, die sieben niederen Sephiroth und als die sieben Doppelbuchstaben aus dem *sefer yetsirah* kennen: „Die Weisheit hat ihr Haus gebaut und ihre sieben Säulen behauen. Sie hat ihr Vieh geschlachtet, ihren Wein gemischt und ihren Tisch bereitet“ (Sprüche 9:1-2).

Die griechischen Philosophen haben die Weisheit auch in Gestalt einer Göttin mit dem Namen Sophia personifizert. Es ist ein ganz normaler Frauenname, der bis auf den heutigen Tag in Gebrauch ist. Die Christen haben aus dieser Figur eine Heilige gemacht, die Hagia Sophia. Caitlin Matthews zeigt in seinem Buch *Sophia, die Göttin der Weisheit*, dass die Philosophen die Bilder und Eigenschaften der alten Göttinnen nahmen und zu abstrakten Konzepten umbildeten. Von der Sophia hieß es, „sie entfache das Feuer in der Seele". Das Wort Philosophie bedeutet Liebe zur Weisheit. Philosophie ist nicht, wie wir heute annehmen, einfach eine intellektuelle Betätigung. Wer die Weisheit aufrichtig liebt, kann sogar unsterblich werden, wenn er die göttliche Natur des inneren Selbst und der Schöpfung erkennt. Matthews weist auch noch daraufhin, dass ein großer Teil des mit der Sophia verbunden Gedankenguts später in das christliche Bild der Jungfrau Maria Eingang fand.

Wie sollen wir jetzt mit der kabbalistischen Transformation von *hokhmah* umgehen? Judith Laura spricht sogar von einer „Geschlechtsumwandlung". Teilweise kommt hier sicherlich die Neigung männlicher geistlicher Führer zum Ausdruck, die Eigenschaften weiblicher Gottheiten für ihr eigenes Geschlecht zu rekrutieren. Dennoch spiegelt sich in der geschlechtlichen Polarität von *hokhmah* und *binah* auch der wichtige Gedanke, dass *kether* einem Bereich jenseits der Geschlechtlichkeit angehört. Weisheit und Erkenntnis sind in der Bibel **eine** Figur, die weibliche Geliebte des männlichen Gottes. *Kether* ist das Urprinzip vor der Polarität. *Hokhmah* und *binah* gehen nach kabbalistischer Auffassung nun aus *kether* hervor, um Männlichkeit und Weiblichkeit als polares Prinzip zu etablieren.

Hermann Haindls Bild balanciert diese Polarität durch eine geschickte Mischung der Bildmotive aus. Von *hokhmah* her fliegen drei göttinnengleiche Wesen nach *binah* hinüber. Sie lachen – und wir vermuten, dass sie die Geheimnisse und Freuden der alten Weisheitsgöttin kennen. Innerhalb und über dem Kreis erkennen wir drei Eulen. Die größte von ihnen sitzt mitten in der Sephira. Diese Eule schaut uns mit menschlichen Augen an. Eulen gelten in vielen Kulturen als Verkörperungen der Weisheit. Die Algonkin-Indianer betrachten sie als einen vollendeten Seelenvogel. In Griechenland und in Rom wurde die Eule in vorphilosophischer Zeit als Gefährtin der weisen Göttin Athena-Minerva angesehen. Eulen symbolisieren die Weisheit wegen ihrer besonderen Fähigkeiten. Sie können ihren Kopf ganz herumdrehen und nach hinten schauen. Ihre Augen scheinen Vergangenheit und Zukunft zu durchdringen. Aufgrund der besonderen Beschaffenheit ihrer Flügel, fliegen sie ohne jedes Geräusch – die tiefsten Einsichten erreichen uns oftmals ohne Fanfarenklang. Lao-Tse sagt: „Der Weise spricht nicht, wer spricht ist nicht weise". Auch die Tatsache, dass Eulen vornehmlich in der Nacht und in der Dunkelheit fliegen, macht sie zu Trägern geheimnisvollen Wissens.

Esoterisches Wissen scheint oft weithergeholt und schwierig zu sein, etwas, dass man kaum glauben kann. In Wirklichkeit ist die spirituelle Wahrheit jederzeit um uns und in uns am Leben. Hermann Haindls Freund Günther Cherubini erzählt dazu eine kleine Geschichte: „Treffen sich zwei Fische. Fragt der eine: „Sag mal, weißt du irgendetwas über das sogenannte Wasser?" – „Ja", sagt der andere, „ich habe schon davon gehört. Aber ich glaube nicht daran. Es ist wahrscheinlich irgendeine alberne esoterische Phantasievorstellung".

Binah

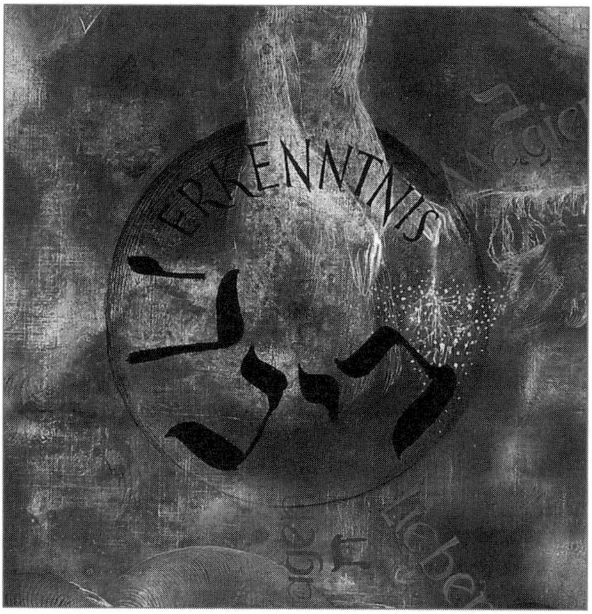

Von *hokhmah* geht der leuchtende Blitz der Emanationen hinüber nach *binah.* Charles Poncé sieht in den ersten drei Sephirot die Entwicklung der wahren Erkenntnis. *Kether* ist das Wissen selbst, alles was überhaupt gewusst werden kann. *Hokhmah* ist der Wissende, der auf *kether* zurückschauen kann, um die Wahrheit zu erkennen. Dann wendet er sich *binah* zu. Hier werden Wissen und Erkenntnis zu Tatsachen und Bereichen, die dem Verständnis zugänglich sind. *Binah* ist das Gewusste.

Theoretisch könnten wir uns in eine tiefe Meditation begeben, die niederen Sephirot im Schnelldurchgang passieren, bei *binah* und *hokhmah* – bei der Mutter und beim Vater – etwas länger verweilen, um dann, indem wir die beiden zusammenbringen, *kether* zu erfahren. Moses Cordovero und andere Kabbalisten warnen jedoch vor einem solchen radikalen Programm. Die Energie *kethers* ist einfach zu gewaltig, als dass man sich ihr ohne sorgfältige Vorbereitung nähern dürfte. In gleicher Weise warnen auch Yoga-Lehrer vor Erleuchtungs-Übungen, die die *kundalini* zu schnell zum Kronen-Chakra hinaufführen.

Cordovero zitierte in diesem Zusammenhang eine berühmte Passage aus Deuteronomium: „Wenn du unterwegs ein Vogelnest findest auf einem Baum oder auf der Erde mit Jungen oder Eiern und die Mutter sitzt auf den Jungen oder auf den Eiern, so sollst du nicht die Mutter mit den Jungen nehmen, sondern du darfst die Jungen nehmen, aber die Mutter sollst du fliegen lassen, auf dass dir's wohlgehe und du lange lebest (5. Mose 22:6-7).

Die letzte Aussage hat eine magische Anmutung. Warum sollte uns die Verschonung eines Muttervogels ein langes Leben garantieren? Zu einem mystischen Verständnis dieser Passage gelangen wir durch die Erkenntnis, dass genau dieser Satz: „... auf dass dir's wohlgehe und du lange lebest" an nur noch einer einzigen weiteren Stelle der Bibel auftaucht und zwar nach dem Gebot, Vater und Mutter zu ehren.

Wir dürfen für Vater und Mutter hier *hokhmah* und *binah* einsetzen, den göttlichen Vater und die Mutter allen Lebens. Diese beiden Sephira sollen wir ehren, dann wird es uns gut gehen und dann werden wir lange leben. dass wir den Muttervogel nicht berühren sollen, deutet Cordovero in eben dieser mystischen Weise dahingehend, dass wir zwar die sieben niederen Sephirot „nehmen" dürfen, aber nicht *binah*. Er bezeichnet die niederen sieben Sephirot auch als ein Schutzschild gegen das überwältigende Licht des oberen Dreiecks *kether / hokhmah / binah*.

Vor Cordovero hatte bereits der *sohar* in seiner wunderbar allegorischen Art erklärt, dass der Messias aus einem Vogelnest im Garten Eden hervorkommen werde. Kabbalisten haben Eden hier von je her für eine Umschreibung von *hokhmah* gehalten und das Vogelnest für eine von *binah*. Hermann

Haindls feinsinnige Bildfindung verlegt die Vögel – die drei Eulen – nach *hokmah*. Sie bewegen sich dort allerdings nicht, sondern hocken bewegungslos in ihrem vollendeten Weisheitsnest. Weiter unten im Baum gibt es Vögel in Bewegung, besonders den einen, der uns aus *tiferet* geradezu entgegenfliegt.

Die Bibelverse mit dem Vogelnest werden noch an einer anderen Stelle der Geschichte der Mystik gewürdigt. In einem berühmten *midrasch* wird von den vier Rabbis erzählt, die ins Paradies gelangen. Drei von ihnen werden mit der überwältigenden Erfahrung allerdings nicht fertig und nehmen ein böses Ende. Nur Rabbi Akiva, dem wir in diesem Buch schon begegnet sind, gelingt es, einzutreten und unversehrt wieder herauszukommen. Wir stellen uns die vier Rabbis jetzt einmal als die vier Elemente vor. Akiva ist „Erde". Erde umschließt alle anderen Elemente und ist deshalb auch in der Lage, den göttlichen Energiestrom des Paradieses auszuhalten und anschließend wieder in die Alltagswelt zurückzukehren. Die anderen Rabbis stehen jeweils für extreme, nicht ausbalancierte Formen der drei übrigen Elemente, denen es nicht gelingt, ihre Erfahrungen zu integrieren. Der erste Rabbi sah den göttlichen Strahlenkranz und starb. Wir können dies als einen Überschuss an „Feuer" ansehen. Der zweite Rabbi wurde bei seinem Eintritt verrückt. Er steht hier für das „Wasser".

Der dritte Rabbi war Elisha ben Abuyyah. Es heißt, er habe zwei Himmelsthrone gesehen statt einem und so seinen Glauben an den einen Gott Israels verloren. Wenn wir ihn als Repräsentanten der „Luft" ansehen, als Vertreter des Intellekts, dann können wir sagen, dass er seine Eindrücke zu wörtlich genommen hat und dass er damit schließlich auch die Lehre des Monotheismus zu sehr im buchstäblichen Sinn begriffen hatte. Die Feinheiten der mystischen Offenbarung blieben ihm verschlossen.

Alle vier waren historische Figuren, nicht nur Personen eines dramatischen Geschichte. Elisha ben Abuyyah war wirklich ein großer Gelehrter seines Zeitalters und er ist in der Tat von seinem Glauben abgefallen und zu einem Feind seines Volks geworden. Die etwas weltlichere Version dieser Geschichte vom Glaubensverlust ist in gewisser Weise noch geheimnisvoller als die vom Eintritt ins Paradies. Sie nimmt sowohl auf das Gebot, Vater und Mutter zu ehren, bezug, als auch auf die Passage mit den Eiern und der Mutter, der wir keine Schaden zufügen dürfen.

Ben Abbuyah machte gerade einen Spaziergang mit Freunden, als er einen Vater erblickte, der seinem Sohn befahl, auf einen Baum zu steigen und ihm die Eier aus dem Nest eines brütenden Vogels zu bringen. Der Sohn wollte nicht, gehorchte aber schließlich dem Vater. Er erreichte den Zweig mit dem Vogelnest, nahm die Eier heraus und verschonte den Muttervogel, ganz wie es die Torah befahl. Auf seinem Rückweg stürzte er jedoch zu Tode. Ben Abuyyah war wie betäubt. Der Junge hatte genau jene beiden Gebote befolgt, die ein gutes und langes Leben versprechen und doch war er, gleichsam um die Torah Lügen zu strafen, gestorben. Die Freunde des Rabbis versuchten ihn für eine andere Lesart der Bibelverse zu gewinnen: „... auf dass dir's wohl gehe und du lange lebest", beziehe sich auf das Leben in den himmlischen Bereichen nach dem Tod. Ben Abbuyah ließ das nicht gelten. Tatsächlich hatte er bereits angefangen, seinen Glauben aufgrund eines längeren Studiums der griechischen Philosophie in Frage zu stellen. Wenn das wirkliche Leben, die Torah als so offensichtlich verkehrt erweisen konnte, dann musste das ganze Judentum ein Schwindel sein.

Wiederum ist das Problem die Buchstabengläubigkeit. Ben Abbuyah war anscheinend durchaus in der Lage, den komplizierten und tiefen Gedankengängen der griechischen Philosophie zu folgen. Seine Religion sollte jedoch einfach im buchstäblichen Sinn wahr sein. Diese traurige Geschichte macht die Gefahren deutlich, die mit einer vereinfachenden Herangehensweise an die Kabbala verbunden sind. Wir sollten die Warnung von Moses Cordovero beachten und „nicht die Mutter nehmen" – d.h. nicht in die Geheimnisse von *binah* eindringen, bevor wir uns nicht ausreichend vorbereitet haben. Wir dürfen nicht glauben, dass wir die Wunder des Baums des Lebens verstehen, wenn wir die Bedeutungszuweisungen, Korrespondenbeziehungen und Schaubilder einfach wörtlich nehmen. Wir müssen so denken wie der *sohar*: in Symbolen und Allegorien, in „Geheimnissen von Geheimnissen".

Als die Große Mutter gebiert *binah* alles Nachfolgende, alle sieben niederen Sephirot mit ihren Eigenschaften und Qualitäten. Eine Geburt ist jedoch eine unvergessliche Erfahrung, wie jede Menschenmutter weiß. Ein Grund für die Position *binahs* am Anfang der Säule des Zusammenziehens ist die Enge des Geburtskanals. Hier entwickeln wir das Gefühl, dass wir nur unter Press-Schmerzen und Wehen zum Leben kommen, sei es im physischen oder im spirituellen Sinn. Jetzt können wir noch einmal an den Jungen und die Gechichte von Moses am Schilfmeer in Ägypten denken, die wir im vorhergehenden schon mal erzählt haben: an die Hand Gottes, die die Schenkel der Gebärenden auseinanderspreizt, damit das Volk der Hebräer seinen Weg in die Freiheit findet. Das Meer ist das Wasser der Fruchtblase, die jedesmal zerplatzen muss, bevor ein Baby geboren werden kann. *Mitzrayim*, das hebräische Wort für Ägypten bedeutet wörtlich „Engstelle“ und wird damit zum Geburtskanal von *binah*.

In der astrologischen Überlieferung wird *binah* mit dem Saturn in Verbindung gebracht. Saturn ist der Grenzen setzende Planet am äußersten Rand der alten Planetenwelt. Er lehrt uns, unsere Grenzen zu akzeptieren und uns zusammenzunehmen. Wenn wir das tun, können wir sogar über unsere Grenzen hinauswachsen. *Binah* ist ja schließlich nicht die letzte Station auf dem Baum. Es folgen noch *hokhmah* und *kether*. In ihrem Buch *Tarot and the Tree of Life* schlägt Isabel Radow Kliegmann eine etwas abgewandelte Version der astrologischen Bezüge vor. Sie sieht *binah* zwar auch als Saturn, aber *kether* ist bei ihr der Kosmos und *hokhmah* gilt ihr als der „unendliche Ausdruck“ des Tierkreises. Saturn/*binah* ist demnach die erste Stelle, an der ein bestimmter Planet oder eine Planetensphäre Gestalt gewinnt. In der mittelalterlichen Kosmologie wurde gelehrt, dass die Seele durch die aufeinanderfolgenden Planetensphären reist, vom Saturn zu Jupiter und immer weiter bis zur Erde, wo sie den Fötus zum Leben erweckt. Die Position der jeweiligen Planeten im Tierkreis zum Zeitpunkt des „Durchzugs“ der Seele ergab dann das spezifische Horoskop.

Hier liegt natürlich auch eine Beschränkung vor. Die Planeten beschreiben eine Wahl und schränken das Spektrum der unendlichen Möglichkeiten ein. Ohne diese Beschränkung wäre die Astrologie allerdings bedeutungslos. Wir hätten nicht jeder ein bestimmtes unverwechselbares Horoskop, sondern erführen alle dieselbe Totalität. Der weite Raum von *hokhmah* weicht der Einengung durch *binah*. Bei unserer Geburt tritt die Seele aus jenseitigen Räumen kommend in unseren Körper hinein. Aus unendlichen Möglichkeiten wird eine beschränkte Realität – die es uns jedoch überhaupt erst erlaubt, als individuelle Wesen zu existieren.

Binah beschließt das obere Dreieck jenseits des Abgrunds. Wir können uns *binah* als den Ort vorstellen, an dem die Energie des *en sof* zum ersten Mal innehält, bevor sie weiterfließt. Insofern stellt diese Sephira sowohl ein Ende als auch einen Anfang dar. Weniger abstrakt ausgedrückt können wir sagen, dass *binah* Tod und Leben bringt. Der Tod ist unvermeidbar. Als unsere Mütter uns zur Welt brachten, gaben sie uns unseren Tod gleich mit.

In den 1980er Jahren wurde die wiederentdeckte Göttinnen-Verehrung zu einer populären religiösen Bewegung. Ihren Anhängerinnen wurde oft vorgeworfen, dass sie für die Herbheit der Welt blind seien. Angeblich würden sie die Wirklichkeit nur durch die Weichzeichnerlinse einer liebevollen Großen Mutter sehen. Dabei war das Gegenteil der Fall. Die Göttinnen-Bewegung hat immer auf das dunkle Gesicht der Göttin des Todes hingewiesen – als Kehrseite des Gesichtes der Mutter. In *binah* kommen diese beiden Seiten auch zum Ausdruck – aber als eine einzige Energie.

Mit der Geburt setzt die Verantwortung ein und Karma. Vor der Notwendigkeit des Handelns und der Entscheidung gibt es kein Entkommen. Mit *binah* beginnt deshalb die Säule der richtenden Gerechtigkeit. Die scheinbare Trennung der beiden Säulen lässt uns Liebe und Gerechtigkeit oftmals als Gegensätze erleben. Wir dürfen aber nie vergessen, dass es nur einen Baum gibt, nur eine Energie, die sich zwar in verschiedene Richtungen hin entwikkelt und trennend ausdifferenziert, die jedoch auch immer wieder zu sich selbst zurückkehrt. Die Sehnsucht nach Gerechtigkeit ist ganz tief in uns verwurzelt – genauso wie Mitgefühl und Barmherzigkeit. Einen Sieg der Ungerechtigkeit können wir nicht ertragen, auch wenn er auf der anderen Seite der Welt seine Triumphe feiert.

Hokhmah und *binah* kommen beide aus *kether* hervor, während *chesed* und *gevurah*, die niederen Aspekte des erhabenenen Vaters und der erhabenen Mutter, gemeinsam und sich ineinanderschlingend nach *tiferet* eingehen. Der Baum zeigt uns göttliche Eigenschaften, die auf den ersten Blick wenig mit unserem eigenen Leben zu tun zu haben scheinen. Wenn wir jedoch genauer hinsehen, erkennen wir, dass er uns auch unser eigenes Wesen offenbart. Wir sehen uns im Baum wie in einem Spiegel. Der Schöpfer hat uns ja nach seinem Bilde gemacht.

Zu den verborgenen Wahrheiten von *binah* als der Mutter des Lebens und des Todes gehört die Art und Weise, wie unser eigenes Leben sich in ein bedeutungvolles Symbol verwandelt. Die Essayistin Callan Williams sagt es folgendermaßen: „Im Moment unserer Geburt beginnt unser Körper zu verfallen – und unsere Geschichten fangen an zu wachsen." Ein erfolgreiches Leben geführt zu haben, so führt sie weiter aus, heißt, eine bedeutungsvolle Geschichte zu hinterlassen, wenn wir sterben. Vielleicht können wir sagen, dass wir nur deshalb „Fleisch werden", damit wir die Verwandlung unseres Lebens in eine Geschichte verstehen. Dies ist eines der Geheimnisse der Kabbala und auch eines aller anderen symbolischen Überlieferungen.

Zu denen, die diese Wahrheit verstehen, gehört der Comic-Autor Alan Moore, dessen *Promethea*-Serie zu den geschmackvolleren Erklärungen der Kabbala in unserer Zeit zählt. Promethea ist ein kleines Mädchen, das von seinem Vater, einem alexandrinischen Zauberer, nach „Immateria", in die Welt des Mythos, gesandt wurde (das alte Alexandrien ist auch die Heimat des Hermes Trismegistos und der Smaragd-Tafel). Menschen, die in späteren

Jahrhunderten ganz intensiv an sie denken, werden zu einer Art Kopie von ihr. Promethea sagt zu einem ihrer Feinde: „Ich bin der heilige Lichtglanz der Phantasie. Nichts kann mich zerstören."

In Moores Geschichte bereist Promethea den Baum des Lebens von *malkuth* nach *kether*. Dies gibt dem Autor reichlich Gelegenheit, die Sephirot in einer lebendigen dramatischen Erzählung näher zu beschreiben. Seine Inspiration findet Moore hauptsächlich bei dem Kabbalisten und Magier Aleister Crowley. Deshalb gehen manche der hier Moore zugerechneten Punkte auf dessen Konto oder auf das Konto noch anderer älterer Quellen. Moore ist aber derjenige, dem es gelingt, das visuelle Medium Comic für eine zeitgenössische, unmittelbar verständliche Beschreibung des Baums des Lebens einzusetzen. Darin gleicht er ein wenig Hermann Haindl. In der Nachfolge Crowleys betont Moore die Sexualität von *binah*. Sie erscheint bei ihm als göttliche Mutter – auf den Punkt gebracht als Maria, die Mutter des Christus – aber auch als die Hure von Babylon.

Sie nennt sich selbst eine „Hure", weil die Menschen – und besonders die Männer – in einer patriarchalischen Kultur die weibliche Sexualität als angsteinflößend und gefährlich betrachten. Im Gegensatz zur männlichen Sexualität, deren Erregungskurve steigt und fällt, kann die Erregung der Frau, wenn sie erst einmal geweckt ist, unaufhaltsam erscheinen. Dies ist zu einem Teil der Grund, warum viele patriarchalische Kulturen alles unternehmen, um die Frau zu kontrollieren. Wir haben alle von den einschüchternden Verboten der Taliban in Afghanistan gehört. Aber wer weiß schon, dass im alten Athen, der angeblichen Geburtsstätte der Demokratie, eine Frau das Haus ohne das Einverständnis ihres Gatten buchstäblich nicht verlassen durfte? Dies sind nur einige wenige Beispiele dafür, wie Männer versuchen, *binah* zu kontrollieren. In Wirklichkeit kann das weibliche Prinzip nicht kontrolliert werden, denn es ist ein ewiges Prinzip. Alan Moore nennt *binah* „Gottes dritten Kopf".

Hermann Haindl zollt der Göttin in *binah* mit dem Bildmotiv einer anmutigen Frau seinen Tribut. Sie erhebt sich aus der Sephira und schaut gelassen nach oben, so als könne sie durch *kether* hindurch in das *en sof* hineinsehen.

Ihr Bauch ist angeschwollen, als wäre sie schwanger. Wir sehen jedoch kein Baby sondern diese rabbinische Figur, die ihre Arme den aus *hokhmah* herüberströmenden weiblichen Gesichtern entgegenstreckt.

Die linke Seite ist die Seite des Instinkts, des Unbewussten, die rechte die des Verstandes und des Bewusstseins. Man mag diese als vollständig gegensätzlich empfinden, polar einander gegenübergestellt wie männlich und weiblich. Haindls Bild legt eine komplexere Beziehung nahe: Der Verstand wurzelt im Unbewussten, während der Instinkt aus der Bewusstheit hervorgeht. Ohne die Tiefe des Unbewussten verbleibt der Verstand im Bereich der logischen Spielereien ohne wirklichen Bezug zur Welt. Und je bewusster wir werden, um so deutlicher erkennen wir die Botschaft unserer Instinkte. In der spirituellen Welt geht das männliche aus dem weiblichen hervor – und das weibliche aus dem männlichen. Diese Wahrheit lebt auch nicht an irgendeinem fernen Ort im „Himmel", sondern in jedem von uns, weil wir alle der göttliche Hermaphrodit sind. Wir ziehen es nur ganz einfach vor, dies nicht zur Kenntnis zu nehmen.

Schauen wir einmal auf die Bildpartie direkt links neben *binah* am Bildrand. Dort wirft ein schattenhaftes männliches Gesicht einen flüchtigen Blick auf das Geschehen. Könnte es für all die kabbalistischen Meister stehen, die versucht haben, die höheren Sephirot auf „Nebenwegen", durch die Erforschung des Mythos und durch Meditation zu verstehen?

Trotz der Bewegung und der Energie um sie herum, steht die sich aus *binah* erhebende Frau in vollkommner Gelassenheit da. Ihr Haupt ist von einer Aura umgeben. In der christlichen Kabbala steht sie für Maria, die Königin des Himmels. Diese göttliche Maria nimmt das Leid der Welt auf sich und das Opfer ihres Sohnes – auf der anderen Seite des Baums. Ihr hebräischer Name ist Miriam und dieser Name bedeutet bitteres Salzwasser, Tränen und Meer.

Miriam ist auch der Name der Schwester des Moses. Die Bibel nennt sie eine Prophetin. Miriam leitete die festliche Prozession der Israeliten nach der erfolgreichen Durchquerung des Schilfmeers. Auf diese Weise ist sie sowohl die ihre Kinder gebärende Mutter – wie in der Geschichte des Jungen Max – als auch die diese Geburt feiernde Bewusstheit. Darüberhinaus ist sie noch diejenige, die das Leid ihrer Kinder auf sich nimmt. Und dies alles sind die Eigenschaften von *binah.*

Da'ath

Mit *binah* kommt das obere erhabene Dreieck zu einem Abschluss. Von *binah* aus fließt die Energie über den Abgrund hinweg zunächst nach *chesed* und dann zu den verbleibenden sechs der sieben niederen Sephirot hinüber. Der Abgrund ist der Ort von *da'ath*. Hermann Haindls Bild zeigt keinen Extra-Kreis für *da'ath*. Wir können jedoch eine grüne Eidechse – vielleicht ist es auch ein Salamander – beobachten, die den Baum an der Stelle hinaufklettert, wo *da'ath* liegen müsste. Sie bewegt sich von den Schlangen *cheseds* und *gevurahs* herkommend auf die menschlichen Gesichter *hokhmahs* und *binahs* zu. Unter evolutionären Gesichtspunkten kann die Eidechse als Symbol für die ältesten Bereiche unseres Gehirns betrachtet werden (vgl. Kap. 8, Pfad 29). Trotzdem führt ihr Instinkt sie nach oben, der göttlichen Bewusstheit entgegen.

Wir haben über *da'ath* schon ausführlich gesprochen und wollen uns deshalb nicht mehr so lange damit aufhalten. Alan Moore beschreibt diese verborgene Sephira als den Ort, an dem Gott die physische Welt betritt. Vom Mythos her gesehen macht das Sinn. Die drei oberen Sephirot repräsentieren das Göttliche, während die niederen sieben für die sieben Tage der Schöpfung stehen. Sinn ergibt auch die Betrachtung vom Blickwinkel der esoterischen Psychologie aus. Wenn *da'ath* sexuelles Wissen bedeutet, und wenn der sexuellen und der spirituellen Kommunikation dieselbe Energie – nur in jeweils anderer Form – zugrundeliegt, dann bezeichnet *da'ath* die Umwandlung „höherer“ spiritueller Energie in die „niederen“ Bereiche der Sexualität.

Dieses Wissen ist ein „verbotenes“. Es ist kein willkürliches Verbot, wie es der biblischen Geschichte nach den Anschein haben kann. Es dient unserem Schutz. Es ist eine Sache, über den Ort zu spekulieren oder sogar vertiefend nachzudenken, an dem die reine göttliche Energie in die physische Materialität eintritt und eine ganz andere Sache, diesen Prozess am eigenen Leibe zu erfahren. Wenn wir an die Aufwärtsbewegung auf dem Baum denken, dann ist *da'ath* gerade der Ort, an dem das Physische buchstäblich verschwindet, wie wenn ein großer Riese in ein schwarzes Loch hinein kollabiert. *Da'ath* ist deshalb so gefährlich, weil, wenn wir erst einmal darin angekommen sind, wir nie wieder als diejenigen herauskommen werden, die wir einmal gewesen sind. Wir können nicht umkehren, wir müssen hindurch, um auf der anderen Seite des Abgrunds anzukommen.

Isabel Kliegman nennt *da'ath* eine „ungeschaffene“ Sephira. Das bedeutet, das der Baum in der Tat unfertig ist. Gott erwartet von uns, so Kliegman, dass wir diese letzte freie Stelle auf dem Baum selber schließen. Wir tun dies, wenn es uns immer besser gelingt, die Lücke zwischen den höheren und den niederen Dreiecken zu schließen, sodass diese sich nicht mehr nur einander spiegelnd gegenüberliegen, sondern im Kern und wahrhaft eine einzige Energie sind: wie oben, so unten.

Bei Alan Moores Version von *da'ath* wird alles auf den Kopf gestellt, einschließlich der strikten Trennung der Geschlechter, wie sie den Baum mit seiner rechten und linken Säule beherrscht. Männliche Zauberer werden auf ihrer Reise durch die geheimnisvolle Sephira *da'ath* zu Frauen.

Wenn wir die Aufwärtsbewegung auf dem Baum ins Auge fassen, also die Richtung, in die sich die menschlichen Versuche, die höheren Ebenen zu verstehen, bewegen, dann werden die Männlichkeit von *chesed* und die Weiblichkeit von *gevurah* in der verborgenen Sephira vielleicht jeweils umgedreht, allerdings nur, um danach wieder den ihnen ursprünglich zugewiesenen Platz auf der rechten Säule von *hokhmah* bzw. auf der linklen Seite von *binah* wieder einzunehmen. Im Haindl-Bild wird andrerseits, wie wir gesehen haben, eher die Anschauung vertreten, dass sich die weiblichen und männlichen Energien im oberen Dreieck miteinander mischen und zusammenkommen. Auf einer symbolischen Ebene beschreibt letzteres möglicherweise das, was erlebt wird, wenn die Bewusstheit durch *da'ath* hindurchgeht.

Noch ein letzter Kommentar von Alan Moore, bevor wir uns endgültig vom Abgrund verabschieden wollen. Moore macht sich Gedanken über die Zahl, die wir für *da'ath* vergeben könnten. Natürlich bietet sich die elf an, aber elf liegt nun einmal nicht zwischen drei und vier. Er schlägt deshalb *„pi"* vor, jene griechische Zahl, die seit den Zeiten des Pythagoras eine magische Aura verbreitet.

Pi ist in Wirklichkeit das Ergebnis der mathematischen Teilung eines Kreisumfangs durch seinen Durchmesser. Wie groß der Kreis auch letzlich sein mag, so stehen diese beiden Werte doch immer in einem Verhältnis von 22:7. Auf diese Teilungsaufgabe gibt es keine definitive Antwort. Wir erhalten im Ergebnis eine Zahl, deren Ziffern sich hinter dem Komma in die Unendlichkeit erstrecken und damit ein recht passendes Symbol für das schwarze Loch von *da'ath*. Das Ergebnis beginnt aber mit 3,14. Und damit wird pi zu einer mystischen Zahl der Unendlichkeit irgendwo zwischen drei und vier – zwischen *binah* und *chesed*. *Pi* ist ein griechischer Buchstabe. Wenn wir das gewellte Dach einmal wegnehmen, ähnelt dieser Buchstabe unserer modernen Ziffer 11 doch in hohem Maße:

$$\pi$$

Zweiundzwanzig geteilt durch sieben. Hören sich diese Zahlen nicht irgendwie vertraut an? Zweiundzwanzig ist die Anzahl der Pfade auf dem Baum des Lebens, einer für jeden hebräischen Buchstaben (und für jede Trumpfkarte des Tarot). Sieben zählen die Planetensphären, die niederen Sephirot, die Tage der Schöpfung und die Doppelbuchstaben im Hebräischen. Ist das Geheimnis von *pi* im hebräischen Alphabet und im *sefer yetsirah* enthalten? Wenn dem so ist, dann wird es jedenfalls nicht direkt offenbart. Wir haben damit genau jenes verborgene Wissen vor uns, welches in der dunklen Sephira *da'ath* ruht.

Chesed

Wenn wir diese geheimnisvollen Gefilde hinter uns lassen, gelangen wir nach *chesed*, zur Sephira der Gnade. *Chesed* ist der erste Schöpfungstag, an dem Gott Licht und Finsternis voneinander scheidet. Von einem Tag können wir allerdings nur gleichsam vorläufig sprechen, da Sonne und Mond im biblischen Bericht erst am vierten Tag, der durch *netzach* repäsentiert wird, in Erscheinung treten. Außerdem wissen wir natürlich aus der modernen Naturwissenschaft, dass das gesamte Sonnensystem erst lange nach dem Urknall entstand. Die sieben Schöpfungs-„Tage“ bedeuten eben in der Kabbala nicht einfach Vierundzwanzig-Stunden-Zyklen, sondern Abschnitte oder Stufen – mit anderen Worten also Sephirot.

In *chesed* tritt die göttliche Energie des reinen Seins erstmals in den Bereich der physischen Existenz ein. Man denke einmal an Zahlen und an Geometrie. Die Zahl eins, *kether*, ist ein Punkt. Aus dem Geometrie-Unterricht erinnern wir uns noch daran, dass ein Punkt keine Ausdehnung besitzt. *Kether* umfasst alles und kann daher selbst keinen genau umschriebenen Platz einnehmen. Die Zahl zwei verbindet zwei Punkte miteinander. Wir entdecken die Dimension der Richtung, die einen Beigeschmack von Zweckgerichtetheit hat. Die Drei gibt uns die Möglichkeit, drei Punkte zu verbinden und mehrere Richtungen zu beschreiben. Diese liegen jedoch alle auf der gleichen Ebene wie auf einer flachen Oberfläche.

Erst wenn wir zur Vier kommen, erschließen sich zusätzlich Höhe und Tiefe. Mit der Vier eröffnet sich die Möglichkeit der physischen Realität. Man denke an die Pyramiden. Sie sehen dreieckig aus, aber wenn man sich vorstellt, dass man eine in der Hand hält, wird sofort klar, dass sie vier Seiten hat: die Grundfläche und die drei Seitenflächen, die oben in der Spitze zusammenlaufen. Die Vier von *chesed* ermöglicht also die Realität. Wir werden gleich sehen, dass die Strenge und Genauigkeit von *gevurah* deshalb ins Spiel kommen, weil sie die Dimension der Zeit mit ihren Möglichkeiten der Veränderung und des Verfalls einführen.

Für *hokhmah* und *binah* haben wir den Ausdruck erhabener Vater bzw. erhabene Mutter gebraucht. Das Wort „erhaben" verweist auf bedeutende Urkräfte, die unser normales Fassungsvermögen überschreiten. *Chesed* und *gevurah* kann man auch als göttlichen Vater bzw. göttliche Mutter ansehen. In diesem Fall sind sie uns jedoch näher und repräsentieren Eigenschaften, die wir leichter mit unserem Leben in Verbindung bringen können. Biblisch gesprochen stehen *hokhmah* und *binah* für Abraham und Sarah, während *chesed* und *gevurah* auf Isaak und Rebekka verweisen.

Kabbalisten fassen den Vier-Buchstaben-Namen Gottes – *yod-heh-wav-heh* – als Vater, Mutter, Sohn und Tochter auf. Der Sohn und die Tochter sind dabei für uns Menschen hier auf der Erde die Eltern, die uns eher zugänglich sind als die vorausgehende Generation. Bei einigen nordamerikanischen Indianerstämmen ist tatsächlich vom Großvater und der Großmutter und von Vater und Mutter die Rede. Erstere verkörpern die Urkräfte, während Vater und Mutter für die Götter und Göttinnen stehen, zu denen wir beten und denen wir danken.

Der Generationengedanke ist keineswegs eine Besonderheit der amerikanischen Indianer oder der Kabbala. Die Vorstellung einer ersten, jenseits des menschlichen Fassungsvermögens lebenden Urgeneration und einer zweiten Generation, die einen unmittelbaren Einfluss auf das Geschehen der Welt nimmt, ist in vielen Kulturen anzutreffen. In der äpyptischen Mythologie bleiben Ra und Nut, Sonne und Nachthimmel, abseits und fern. Ihre Herrschaft zeigt kein Interesse an der menschlichen Welt, die deshalb eine rohe und barbarische ist. Erst Isis und Osiris, die Kinder von Nut, bringen den Menschen die Zivilisation, den Ackerbau und die Städte.

Kenner des Haindl-Tarot werden sich daran erinnern, wie Hermann Haindl diesem Gedanken auf sehr schöne Weise Ausdruck verliehen hat. Seine Hofkarten stellen Göttinnen und Götter aus verschiedenen Kulturkreisen dar. Aus Indien kommt die Besetzung der Stäbe, aus Europa für die Kelche, aus Ägypten für die Schwerter. Die Welt der nordamerikanischen Indianer nimmt schließlich die Steine zum Vorbild. Gleichzeitig heißen die Karten Mutter und Vater, Tochter und Sohn, womit im Gegensatz zur Kabbala das Weibliche an die erste Stelle rückt.

Die Mutter steht für den ältesten, den archaischsten Ausdruck des Göttlichen, für den Ursprungsquell allen Lebens, so wie er in der jeweiligen Kultur begriffen wird. Der Vater ist bereits eine weiter entfaltete Ausformung dieser Urkraft in Gestalt eines umfassenden religiösen Gedankens. Tochter und Sohn lassen sich schließlich auf die menschliche Welt ein und symbolisieren damit unsere eigene Verantwortlichkeit gegenüber dem Leben in anschaulicher Weise.

Chesed steht an der Spitze der Säule der Gnade und Ausdehnung im Bereich der sieben niederen Sephirot. Der Orden der „Goldenen Dämmerung" identifizierte *chesed* mit dem Planeten Jupiter und mit den Himmelsgöttern verschiedener Religionen, etwa mit Zeus, Indra, Thor oder eben Jupiter. Unseren begrenzten Sinnen will der Himmel unendlich erscheinen, ein sich freundlich der Ewigkeit entgegenstreckendes Blau. Natürlich gibt es Wirbelstürme und Gewitter. Trotzdem ist der übergeordnete Eindruck eher der eines freundlichen Schutzes. Aus dem Himmel kommt unsere Luft zum Atmen, die uns in jedem einzelnen Augenblick am Leben erhält. Die Worte für Geist oder Seele bedeuten in vielen Sprachen wörtlich oft einfach Atem.

Gevurah wird uns noch an die Härten des Lebens erinnern. Hier in *chesed* schwelgen wir in dem Gefühl, dass uns der Kosmos liebt, dass wir beschützt werden und für die Reise unserer Seele durch die Welt der Erfahrungen Hilfe und Unterstützung finden. Wenn Leute, die sich zum New Age zugehörig fühlen, sagen: „das Universum wird dich beschützen" oder „bitte das Universum um das, was du dir wünschst", dann rufen sie *chesed* an. Der zugehörige astrologische Planet ist Jupiter, der große, großzügige und einnehmende, die Verkörperung des Gottes im Himmel.

Das Patriarchat identifiziert dieses schützende, liebevolle und gewährende Wesen mit den Vätern. Amerikaner erinnern sich vielleicht noch an die populäre Fernsehsendung *Father Knows Best (Papa weiß es am besten)*, in der ein weiser und gutmütiger Vater seine Kinder – und oft auch seine Frau – durchs Leben führte. Heute können viele Menschen dieses Bild des Vaters nicht mehr akzeptieren. Dabei kommt jedoch nicht in erster Linie ein Misstrauen gegen die Väter zum Ausdruck. Es geht vielmehr um die ausdrückliche Wertschätzung der Mütter. Wenn es der Leser so möchte, kann er *chesed* und *gevurah* ebensogut als Urkräfte ansehen und nicht so sehr als Vater und Mutter.

Im Haindl-Bild ist die *beriah* Welt, die Welt der Schöpfung von *chesed*, *gevurah* und *tiferet* das Wirkungsfeld der von dem Mythologen Joseph Campbell so genannten Tier-Kräfte. Die Schlangen und Vögel stellen hier nicht einfach normale, in der Natur vorkommende Tiere dar. Es sind vielmehr Symbole göttlicher Kräfte. Wer sich mit dem Schamanismus beschäftigt hat, wird hier die Tiere wiedererkennen, denen der Schamane auf seinen Reisen begegnet und mit denen er sich verbündet. Diese Tradition ist aber auch in Europa keineswegs unbekannt. Besonders den Griechen galten Schlangen und Vögel sogar noch zu christlichen Zeiten als Repräsentanten der Gottheit.

Die Macht der Schlangen ist ein Thema, das in der Mythologie der Völker der Welt so weit verbreitet ist, dass man von einem psychologischen Rätsel eigener Art sprechen muss. Schlangen faszinieren den Menschen wie eine Urkraft. Zu einem Teil stehen sie für Wiedergeburt. Zum Schlangenwachstum gehört die periodische Häutung. Eine frisch gehäutete Schlange scheint wie aus Jungbrunnen hervorgekommen zu sein.

Die Schlange ist auch der Versucher Evas im Garten Eden. Später wird Moses jedoch seinen Stab in eine Schlange verwandeln. Beim Marsch durch die Wüste wird Gott ihm auch befehlen, eine eherne Schlange zu verfertigen und diese vor den Israeliten herzutragen. Diese Schlange Gottes heilt die Kranken. Das hebräische Wort für Schlange, *nachash*, besteht aus denselben Buchstaben wie das Verb „wahrsagen". Der numerische Wert von *nachash* ist derselbe wie der für *moshiach* – für den „Messias".

Schlangen sind eher geheimnisvolle Wesen. Die Bedeutung der Vögel liegt dagegen offen zutage. Sie sehen wunderschön aus und singen vielfältige, oft herrliche, melodische Lieder. Und am wichtigsten ist: sie können fliegen. Wir sehen, wie sie in den Himmel hinaufsteigen um den Göttern ihre Botschaft und die Botschaft der Götter zu überbringen.

Eine Taube bringt Noah den Zweig vom Olivenbaum, damit er wisse, dass sich die Flut zurückgezogen hat und das Leben von neuem beginnen kann. Später wird eine Taube Gottes Samen zu Maria tragen, auf dass sie schwanger werde und Christus, das göttliche Kind, gebäre.

Die um *chesed* gewundene Schlange gehört zur griechischen Geschichte von *ouroboros*, von der Schlange, die sich selbst in den Schwanz beißt und damit, als habe sie keinen Anfang und kein Ende, zum Symbol für die Ewigkeit wird. Vielleicht sollte man aber eher sagen, dass das Ende der Schlange wieder in den Anfang zurückläuft – der Schwanz in den Mund. Wir sterben, aber unser Tod führt nur zu neuem Leben. Dies ist die Essenz der Sephira der Gnade, ein wirkliches Verstehen der Unversieglichkeit des Lebensstroms.

Zur rechten *cheseds* windet sich ein Gänsehals empor, so als wolle er die Sephira beschützen. Hermann Haindl hat mich darauf hingewiesen, dass die Gans in Nordeuropa ein der Großen Mutter geweihtes heiliges Tier ist. Noch einmal begegnen wir Haindls feinsinniger Mischung der Polaritäten. Die Gans erscheint auf der rechten Seite der männlichen Säule. Sie schaut auch nach rechts, so als wolle sie die Präsenz des Weiblichen an dieser Stelle extra betonen. Etwas ähnliches hatten wir bereits bei den Eulen von *hokhmah* beobachtet. Eulen werden fast immer mit Göttinnen in Zusammenhang gebracht.

Links unterhalb von *chesed* zeigt sich ein Schädel, der langsam und sinnreich in ein lebendiges Gesicht übergeht. Die Augen sind leicht nach oben gerichtet, nach *gevurah*. Der Schwanz der Eidechse aus dem Bereich von *da'ath* schmiegt sich um das Profil und bildet damit eine Art Grenze zu dem Bereich des flügelschlagenden weißen Vogels von *tiferet*. Genauso wie die Schlange lehren Schädel und Gesicht die Einheit von Tod und Leben.

Von der Stirn herab leuchtet ein Edelstein an der Stelle des dritten Auges. Haindl betrachtet die Öffnung dieses psychischen Chakras als eine weitere From der „Gnade“. Das dritte Auge erlaubt uns Einsichten in normalerweise verschlossene Bereiche. Das Gesicht liegt auf dem Pfad zwischen *chesed* und *tiferet*, der seinerseits mit der Tarot-Karte des Eremiten in Verbindung steht. Diese Karte betont seelisches Wissen und spirituelles Licht. Im Haindl-Tarot schaut der Eremit zu einem hellen Licht auf. In älteren Kartenspielen trägt er eine Laterne. Durch das dritte Auge können wir diese Dinge wahrnehmen. Angesprochen sind hier vor allem persönliche Erfahrungen, weniger die entsprechenden Lehrgebäude.

Gevurah

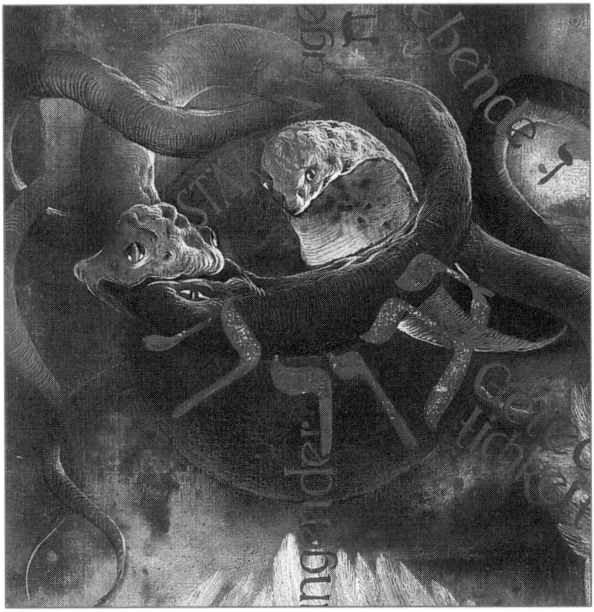

Von *chesed* fließt die Energie hinüber zu *cheseds* Partner, zu *gevurah. Gevurah* führt die Dimension der Zeit ein – und damit Verfall und Verlust aber auch die Möglichkeiten des Wachstums. Es scheint so, als existierten Gegenstände wie ein Tisch oder Dinge wie ein Buch einfach so, als flöße die Zeit gleichsam um sie herum. Einstein hat jedoch gezeigt, dass Zeit und Raum keine unabhängig voneinander bestehenden Dimensionen sind, sondern dass man stattdessen von einem Raum-Zeit-Kontinuum sprechen muss. In dieser Weise vervollständigt *gevurah* den Übergang der göttlichen Energie in etwas, das wir vielleicht eine brauchbare Form nennen können.

In *gevurah* nimmt die sich ausbreitende Energie von *chesed* Gestalt an. Wenn sie sich einfach immer weiter ergießen würde, käme es zu einer Überschwemmung des Daseins. *Gevurah* steht also an der Spitze der Säule der Zusammenziehung. Die Torah-Lehrerin Avigayil Landsmann nennt diese Sephira eine Diamanten-Fräse. *Chesed* bringt zwar herrliche Rohedelsteine hervor, ohne den Feinschliff von *gevurah* könnten wir ihre facettenreiche Vollkommenheit aber niemals bewundern.

Alan Moore beschreibt *gevurah* als den Ort, an dem die Energie von allen Unreinheiten und Schwächen gereinigt wird. Einer seiner Charaktere, ein straßentauglicher Engel, sagt: „Hey, das Universum ist gar nicht so grausam und unfreundlich, es kann es sich einfach nicht leisten, sentimental zu werden". Erinnern wir uns noch an den New-Age-Spruch „Bitte das Universum um das, was du dir wünscht"? Beide Aussagen enthalten Wahrheit, die zweite ist *chesed*, die erste ist *gevurah.*

Kabbalisten beschreiben *gevurah* oft als den Ort der Unerbittlichkeit, als eine Test- oder Kontrollstelle des Baumes. Wenn wir an eine Aufwärtsreise auf dem Baum denken – also in gewissem Sinn an eine Rückkehr zu unseren Ursprüngen – dann ist *gevurah* der Ort, an dem wir unsere eigene Hilflosigkeit zurücklassen müssen, bevor wir in die überwältigende Liebe und Gnade *cheseds* eintauchen können. Dies gilt besonders für die Schwächen, die wir uns nicht zugestehen, die wir verleugnen und verbergen, die wir auf andere projizieren. Es scheint unfair zu sein, dass wir durch das erbarmungslose Licht *gevurahs* hindurch müssen, bevor wir nach *chesed* gelangen. Aber wie sollen wir die Gnade des göttlichen Wohlwollens überhaupt annehmen können, wenn wir nicht einmal akzeptieren, wie wir wirklich sind.

Gevurah, Stärke, hat noch einen zweiten Namen: *din*, Urteilsspruch, und sogar noch einen dritten: *pachad*, was mit dem alten Ausdruck „Furcht und Zittern" übersetzt wird. Für das Ego kann dies zu einer schwierigen Station werden, zur Nacht der Seele. Für den Geist – immerhin unser wahres Selbst – ist es der Ort einer großen Segnung. Er ist genauso herrlich wie *chesed. Gevurah* gibt uns die Chance, uns selbst zu befreien. Wir erkennen, wer wir wirklich sind, und wir lernen, auf unsere Abwehr zu verzichten.

Din, Urteilsspruch, bedeutet auch nicht, dass wir von Gott oder einer anderen äußeren Macht gerichtet werden. Diese Sephira eröffnet uns die Möglichkeit, uns selbst zu verstehen und Entscheidungen zu treffen. Man denke auch daran, dass dies der zweite Schöpfungstag ist, an dem Gott das „Wasser über der Feste" von dem „Wasser unter der Feste" scheidet. Der Sinnspruch „wie oben, so unten" erinnert uns daran, dass unser kleines Leben den Kosmos und die göttliche Wahrheit zu spiegeln vermag. Aber wenn es keine Trennung gäbe, dann könnten wir als individuelle Wesen einfach nicht existieren.

Eine auf die Legende von den vier Rabbis, die ins Paradies kamen, Bezug nehmende Geschichte bringt die Sache auf den Punkt. Der zweite Rabbi, der seinen Verstand verlor, hieß ben Zoma. Kurz nach diesem Vorfall, ging ein Freund von ben Zoma mit seinen Studenten spazieren. Plötzlich sah er ben

Zoma an einer Straße stehen mit einem seltsam verückten Blick in den Augen. Er sprach ihn freundlich an: „Ben Zoma?"

Der Rabbi wandte sich ihm zu und sagte: „Zwischen den Wassern über der Feste und den Wassern unter der Feste gibt es nur einen Spalt von drei Fingern Breite".

Daraufhin sagte der andere zu seinen Studenten: „Ben Zoma ist verloren". Und nach einigen Tagen verstarb dieser denn auch. Ohne *gevurahs* Macht über die Trennung der beiden Wasser können wir nicht leben. Der überwältigende Strom *cheseds* würde uns einfach hinwegschwemmen.

Der Orden der „Goldenen Dämmerung", dem Haindl hier folgt, ordnet *gevurah* den Planeten Mars zu. Einen Hinweis darauf gibt die rote Farbe, die diese Sephira zart durchglüht. Mars ist streng und männlich, er ist ein Krieger. Es wird vielen Menschen kaum einleuchten, dass der Kriegsgott auf der weiblichen Säule zu liegen kommt. Einige sehen hier wieder eine Mischung der Polaritäten: die weibliche Seite soll soviel männliche Energie erhalten wie möglich. Hermann Haindl „mischt" mit seinen Bildmotiven bekanntlich auch, aber vielleicht noch etwas subtiler wie beispielsweise bei dem Gänsehals neben *chesed.*

Klarer wird die Angelegenheit, wenn wir uns bewusst machen, dass viele Mythologien sehr wohl wilde Kriegsgöttinnen kennen. Oft handelt es sich sogar um die Liebesgöttinnen selbst. Beide haben es mit den mächtigsten menschlichen Leidenschaften zu tun. Die Griechen neigten zu einer Aufspaltung dieser Aspekte in Aphrodite, als Liebesgöttin und in Athene, als Kriegerin. Andere Kulturen haben die Verbindung belassen, wie bei der sumerischen Inanna, der ein unstillbarer Hunger nach Liebe und Schlachten nachgesagt wurde. Die indische Kali ist ein weiteres Beispiel. In seinem Buch *The Hebrew Goddess* weist Raphael Patai auf diese Verbindung von Liebe und Krieg bei einer alten hebräischen Gottheit, der Anath, und in noch größerem Maß bei der *shekhinah* hin. Der *sohar* beschreibt diesen weiblichen Aspekt Gottes als große Geliebte – und doch als Jungfrau, als mütterlich und nährend – und doch als rasende Kriegerin. Wir können dabei auch an eine Tigermutter denken, die ihre Jungen verteidigt.

Einige bezeichnen *gevurah* auch als den Ort der Verbindung zur Welt der Schalen oder Hüllen (hebräisch: *klippoth*). Erinnern wir uns daran, dass in Isaak Lurias Mythos von den zerbrochenen Gefäßen die heiligen Funken der zerborstenen Sephirot wieder zurück zu *binah* geflogen und die Scherben hinab in die Welt der verdichteten Materie gefallen waren. Mythologisch gesehen sind diese Hüllen die Ursache von allem Bösen und von der Hölle.

Alan Moore eröffnet uns in *Promethea* eine eher psychologische Perspektive auf dieses Thema. Die Schalen sind seiner Ansicht nach das, was übrig bleibt, wenn wir es zulassen, dass die heilige Energie aus unseren Gedanken oder Erfahrungen hinaussickert. Religion ohne innere Wahrheit wird zu Repression. Ehe ohne Liebe wird zum Gefängnis. Jegliche sinnlose Handlung ist eine bloße Hülle. Und ein Leben ohne Sinn – ohne Geschichte würde Callan Williams vielleicht sagen – ist einfach die Hölle.

Passend zur Strenge *gevurahs* ist Hermann Haindls Bild von dieser Sephira auch einfacher gehalten als das von *chesed*. Wir beobachten keine geheimnisvollen Gesichter und keine schattenhaften Vögel im Umfeld der Sephira. Stattdessen finden wir die lebhaft gehaltene Darstellung eines Schlangennestes. Der Gesichtsausdruck der ineinander verschlungenen Tiere ist intensiver und ängstlicher als bei der *chesed*-Schlange. Zwei der Schlangen sind grün, wobei die eine der beiden erheblich heller ist: Licht und Dunkelheit – die Polaritäten – mischen sich. Küssen sich die Tiere oder beißen sie sich? Auf jeden Fall ergibt sich ein in dieser Ambivalenz sehr passendes Bild für diese Sephira, die die Mächte der Leidenschaft und des Krieges aufruft.

Die dritte Schlange ist weiß. Sie schaut ruhig zu. Weiß ist die Farbe *kethers*, die alles umfassende Farbe. Weiß enthält alle Farben des Spektrums. Wenn wir dem Körper der weißen Schlange folgen, sehen wir, wie er hinter der mittleren Säule des Baums verschwindet. Wir stellen ferner fest, dass der Rücken der Schlange in Wirklichkeit schwarz ist. Noch einmal begegnen wir der Vereinigung der Gegensätze. Die verborgene Seite von weiß ist schwarz. Die verborgene Seite des Lichts ist Dunkelheit.

Die weiß-schwarze Schlange ist eine Königskobra, wie sie in Indien lange für heilig erachtet wurde. Im alten Ägypten symbolisierte die dort *uraeus* genannte Kobra die göttliche Macht der Pharaonen. Einerseits repräsentierte sie die Macht des Königs über Leben und Tod seiner Untertanen. Andrerseits war vielleicht noch eine besondere Eigenschaft der Schlange mit im Spiel. In Indien wird das Schlangengift der Kobra gewonnen, getrocknet und als Droge gebraucht, um eine visionäre Trance herbeizuführen. So wird auch die Kobra – wie einige Pilze und andere Pflanzen – zu einem „Königsweg“ zur Erkenntnis der Gottheit.

Für viele Menschen steht die Schlange für Furcht und Bestrafung, für Eigenschaften und Aspekte, die zu *gevurah* passen. Die Kobra auf dem Bild schaut uns ruhig an. Sie stößt nicht beißend zu. In ihren Augen schimmert das, was Hermann Haindl das „magische Element“ nennt: Magie erreicht uns sogar in den halsabschnürendsten Augenblicken.

7. Die zehn Sephirot – 2. Abschnitt

Fortsetzung unserer Reise auf dem Baum des Lebens

Tiferet

Wir verlassen *gevurah* und reisen zum Mittelpunkt des Baums, in sein Herz hinein, nach *tiferet*, an den Ort der Schönheit. *Tiferet* steht für den Brustraum. Hier geht der göttliche Atem ein und aus. „Atem“ ist, wie wir gesehen haben, in vielen Sprachen die wörtliche Übersetzung der Worte für Seele und Geist. In *tiferet* ist die Lebensenergie des Daseins zu Hause. Mit jedem Atemzug nehmen wir diese Energie von der Welt auf und geben sie wieder zurück. All dies geschieht in *tiferet*. Die Menschen brauchen alle Organe, die sie haben, um zu leben und gesund zu sein. Aber drei Organe sind doch von vorrangiger Bedeutung, wenn das Leben überhaupt weiter gehen soll. Diese drei sind das Gehirn, das Herz und die Lunge. Das Gehirn sitzt in *kether*, im Zentrum des höchsten Dreiecks. Herz und Lunge befinden sich direkt darunter im Brennpunkt des mittleren Dreiecks in *tiferet*.

Weiter oben haben wir *binah* die Herz-Energie genannt, weil *binah* Erkenntnis bedeutet und wir können nichts wirklich verstehen, wenn wir es nicht als eine Erfahrung des Herzens erlebt haben. Wir haben auch schon gesagt, dass das *binah*-Herz in *tiferet* seinen Platz hat. Hier berühren wir die grundlegende Eigenschaft der zentralen Sephira. Sie ist der Treffpunkt des oberen – der göttlichen Energie des Geistes – und des unteren – der physischen Realität. Das Herz ist ein Organ des Leibes. Es pumpt Blut durch unseren Körper. Es sammelt aber auch unsere Gefühle und richtet sie aus. Wenn jemand sehr traurig ist, sprechen wir von einem gebrochenen Herzen. Wer einmal einen schmerzlichen Verlust erlitten hat, wird sich daran erinnern, wie es sich anfühlt, wenn das Herz in der Brust zerbricht. Wenn wir glücklich sind, strömt unser Herz über vor Freude, es scheint, als wolle es platzen. Das Herz ist auch die Ikone der Liebe und sei es nur in der Form einer ganz einfachen Umrisszeichnung.

Alle Sephirot auf der mittleren Achse balancieren die Gewichte der rechten und linken Seite aus. Diese Aufgabe kommt auch *tiferet* zu. Darüber hinaus gleicht *tiferet* aber auch zwischen oben und unten aus. *Tiferet* ist der Kardinalpunkt für alle Eigenschaften, Aspekte und Qualitäten. Wir können uns *tiferet* sogar als ruhig in sich selbst zentrierten Achsenpunkt vorstellen, um den herum sich der Baum dreht. *Tiferet* liegt auf halber Strecke zwischen der reinen und nicht manifestierten (nicht physischen) Energie von *kether* und der manifestierten oder physischen Realität von *malkuth*. Zwischen *malkuth* und *tiferet* liegt *yesod* als Kraft der Imagination, die die Grenzen des Physischen durchbricht und uns die Annäherung an *tiferet* erlaubt. Zwischen *tiferet* und *kether* liegt die unsichtbare Sephira *da'ath*, in der sich das Wissen um den Aufstieg zu der gewaltigen, ungeteilten Ganzheit von *kether* verbirgt. Jeder Schritt fort von *tiferet*, sei es nach links, nach rechts, nach oben oder nach unten, bringt das Gleichgewicht durcheinander. Ruhiges Verweilen an diesem Ort bringt hingegen Frieden und Harmonie. *Tiferet*s Energie ist dynamisch und ruhig zugleich. Und das ist das Geheimnis der Schönheit.

In der Mythologie der jüdischen Kabbala ist *tiferet* der Kleingesichtige, der zu *kether*, zum Langgesichtigen, aufblickt. Diese Titel hängen mit dem ersten bzw. dritten Buchstaben des Vier-Buchstaben-Namens Gottes, *yod-heh-vav-heh*, zusammen. Es gehört zu den faszinierenden Überkreuzbeziehungen in der Kabbala, dass das *vav*, der Kleingesichtige in Wirklichkeit wie eine erweiterte Fassung des Yod, also des Langgesichtigen, geschrieben wird. In einer mystischen Geschichte des großen chassidischen Meisters Nachman von Bratslav übernehmen die zwei Gesichter die Rollen eines Sohnes eines gewöhnlichen Rabbis und eines chassidischen Meisters. Der Sohn träumt davon, sich dem Meister anzuschließen. Der Vater will das aber nicht zugestehen. Solche chassidischen *rebbes* (Gurus) nennt Nachman Scharlatane. Nach dem Tod seines Sohnes muss der Vater erkennen, dass, wenn er ihm nur erlaubt hätte, den Meister von Angesicht zu Angesicht zu treffen, dass dann der Messias erschienen wäre, um unsere lang andauernde Vertreibung aus der Gegenwärtigkeit Gottes zu beenden. Der Sohn ist in dieser Geschichte das Symbol für die Erlösungssehnsucht der Menschheit. Der Meister steht für das Mitgefühl Gottes.

Tiferet ist nach dem metaphorischen Bericht der Bibel der dritte Schöpfungstag. Am dritten Tage schied Gott das Land vom Wasser. Mit anderen Worten ausgedrückt heißt das, dass das, was wir als unsere Wirklichkeit ansehen, zuallererst aus der anbrandenden Energie der in den höheren Sephirot verkörperten Urkräfte hervorgeht.

Nach Charles Poncé macht *tiferet*s vollkommene Harmonie diese Sephira zur Großen Androgynen mit zugleich weiblichen und männlichen Eigenschaften. Primär ist *tiferet* zwar männlich, nach Poncé ist sie jedoch mit den Brüsten einer Frau ausgestattet, um die Welt zu ernähren. Wir könnten an dieser Stelle auch noch einmal daran erinnern, dass einer der in der Bibel für Gott gebräuchlichen Namen, nämlich shaddai, was üblicherweise mit Allmächtiger übersetzt wird, von dem hebräischen Wort für Brüste entlehnt ist.

Mit ihrer charakteristischen Direktheit beschreibt Isabel Kliegman *tiferet* als den Schauplatz des Aufeinandertreffens der „strahlenden Energien" der oberen Sphären mit den „wertvollen Nährstoffen" der Erde. Unser Nährboden ist die physische Wirklichkeit und der Kampf ums Dasein. Niedergehalten und heruntergezogen werden wir von dieser Wirklichkeit nur dann, wenn wir uns von der bedeutungsvollen Verbindung mit der spirituellen Ebene abschneiden. Aus dieser Verbindung geht die Schönheit hervor. dass das stimmt, wissen wir aus der Kunst. Durch die Schönheit der besten Gedichte, Lieder und Gemälde leuchtet noch immer das menschliche Leid hindurch.

In *tiferet* verbinden sich Seele und Körper, Selbst und Ego, erwachte Bewusstheit und Perönlichkeit. *Tiferet* bezeichnet die moralischen Kräfte Gottes, die uns von oben entgegenkommen, und hier auf unser menschliches Ideal von einem guten und gerechten, ethischen Leben treffen. Wir müssen über unsere Menschlichkeit hinauswachsen, um dem Göttlichen zu begegnen. Die Rabbis betrachteten Jakob als die Verkörperung des rechtschaffenen Menschen. *Hokhmah* und *binah* sind Abraham und Sarah. *Chesed* und *gevurah* sind Isaak und Rebekka – die nachfolgende Generation. Deren Sohn nun ist *tiferet*, also Jakob. Von Jakob und seinen beiden Frauen Lea und Rahel – den beiden Aspekten der *shekhinah* – nehmen die zwölf Stämme ihren Ausgang. Sie sind das Symbol für die ganze Menschheit.

Im Buch Genesis erhält Jakob den Namen *isra-el*, wörtlich übersetzt: Gott-Ringkämpfer. Er hatte mit Gott gerungen. Sein Volk trägt seinen Namen – Israel – denn es ist aus seinem Samen hervorgegangen und aus dem Leib seiner Liebsten Rahel. Rahel bedeutet „das Mutterschaf Gottes". Es ist vielleicht auch der Name einer allnährenden Schafsgottheit. Auch wir erfahren eine Transformation, erleben eine Schöpfung, wenn unsere Menschlichkeit mit dem Göttlichen in uns kämpft.

In der Geschichte kämpfen Jakob und das göttliche Wesen die ganze Nacht hindurch, ohne dass einer von beiden obsiegt. Kabbalistisch gesprochen kämpfen sie in *tiferet*, am Ort des Gleichgewichts. Die besondere Bedeutung der Geschichte liegt in der Idee des Kampfes. Es ist kein einfacher Verschmelzungsvorgang, wenn unser normales Bewusstsein mit der göttlichen Energie zusammenkommen will. Wir erstehen und erwachsen neu in der Auseinandersetzung der beiden. Alan Moore gibt dazu folgenden Kommentar: *tiferet* enthält sehr viel Leid und sehr viel Freude. Ohne das Leid wäre der Baum nicht der Himmel sondern Disneyland.

Erinnert sei auch daran, dass Kabbalisten den Baum auch Jakobsleiter nennen – besonders den erweiterten Vier-Welten-Baum, in dem *tiferet* sowohl die Sephira *malkuth* der darüberliegenden Welt enthält als auch die Sephira *kether* der darunterliegenden.

In der modernen Kabbala steht *tiferet* astrologisch gesehen für die Sonne. Ihre strahlende Energie erhält unser Leben. Sie steht im Zentrum der sie umkreisenden Planeten, was erst in der Neuzeit verstanden wurde. Ebenso steht *tiferet* im Zentrum der anderen neun Sephirot. Aus diesem Grund hat die westliche Überlieferung *tiferet* mit den Sonnengöttern aus allen bekannten Mythologien der Welt identifiziert: mit dem ägyptischen Ra und mit dem griechischen Apollon. Beide sind Götter der Vernunft und des Lichts. Die Sonne steht auch für die Vernunft. Im Tageslicht klären sich die Dinge und werden dem Verständnis zugänglich. Hermann Haindl hat in seinem Tarot-Deck Ra als Vater der Schwerter eingesetzt.

Nach Israel Regardie verkörpert *tiferet* auch die Götter der Schönheit. Dieser Gedanke mag einigen abwegig erscheinen. In der modernen Kultur haben wir die Schönheit von der Männlichkeit getrennt. Auf das moderne Auge wirken die alten Götter oft etwas verweichlicht. In ähnlicher Weise erschien uns der Gedanke, dass die Gottheit der Liebe zugleich eine Kriegerin ist, auch fast unnatürlich. Der *sohar* beschreibt die *shekhinah* aber gerade so. Wir glauben stattdessen, dass Männer heldenhaft kämpfen und die Frauen sich für sie schmücken und schön machen oder ihre Babys füttern. Die älteren Kulturen haben für die Mischung dieser Grunderfordernisse des menschlichen Lebens einen größeren Spielraum gelassen. Noch im Tierreich zeigen die mächtigen Männchen zugleich große Schönheit, während die Weibchen bisweilen wild und rasend werden können. *Tiferet* hält solche Dualitäten im Gleichgewicht.

Zu den Göttern der Schönheit gehört der indische Krishna, den Haindl als Sohn der Stäbe für seinen Tarot vereinnahmt hat. Krishna steht für Kunst, für Musik und Sinnlichkeit, und auch für Krieg. Er ist eine Mischung aus *chesed* und *gevurah* an der Stelle von *tiferet*. Andere Götter der Schönheit sind der nordische Baldur, den die ganze Natur verehrte. Keiner würde ihn jemals verletzen, versprach die Natur, nur die kleine Mistel schloss sich nicht an. Weiter Adonis, der von der Gottheit der Liebe, von Venus selbst geliebte. Venus gehörte im System des Ordens der „Goldenen Dämmerung" zu *netzach*, der auf *tiferet* folgenden Sephira. Dann Attis, der Gott der transsexuellen Verehrer der Kybele, der Großen Mutter und schließlich Dionysos, der Gott der Ekstase, der den Wein erfand.

Viele dieser Gottheiten sind in den entsprechenden Mythologien Söhne oder Vertreter einer jüngeren Generation. Die Sonnengötter verkörpern üblicherweise das Vaterprinzip. Das Wortspiel von Sonne und Sohn (englisch: *sun* und *son*) ist dabei ein netter Zufall. Wiederum sehen wir, wie in der *tiferet*-Mischung die Sonnenenergie des Vaters von oben herabkommt und auf die Bewusstseinsenergie des Sohnes trifft, die nach oben hinaufsteigt. Bei *kether* bleibt das göttliche Licht eine Urkraft jenseits der Natur. In *malkuth* herrscht das Physisch-Materielle. In *tiferet* treffen sie im Bild der Sonne aufeinander. Die Sonne ist ein reales Gebilde aus brennendem Wasserstoff und Helium und zugleich ein Symbol für Leben und Wahrheit.

Die Götter der Schönheit sind oft Götter des Opfers und der Wiedergeburt. Sie werden zerstückelt und verstümmelt. Sie sterben und stehen in ewiger Vollkommenheit wieder auf. Sie verkörpern den Jahreslauf der Natur. Diese Verkörperung ist mehr und stärker als eine Symbolisierung. Im Frühling brechen die schönsten Blumen aus dem dunklen Erdboden hervor, aufgeweckt im mütterlichen Leib vom väterlichen Licht der Sonne. Sie wachsen heran, verwelken im Herbst, sterben im Winter und kommen doch wieder. Auch das Sonnenlicht selbst gewinnt und verliert im Jahreslauf an Kraft. *Tiferet* und ihre Götter der Schönheit vereinigen die Kräfte des Todes und des Lebens mit der Wirklichkeit des jahreszeitlichen Naturgeschehens in der Pflanzenwelt.

Für Christen und westliche Kabbalisten ist Christus die Zusammenfassung all dieser sterbenden und wiederauferstehenden Sohnes-Gottheiten. Er ist zugleich Gott und vollkommen menschlich. Die orthodoxe christliche Kirche betrachtet diese Verbindung als ein einzigartiges Ereignis, welches das Fassungsvermögen des normalen Menschen übersteigt. Innerhalb dieser Überlieferungen kann man versuchen, Christus zu imitieren. Man soll es sogar tun, denn Christus ist der ideale Mensch – in gleicher Weise wie es Jakob für die jüdischen Kabbalisten ist. Es würde aber als blasphemisch empfunden werden, wenn jemand vorschlüge, wir sollten selber Christus werden, menschlich und göttlich zugleich. Die Bewertung eines solchen Ansinnens ist jedoch unter Christen umstritten. Esoterisch gesinnte Christen sprechen vom „Christusbewusstsein" und geben damit ihrem Glauben Ausdruck, dass es mindestens Augenblicke gibt, in denen jeder einzelne von uns die göttliche Gegenwart in seinem Leben erwecken kann. Ein Weg zu diesem Ziel ist die Versenkung in den Baum des Lebens und die Entdeckung, dass wir selbst *tiferet* sind.

Christus steht für die Verbindung von oben und unten in einer Person. Nach dem christlichen Glauben verbindet die Kreuzigung die Geschichte mit der Ewigkeit, dabei wird die Kreuzigung als ein einzigartiges Ereignis aufgefasst. Gott habe sich hier ein einziges Mal selbst geopfert, um die Menschheit für alle Zeiten von ihren Sünden zu erlösen. Man vergleiche diese Geschichte einmal mit den heidnischen Versionen, in denen ein wunderschöner Gott im Einklang mit dem Jahreslauf – und ohne jeden Hinweis auf unsere Sünden – stirbt und wiederaufersteht.

Es gibt eine Möglichkeit, die Verbindungslinien zwischen den Sephirot so zu ziehen, dass sie die eben erwähnten Gedanken illustrieren. Dazu gehört auch die Vorstellung, dass *tiferet* sowohl die Urkräfte aus den oberen Bereichen verkörpert als auch die materielle Wirklichkeit am unteren Ende. Wegen der Unsichtbarkeit *da'aths* – oder wegen ihrer Unerschaffenheit, wie Isabel Kliegman es nennen würde – können wir die ersten sechs Sephirot zu einem Kreis zusammenschließen. Die unteren fünf bilden dann von *tiferet* bis *malkuth* ein Kreuz (vgl. Abbildung auf der nächsten Seite).

Als Symbol steht der Kreis für das Göttliche, für das Vollkommene, für die Unendlichkeit und die Ausstrahlung. Echte Kreise weisen nur drei natürliche Phänomene auf: die Sonne, der Vollmond und die Pupille des Auges, jenes Organs, das die himmlischen Kugelkörper zu betrachten vermag. Das Kreuz steht wie das Quadrat für die Erde mit ihren vier Himmelsrichtungen. Wenn von der „Quadratur des Kreises" gesprochen wird, schwingt dabei immer, ob

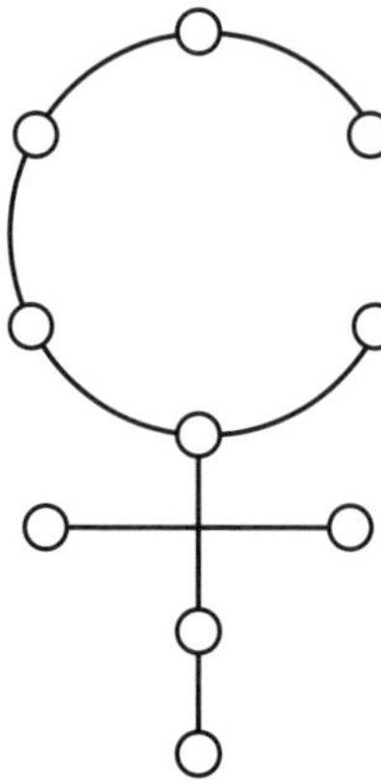

man es weiß oder nicht, ein Hinweis auf das Problem der frühen Mathematik mit, ein Rechteck zu beschreiben, dass exakt denselben Flächeninhalt aufweist wie ein gegebener Kreis. Dies ist in der Tat nicht möglich, weil die Kreisfläche im Gegensatz zu den ohne viele Umstände zu berechnenden Abmessungen des Rechtecks immer mit der irrationalen Zahl *pi* ermittelt werden muss. (Vielleicht erinnern wir uns noch an den Geometrie-Unterricht und die berühmte Formel *pi* x r^2 zur Bestimmung der Kreisfläche, wobei r für die Länge des Radius steht). Die Kreisflächenberechnung kann also im Ergebnis nie eine konkrete Zahl hervorbringen, da auf *pi* nicht verzichtet werden kann, also auf jene „Zahl" zwischen drei und vier, die Alan Moore für *da'ath* vorgeschlagen hat. Leider wird in unseren Schulen die esoterische Seite der Geometrie unterschlagen. Wahrscheinlich würden viel mehr Menschen versuchen, dieses Fachgebiet zu verstehen, wenn sie wüssten, dass es etwas Bedeutungsvolles zu entdecken gibt.

Der Kreis symbolisiert also den Himmel und das Rechteck oder das Kreuz die Erde. Dies sind zwei vollkommen unterschiedliche Bereiche. *Tiferet* gehört aber beiden an. Wenn wir Christus auf das Kreuz legen, kommt sein Haupt auf *tiferet* zu liegen. Seine ausgebreiteten Arme folgen der Linie zwischen *netzach* und *hod*, wobei seine Hände direkt auf die Sephiroth genagelt sind. Seine Geschlechtsorgane befinden sich auf *yesod*. Mit seinen Füßen steht er in *malkuth*. Das Haupt ist im Himmel, die Füße sind auf der Erde.

Die Zeichnung bildet im Ganzen genommen das Zeichen für den Planeten Venus. In der Biologie findet es als Symbol für das Weibliche Verwendung. Hier begegnet uns also ein wirklich sehr elegantes Beispiel für eine Überkreuz-Polarität und ein Hinweis darauf, dass Bäume einst als Verkörperungen von Göttinnen verehrt worden sind.

Diese verschiedenen Symbolsysteme scheinen nicht durchgängig miteinander zu harmonieren. Der Baum enthält einerseits die zweiundzwanzig Buchstaben und Pfade, andrerseits ist er ein Kreis und ein Kreuz. *Tiferet* steht einerseits für Jakob, andrerseits für Christus. Er steht für Gottheiten der Sonnen und für Götter der Schönheit. Als Christus bezeichnet *tiferet* einerseits dessen ganzes Wesen, andrerseits sein Haupt. Das Kreuz gilt als Punkt, an dem die Geschichte und die Ewigkeit sich berühren, aber auch als Symbol für die irdische Wirklichkeit mit ihren vier Himmelsrichtungen.

Wir brauchen uns aber über diese scheinbaren Widersprüche nicht weiter zu beunruhigen. Das Bedürfnis, alles fein säuberlich in ein geschlossenes Übersichtssystem einzusortieren, schränkt unsere visionäre Kraft unnötig ein. Die große Kraft eines Bildes liegt eben darin, viele verschiedene Dinge gleichzeitig zu symbolisieren, wobei jedes für sich genommen seine eigene Wahrheit besitzt. So können wir beispielsweise die Sephirot als eine Welt betrachten oder als eine aus vier Welten zusammengesetzte. Mehrere Bedeutungen für ein Bild zu kennen ist der Anfang heiliger Bewusstwerdung. Wir können es auch als ein Attribut von *tiferet* bezeichnen.

Ein weiteres Doppelsymbol: *tiferet* steht zum einen für das Haupt des Christus, zum anderen aber auch für das Herz von Adam Kadmon, für denjenigen Ort, an dem die göttliche *binah*-Erkenntnis ihren Sitz im Leib findet. Im menschlichen Körper ist das Herz das mittlere Chakra und bildet damit wiederum eine Grenzstelle zwischen oben und unten. Die Chakras unterhalb des Herzens verkörpern (von unten nach oben gezählt) Überlebenskraft, Geschlechtstrieb und das Wissen des Bauchs. Die oberhalb angesiedelten geben uns (von oben nach unten gezählt) Erleuchtung, psychisches Gewahrwerden und Kommunikation. Hier zeichnet sich eine deutliche Zweiteilung ab in die niederen körperlichen Bereiche auf der einen und die mental-geistigen auf der anderen. Beide treffen sich im Herzen – in *tiferet*.

Bei einem derart komplexen Symbolismus wirkt es fast ironisch, dass Hermann Haindl an dieser Stelle eines der einfachsten Bildmotive gewählt hat. In Wirklichkeit passt es aber sehr gut. Es ist auch nicht zu einfach oder gar naiv. Solche Begriffe passen sowieso nicht zu Hermann Haindls Kunst. Der Vogel fliegt uns direkt entgegen, so als wolle er *tiferet* aus dem Bild heraus mitten in unser Leben hinein bringen. Weil diese Sephira den Mittelpunkt so sehr betont – mit dem jeweils gleichen Abstand nach links und nach rechts, nach oben und nach unten – könnte sie unbewegt oder wie gefangen erscheinen, unfähig sich in irgendeine Richtung zu bewegen. Unbewegtheit ist aber ganz bestimmt nicht die Signatur von *tiferet*, die ja in vieler Hinsicht die lebendigste von allen Sephirot ist. In diesem Sinn legt der Vogel gleichsam die Existenz einer dritten Dimension nahe: es geht vorwärts. Der Baum ist nicht mehr schlicht flach und auch nicht mehr unerreichbar.

Mit seinem unglaublich schnellen Flügelschlag und seinem nadelspitzen Schnabel ähnelt der Vogel dem Kolibri, einem Vogel, der oft für heilig erachtet wird, weil er auf so wundersame Weise in der Luft stehen bleiben kann, nur um dann mit großer Geschwindigkeit wie ein göttlicher Bote weiterzufliegen. In Wirklichkeit handelt es sich nicht um einen bestimmten, in der Natur vorkommenden Vogel wie den Schwan oder die Gans, sondern um einen Geist. Und so stoßen wir noch einmal auf die Vorstellung, dass das Geistige in *tiferet* eine leibliche Gestalt annimmt. Wir erinnern auch daran, dass es nach der christlichen Überlieferung eine weiße Taube war, in der der Heilige Geist zu Maria kam.

Für Hermann Haindl ist ein Geistervogel nicht ein mythologisches Wesen, das einer nicht näher bekannten fernen Vergangenheit angehört. Bei ihren, mit indianischen Freunden verbrachten, Aufenthalten in Amerika erlebten Hermann Haindl und seine Frau Erika die handfeste Wirklichkeit solcher Botenvögel. In den Zeremonien und den „visionquest“ genannten Tranceritualen erschienen diese Geschöpfe leibhaftig und konnten von den Teilnehmern sogar berührt werden. Dies ist ein weiterer Weg, auf dem das Bild des „Baums des Lebens“ selbst lebendig wird. Es erinnert uns daran, dass „heilig“ nicht einfach ein Konzept ist, sondern eine Wirklichkeit, die ebenso gegenwärtig ist wie ein Eichenbaum oder ein Kolibri.

Die Flügel des Geistervogels sind fein und sanft. Die Geschwindigkeit, mit der sie auf und abschwirren, lässt uns an das denken, was Spiritualisten höhere Vibrationen nennen, also an Wirklichkeitsebenen, die unseren normalen Sinnen nicht zugänglich sind. Augen und Schnabel schimmern schwarz, während sie in die Tiefe des Mysteriums eindringen.

Unterhalb von *tiferet* sind ebenfalls weiße Vögel zu sehen: der aus *netzach* herüberfliegende Schwan und die weißen Flügelfedern über dem Mund von *hod*. Oberhalb von *tiferet* winden sich die von *chesed* und *gevurah* ausgehenden Schlangenschwänze beinahe wie ein Rahmen um die Sephira. Auf der linken Seite berühren die Geisterflügel sogar den Schwanz der grünen

Schlange. Diese Schlangen und diese Vögel sind ein erneutes Beispiel für Haindls Überkreuz-Polaritäten. Vögel stehen meistens für den Himmel und Schlangen für die Unterwelt. In diesem Gemälde gehen alle Eigenschaften und Qualitäten auseinander hervor und ineinander über.

Obwohl das Licht in *tiferet* gelb scheint wie die Sonne, ist der Kreis doch von Schatten und Abstufungen durchzogen. Im rechten unteren Bereich des Kreises herrscht Dunkelheit. An dieser Stelle geht der Baum in das untere Dreieck über, zunächst nach *netzach*. Das Innere *tiferets* sieht wie ein weicher, alter Stein aus – ein sehr beliebtes Motivelement in Haindls Kunst. *Tiferet* ist die bei weitem am festesten und solidesten wirkende Sephira des Bildes – *malkuth* inbegriffen. Die Mischung von gelbem Licht und Felsgestein macht *tiferet* zu einem wahren Stein der Weisen, dessen magische Kraft die Alchemisten in die Lage versetzte, Blei in Gold zu verwandeln und das ewige Leben zu erlangen. Was könnte besser zu diesem zentralen Punkt des Baums passen, wo sich alle Energien berühren und ins Leben treten?

Netzach

Aus der vollkommenen Ausgewogenheit *tiferets* fließt die Energie nun in die Richtung der Manifestation, dahin, wo wir von der „Realität unserer Welt“ sprechen. *Malkuth* wird die Materie selbst verkörpern. Vorher muss jedoch noch das untere Dreieck durchlaufen werden, das bereits in diese Richtung auf das Physische hinweist. Dieses Dreieck betrifft Eigenschaften und Qualitäten der gewöhnlichen Welt und Möglichkeiten des menschlichen Ausdrucks. Das obere Dreieck hatte uns die großen Urkräfte der höchsten Sphären gezeigt: Erkenntnis, Weisheit und die Krone des reinen Geistes. Jetzt kommen wir zu den menschlichen Eigenschaften des unteren Bereiches: Gefühl, Intellekt und Vorstellungsvermögen.

Der Orden der „Goldenen Dämmerung“ hat *netzach* den Namen „Ewigkeit“ verliehen. Kabbalisten nennen diese Sephira auch „Sieg und Beständigkeit“. Wenn wir uns vorstellen, wie wir den Baum in Aufwärtsrichtung bereisen, ist unser Ausgangspunkt zunächst *malkuth*, die Welt des bewussten Seelenlebens. In *yesod* lernen wir die Lektionen der Einbildungs- und Zeugekraft. In *hod* untersuchen wir das Dasein mithilfe unseres Intellekts. Dann stellen wir uns der Wirklichkeit mit unserem ganzen Gefühl. Nach *tiferet* – zum Tor zu den höheren Bereichen – gelangen wir nur durch diese rückhaltlose Öffnung unserer Gefühle. Der Intellekt setzt immer eine Distanz zwischen uns und die Wirklichkeit. Wir brauchen ihn zwar, um die Funktionsweise der Welt zu begreifen und nicht zuletzt auch zum Verständnis der Komplexität des Baums. Aus diesem Grund ist der Intellekt auch mit *hod* verbunden, mit der linken Säule der Zusammenziehung. Unsere Gefühle verbinden uns ganz unmittelbar mit dem Dasein. Sie öffnen uns, reißen Grenzen nieder. Deshalb finden wir diese Qualität auch auf der rechten Säule der Ausdehnung und des Gewährens. Unsere Gefühle geben uns eine Ahnung von der Ewigkeit.

Ein weiteres Mal bemerken wir die Überkreuz-Polarität. In der westlichen Kultur ordnen wir den Intellekt der männlichen Seite zu und die Gefühle der weiblichen. In Wirklichkeit ist der Planet für *netzach* nach der westlichen Kabbala aber Venus, der der Göttin der Liebe zugehörige Himmelskörper. Im diagonalen Durchgang durch *tiferet* steigen wir auf zu *gevurah*, die die Planetensphäre des Mars beherbergt. Mars wird in seiner Aggressivität oft als das polare Gegenüber zur Venus betrachtet. *Gevurah* liegt aber auf der weiblichen Seite des Baums. Diese ständige, den Baum charakterisierende Überkreuz-Polarität, könnte man auch als eine Art dauernde Selbstbefruchtung betrachten, eine Selbstbefruchtung des Baums und des Kosmos. Wir wollen uns außerdem noch daran erinnern, dass wir in *gevurah* auch die kriegerischen Göttinen entdeckt hatten. Und genauso entdecken wir in *netzach* auch die Götter der Liebe.

Netzach entspricht dem vierten Schöpfungstag. An diesem Tag erschafft Gott die Sonne und den Mond, die das große Licht und das kleine Licht genannt werden. Dadurch sollte eigentlich schon klar sein, dass wir hier über etwas anderes reden als über astrophysikalische Objekte. Das große Licht verweist auf *tiferet*, dessen sonnenhafte Bewusstheit uns einerseits den Blick hinauf nach *kether* ermöglicht, wie es andrerseits auch als Licht über der physischen Welt leuchtet. Das kleine Licht ist *yesod*, dessen mondenes Leuchten die Pfade der Einbildungskraft und die Tore zum Unbewussten öffnet. Auf der senkrechten mittleren Säule liegt *yesod* zwischen *tiferet* und *malkuth*. Das überwältigende Licht aus der Mitte des Baums wird in *yesod* gespiegelt und gefiltert.

Tiferet, netzach, hod und *yesod* bilden auf dem Baum ein Diamantmuster (vgl. Abbildung auf Seite 148). In Erinnerung gerufen sei noch einmal, dass das Bild des Baums als Kreis über einem Kreuz das Zeichen für Frauen und für

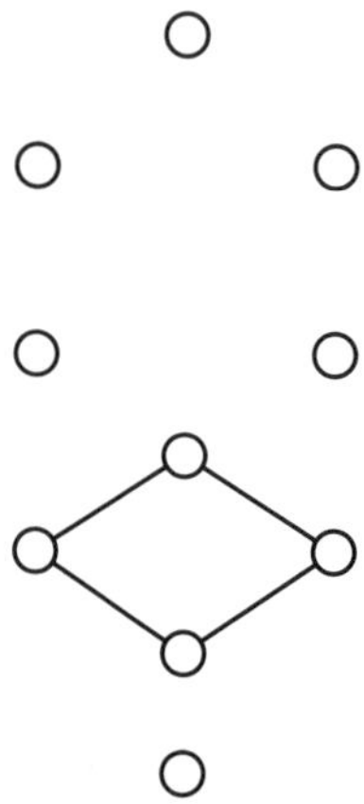

den Planeten Venus ist. In gleicher Weise steht auch das Marszeichen für Männer. Man kann also sagen, dass *netzach*, der Bereich der Liebe, symbolisch gesprochen den gesamten Baum umfasst.

Wir sprachen davon, wie das menschliche Bewusstsein den Baum hinaufreist, über die intellektuellen Konzepte von *hod* hinausgeht und in *netzach* die Gefühle erreicht. In Wirklichkeit handelt es sich jedoch um eine Abwärtsbewegung, da die Energie von *tiferet* über *netzach* nach *hod* hinunterfließt. Tatsächlich wird diese Bewegungsrichtung auch durch die Erfahrung erwiesen, auch wenn wir glauben mögen, das Gegenteil sei der Fall. Mit anderen Worten heißt das: die Gefühle kommen zuerst, auch wenn wir es nicht richtig merken.

Anscheinend schicken wir unsere Reaktionen auf das Leben immer durch einen Filter vorgefasster Ideen. Dies ist eine Verzerrung, die von *hod* herrührt. Wir treffen beispielsweise jemanden aus einer anderen ethnischen Gruppe und haben gleich irgendwelche Vermutungen parat über das, was uns erwartet. Dies ist vielleicht ein Extrem-Beispiel, aber wir können uns auch viele andere ausdenken. Wir nehmen sogar bei der Partnersuche, wo jeder denkt, dass hier gewiss die Gefühle vorherrschen, jede Menge intellektuell gefärbte Einschätzungen vor, ehe wir überhaupt etwas von der betreffenden Person im eigentlichen Sinn wahrnehmen und erfahren. Trotzdem liegt hier eine Illusion vor. Unsere Gefühle kommen in Wirklichkeit bei jedem Erlebnis oder bei jeder Begegnung mit einem anderen Menschen doch zuerst. Der Versuch, Vorurteile oder vorgefasste Meinungen an die Stelle der unmittelbar gefühlten Erfahrung zu setzen, ist nur ein Versuch des Ego, sich vor der unbearbeiteten und unkontrollierten Energie der Gefühle zu schützen. Solche Vorurteile sind auch gar keine Einsichten, sondern stellen schlichtweg eine Verzerrung dar. Der echte Intellekt – *hod* – wertet die emotionale Erfahrung unverändert aus. Er macht keinen Versuch, sich über sie zu erheben.

Netzach ist der Bereich des Wassers. *Gevurah* der des Feuers. Während Feuer auf der linken Seite des Baums alles Unreine verbrennt, um die Essenz zu gewinnen, fließt das Wasser über das Leben hinweg und durch das Leben hindurch. Es umspült und verschlingt alles ohne Unterschied. Wasser ist Liebe, weil Liebe durch alle Gefühle hindurchleuchtet, auch wenn wir von Ärger, Traurigkeit oder Hoffnung sprechen. Liebe fließt überall mit und hindurch. Die Göttin Venus – oder die griechische Aphrodite – verkörpert unser menschliches Verständnis von Liebe, insbesondere das der sexuellen Attraktivität. Einige Mythen lassen die Liebe als etwas vergebliches, selbstsüchtiges oder einfältiges erscheinen. Dazu gehört etwa Homers Schilderung der Liebesaffairen der Aphrodite. Hierbei handelt es sich jedoch nur um Projektionen unseres eigenen Missgeschicks auf die göttliche Bühne. Die sexuelle Energie gehört so grundlegend zu unserem Dasein dazu, dass es uns schwer fällt, ihre ganze Macht zu akzeptieren.

Alan Moore macht darauf aufmerksam, dass Anziehung das ganze Universum zusammenhält. Die Elektrizität wirkt durch die wechselseitige Anziehung von positivem und negativem Pol. Ein Bild, das oft auch zum Vergleich mit der männlichen und weiblichen Energie herangezogen wird. Zwei Kräfte halten die Atome zusammen: eine starke Kraft im Kern und eine schwächere, die die Elektronen in ihrer Umlaufbahn hält. Am anderen Ende der Skala ist es die Schwerkraft, die die Sterne und Planeten auf ihren Bahnen hält. Hier herrscht eine wechselseitige Beeinflussung über unvorstellbare Räume und Abstände hinweg. Wir haben uns angewöhnt, diese Kräfte als gesetzmäßig, kalt und gefühllos zu betrachten. Aber warum sollten wir eigentlich annehmen, dass die Welt ganz ohne Eros und Leidenschaft zusammenhält, wenn diese Kräfte doch so mächtig in uns selber wirken? Wenn „wie oben, so unten" gilt, warum sollen wir dann den Kosmos als geschlechtslos ansehen? Man sollte hierüber ruhig mal nachdenken und darauf achten, wie eine solche Sichtweise die ganze Lebenseinstellung zu verändern vermag – von den Erinnerungen an den Naturkundeunterricht in der Schule wollen wir hier lieber schweigen.

Auf dem Haindl-Bild fliegt ein Schwan von *netzach* hinüber zu den intellektuellen Gefilden von *hod*. Sein Hals ist lang ausgestreckt. Kopf und Schnabel kreuzen bereits die mittlere Säule. Der rechte Flügel erhebt sich nach *chesed* hinein. Wegen seiner wilden Schönheit war der Schwan das heilige Tier der Göttin der Liebe. Schwäne zogen Aphrodites Triumphwagen über den Himmel. Für Haindl sind die Schwäne ein Zeichen für die Magie der Natur: Wie sonst könnten so wunderschöne Geschöpfe in einer doch so rauhen Welt leben? Haindl malt den Schwan in einer geraden Linie, der rechte Flügel weist nach oben, während der linke fast den Körper verdeckt. Nichts an diesem Vogel weist nach unten. Seine Vollkommenheit hat ihn von der Erde befreit. Er lässt uns an die Ewigkeit denken, die von dieser Sephira verkörpert wird. Einzelne Schwäne mögen geboren werden, aufwachsen und sterben. Die Anmut des Schwans wird jedoch ewig fortleben. Das Grün der Sephira unterstreicht dieses Ewigkeitsmoment. Es ist die Farbe, die wir mit der Erneuerung der Pflanzenwelt im Jahreslauf verbinden.

Unterhalb der Sephira sehen wir das Fundament der rechten Säule der Gnade. Altes Gestein mischt sich mit verschiedenen Tierköpfen und Augen, alles geht ineinander über. In dem dunklen Bereich rechts von der Säule können wir ein schattenhaftes Gesicht mit einem Edelstein an der Stelle des dritten Auges ausmachen. Auf der linken Seite des Säulengrunds – eingekeilt zwischen der Säule selbst und dem Nacken des Lamms von *malkuth* – taucht ein pockennarbiger, alter Stein auf, der einem Tierschädel ähnelt. Alle diese ineinanderfließenden Geschöpfe und Gesteine machen Hermann Haindls großes Thema und Anliegen deutlich: die Transformations- und Verschmelzungsprozesse im ewigen Kreislauf der Natur. Im Angesicht der Ewigkeit erkennen wir, dass Gottes an Adam gerichtetes Wort: „Staub bist du und zu Staub sollst du wieder werden“ keine Verdammung bedeutet, sondern eine einfache Wahrheit ausspricht. Wir kommen aus der Natur, wir kehren zu ihr zurück – aus unseren Körpern wird etwas anderes hervorkommen.

Hod

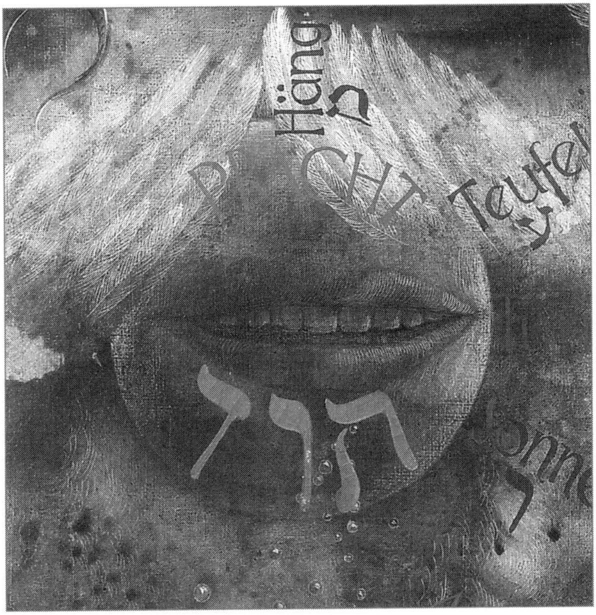

Auf der anderen Seite des Baums finden wir *hod*, die unterste Sephira der Säule des Urteils. *hod* ist die Sephira des Intellekts und wird auf Haindls Baum mit Pracht übersetzt. Es ist tatsächlich die Instanz, die Urteile fällt. Ohne *hods* Beschränkungen der unendlichen Liebe *netzachs* würden wir auf dem Meer der Gefühle schwer ins Schlingern geraten. Die Dichterin Sappho war eine der größten Anhängerinnen der Aphrodite und schrieb über die Leidenschaft der Göttin, dass sie uns wie ein Blatt im Sturm hinwegwirbeln könne. Dennoch bediente sich Sappho des bedeutungsvollsten Attributs von *hod*, der Sprache, um ihre Liebeserfahrungen in Worte zu fassen. Ohne *hods* Intellekt wäre es Sappho nie gelungen, einen Schritt hinter ihre Leidenschaften zurückzutreten, um mit solch tiefen Gefühlen aufgeladene Gedichte zu schreiben, die zudem noch so voller Eleganz sind, dass sie seit Tausenden von Jahren ihre Leser inspirieren.

Isaebel Kliegman beschreibt *hod* als den logisch denkenden Verstand, der die tendenziell überschwemmenden Gefühle *netzachs* im Gleichgewicht hält. Ein Grund, warum wir diese Sephira Pracht nennen, liegt darin, dass der

Verstand die Pracht des Menschengeschlechts ist. Der Verstand erst ermöglicht es uns, in einer Welt voller Gefahren und Schwierigkeiten zu überleben und zu gedeihen. Wenn wir in diese Richtung aber zu weit voranschreiten, wenn wir uns vollständig von der Logik beherrschen lassen, laufen wir Gefahr, dass sich unser Leben in eine ausgetrocknete Wüste – ohne Gefühle – verwandelt. Wenn es erst soweit gekommen ist, verfallen wir der Illusion des Skeptizismus oder einem sterilen Scharfsinn, der die Wunder des Lebens verneint.

Hod steht aber noch für weitaus mehr als für die Logik. Ebenso wie den Verstand verbinden wir *hod* mit Erfindungsgeist, Intelligenz und der Fähigkeit, in allem Erleben mit seinen Verwicklungen einen Sinn zu finden. *Hod* ist der fünfte Tag der Schöpfung, an dem die ganze Fülle der kreatürlichen Welt das Licht des Tages erblickt. In dieser beinahe unvorstellbaren wucherungsartigen Verbreitung der Arten über die ganze Welt kann nur der Intellekt eine Ordnung finden und zum Verständnis beitragen.

Wir finden *hod* auf der linken Seite, weil es die Energie von *netzach* aufnimmt. *Hod* ist aber ebensowenig ausschließlich passiv, wie eine Frau, die den Samen des Mannes in sich aufnimmt und in ihrem Leib ein Kind nährt. Die Pracht *hods* besteht darin, dass diese Sephira der spirituellen Ewigkeitsflut von *netzach* eine Form zu geben vermag, eine Struktur und eine Bedeutung.

Für die westliche Kabbala ist dies der Bereich des Planeten und Gottes Merkur. Merkur ist der der Sonne am nächsten liegende Planet mit der kürzesten Umlaufbahn und der größten Bewegungsgeschwindigkeit. Er besitzt die Eigenschaft der Schnelligkeit. Man denke an die Darstellung des Gottes Merkur mit dem beflügelten Helm. Merkur ist ein männlicher Gott und üblicherweise verbinden wir die Verstandestätigkeiten mit dem männlichen Geschlecht. Auch hier weist der Baum die nun schon vertraute Umkehrung auf. Aphrodite befindet sich auf der männlichen Säule und Merkur auf der weiblichen. Die Griechen nannten den Gott des Verstandes Hermes. Es ist derselbe Name wie in Hermes Trismegistos, den wir als Autor der Smaragd-Tafel kennengelernt haben. Wenn wir Hermes und Aphrodite, die männlichen und die weiblichen Kräfte – *netzach* und *hod* – miteinander kombinieren, erhalten wir das Wort „Hermaphrodit". Damit wird eine Person bezeichnet, die über die reproduktiven Organe beider Geschlechter verfügt. Man vergleiche hierzu auch die Bezeichnung der Sephira *tiferet* als die „Große Androgyne".

Wenn der Verstand die Pracht des Menschengeschlechts ist, dann ist die Sprache der kostbarste Edelstein in dieser Krone. Die Sprache erlaubt uns, unsere Gedanken von Mensch zu Mensch mitzuteilen. Dieser Austausch kann durch die Schrift und durch mündliche Überlieferung auch über die Generationen hinweg erfolgen. So ist auch die Schrift ein Attribut von Merkur. Der ägyptische Hermes mit dem Namen Thoth gilt als der Erfinder der Schrift. Er wird üblicherweise mit einem Papyrusblatt in der Hand und schreibend dargestellt. Der nordische Gott Odin, den die Deutschen „Wotan" nennen, brachte den Menschen die Runen, ein magisches Alphabet. Wotan hat seinen Namen auch für den englischen Mittwoch gegeben, für den „wednesday", der dem Planeten Merkur gewidmet ist.

Die Runen sind nicht wegen ihres besonderen Ursprungs Werkzeuge der Magie, obwohl sie aus einem dunklen Brunnen am Grund der Weltesche *yggdrasil*, des nordischen Baums des Lebens, hervorgehen. Alle Alphabete sind Werkzeuge der Magie. Das *sefer yetsirah* beschreibt, wie Gott die Welt mithilfe der Macht der Buchstaben erschaffen hat. Für den Kabbalisten existierte das Alphabeth deshalb auch vor der Welt. Die Buchstaben schlossen sich zur Torah zusammen und bildeten so den Bauplan der Schöpfung, den die Juden als einen „mit schwarzem Feuer auf weißes Feuer" geschriebenen betrachten.

Die hebräischen Buchstaben bilden die Pfade, die die Sephirot miteinander verbinden. Erstmals hat Moses Cordovero diese Verbindungen so gezogen. Diese Pfade sind die eigentlichen Sprossen der Jakobsleiter. Weil es zweiundzwanzig davon gibt, erhalten wir eine Fülle von Bewegungsmöglichkeiten auf dem Baum, die über die Bewegungsrichtung des blitzhaften Energieflusses von Sephira zu Sephira hinausgehen. Allein von *tiferet* aus kann man zu jeder anderen Sephira außer *malkuth* – hier liegt noch *yesod* dazwischen – direkt hinreisen. In der westlichen Kabbala ist den Bildern der Tarot-Trümpfe die Bedeutung verliehen worden, diese Pfade zu symbolisieren. Dies gilt allerdings nicht für die jüdische Kabbala. Die zweiundzwanzig auch die „Großen Arkana" genannten Trumpfkarten erlauben es uns, die Pfade mithilfe visueller Symbole zu verfolgen. So wird jede Tarotkarte ein tiefgründiger unerschöpflicher Brunnen, in dem sich unser Leben spiegelt und in dem wir immer wieder etwas neues entdecken.

Uranfänglich ist die Sprache. In den Überlieferungen Israels, Indiens und Ägyptens ruft die Urgottheit, das ewige göttliche Wesen, die Welt mit ihren Worten buchstäblich ins Leben. Im Buch Genesis besteht der erste Schöpfungsakt in dem Ausspruch: „Es werde Licht".

Auch für den Menschen ist die Sprache ein schöpferisches Werkzeug. Unsere Worte dienen nicht nur einfach der Aufzeichnung von Beobachtungen und Gefühlen. Sprache ordnet das Chaos des Daseins. Sie lässt uns den Zusammenhang der Dinge verstehen und erlaubt uns, uns darüber auszutauschen. Sprache ruft Dinge ins Leben, ist selber lebendig und anregend. Wer gern liest, weiß, dass die Sprache unsere Gefühlswelt verändern kann, dass wir Überraschungen erleben und in Begeisterung ausbrechen. Obwohl die letztendliche mystische Erfahrung jenseits aller Worte liegt, kann uns die Sprache doch dabei helfen, ein Gefühl dafür zu entwickeln, was dem Reisenden begegnet, der über sein Selbst hinaus dem Göttlichen entgegengeht. Lao-Tse schrieb, „der Weise redet nicht, wer redet, ist kein Weiser" – und trotzdem ist diese Aussage nur mit Worten möglich geworden.

Einige Kabbalisten bezeichnen *hod* als den „Lichtglanz". Alan Moore schreibt: „Die Sprache gibt dem Lichtglanz des Intellekts eine Form" (*Promethea*, Ausgabe 15). Weil er uns eine Geschichte erzählt, einen Comic, in dem die Heldin Promethea den Baum bereist, lässt Moore Merkur auftreten und sprechen. An einer Stelle wendet sich Merkur dem Leser direkt zu und erklärt, dass die Götter manchmal in den Geschichten wohnen, die wir über sie erzählen. Götter – so erklärt es uns der Gott Merkur – sind abtrakte Wesenheiten, die sich in das Gewand der Sprache gekleidet, in ein Bild und in eine Geschichte hineinbegeben haben.

Unsere Gedanken treiben hin und her, fließen durcheinander und nehmen immer wieder andere Formen an – wie Quecksilber (englisch: mercury). Wer einmal versucht hat zu meditieren, weiß, dass unsere Gedanken zwar schwer zu fassen, aber doch zur gleichen Zeit sehr beharrlich sind. Wir können die herrlichsten Gedankengebäude errichten, die allerdings so unwirklich bleiben wie die unsichtbare Luft. Wie der aufmerksame Verstand, so herrscht auch Merkur über verschiedene Eigenschaftsfelder: über Klugheit und Scharfsinn, über die Wissenschaft und den Erfindungsgeist, aber auch über Betrug und Schwindel. Merkur kann sich genau wie die Gedanken zwischen den Welten hin und herbewegen, von der hohen Sphäre der Götter über den Lebensraum der Menschen bis zur dunklen Behausung des Todes. Merkur ist der Götterbote. Und diese Bezeichnung könnten wir auch der achtsamen Aufmerksamkeit des Verstandes geben. Der Verstand stellt die Gedanken zusammen und sendet sie nach „oben", wie die jüdische Kabbala sagt. Im Gegenzug erhält er von dort „intimations of immortality" – Ankündigungen der Unsterblichkeit – wie es der englische Dichter Wordsworth genannt hat.

Israel Regardie nennt *hod* die „niedere Ebene" von *hokhmah*. Zu beachten ist hierbei der Wechsel auf die linke Baumseite. *Hods* Orange ist eine Mischung aus *gevurahs* Rot und *tiferets* Gelb. Auf Hermann Haindls Bild erkennen wir in *hod* einen teilweise geöffneten Mund mit der Andeutung eines Lächelns. Vielleicht spricht er gerade oder er hat gerade etwas gesagt. Wir können die Bewegung des Sprechens ausmachen. Die Worte sehen können wir aber nicht. Wir können uns ihre Botschaft nur vorstellen.

Über dem Mund ist ein Paar weißer Flügel zu sehen. Es scheint ein Gesicht zu verdecken. Ob es zu einem Vogel gehört, wissen wir nicht. In einem Gespräch über diese Sephira legte Hermann Haindl nahe, dass es vielleicht zu der großen archaischen Göttin gehört, deren Name längst vergessen ist, deren heiliger Vogel aber immer noch erinnert wird. *Tiferet*, *netzach* und *hod* bilden ein Dreieck aus weißen Flügeln. Dieses Dreieck weist nach oben hin zum weißen Licht von *kether*, zur Sephira die nun ein ganzes Stück weit entfernt auf der anderen Seite des Abgrunds liegt. Wir können uns vorstellen, dass diese Vögel den Abgrund überwinden, den wir als normale Sterbliche nicht zu überqueren vermögen. Die körperlosen Flügel über dem Mund symbolisieren außerdem noch die Art und Weise, wie sich unsere Worte bewegen, wenn sie den Mund verlassen haben.

Aus dem Mund fallen Blasen heraus. Vielleicht steigen sie auch aus dem Meer am Grunde des Bildes auf. Unterhalb des Kreises scheint sich die Luft zu Gestein zu verdichten. Dieses Gestein ist wieder sehr alt und narbig. Zuerst nimmt es die Form eines breiten Fusses oder Tierhufs an. Darunter erhebt sich eine auf dem Rücken liegende Frau aus dem Wasser und wendet uns ihr Gesicht zu. Es ist die Urgöttin der Großen Wasser, die schon der Steinzeit als eine alte Göttin galt. Auf ihr ruht die weibliche Säule des Baums.

Yesod

Wir bewegen uns jetzt weiter zum Scheitelpunkt des letzten Dreiecks zu *yesod* hin, zur Sephira des Fundaments. Dies – und nicht *malkuth* – ist der Wurzelgrund des Baums. *Malkuth* empfängt den Baum. *Malkuth* ist der Ort, an dem alles zur Ruhe kommt, der siebente Schöpfungstag, an dem Gott die Arbeit für abgeschlossen erklärt. *Yesod* ist der sechste Tag, der für eine ganz besondere Aktion reserviert ist: für die Erschaffung des Menschen. „... zum Bilde Gottes schuf er ihn und schuf sie als Mann und Weib". *Kether* umfasste an der Spitze des Baums alle Eigenschaften und Qualitäten. *Tiferet* stellte zwischen ihnen ein Gleichgewicht her.

Yesod fällt am Fundament nun die Aufgabe zu, die männliche und die weibliche Säule in ihrer jeweiligen Vielfalt wieder zusammenzuführen. *Yesod* ist die Einbildungskraft der Phantasie und der Mythos und das Unbewusste. In diesen Gefilden mischen sich das weibliche und das männliche tatsächlich miteinander. Vielleicht können wir sogar sagen, dass sie sich miteinander vereinigen; denn im Bereich des Unbewussten sind wir alle „göttliche Hermaphroditen".

Das Vorstellungsvermögen ist das Attribut von *yesod*. Die Schöpfung des Menschen ist vielleicht die größte Tat der göttlichen Einbildungskraft. Als Menschen leben wir mit unseren Bedürfnissen und unserer Verletzlichkeit, mit unseren Freuden und unserem Hunger ganz und gar in der physischen Welt. Gleichzeitig wachsen unsere Seelen in ihrer Wahrnehmung der das ganze Universum erfüllenden Liebe Gottes darüberhinaus. Nach der jüdischen und der christlichen Lehre haben die Menschen den Engeln sogar voraus, dass sie in beiden Sphären – der spirituellen und der physischen – zu Hause sind. Der christliche Mythos erzählt, dass Luzifer, der Träger des Lichts, sich gegen Gott erhob, als er sich vor Adam beugen sollte.

Wir haben verschiedentlich betont, dass der biblische Bericht über die sechs Schöpfungstage keinesfalls wörtlich zu verstehen ist. Das kabbalistische Denken bedient sich der metaphorischen Anschauungsweise, um sich dem göttlichen Wissen anzunähern. *Peshat*, das Buchstäbliche und Wörtliche – der erste Buchstabe vom PaRaDieS – soll unsere Erkenntnis nicht beherrschen sondern ihr die Tür zu den drei folgenden Verständnisebenen öffnen. Die Aussagen der Bibel wörtlich zu nehmen, bedeutet, sich mit der Enge *malkuths* zu bescheiden, mit der beschränkten physischen Realität und auf die Einbildungskraft, auf *yesod* und alles, was noch danach kommt, zu verzichten.

Dies ist der Fehler, den Adam gemacht hat, als er *malkuth* für das Ganze des Daseins nahm. Dabei ist die Geschichte von Adam selbst wieder eine Metapher und keineswegs eine historische Tatsache. Es gibt in der Kabbala eine Reihe von Aufgaben, vieles muß untersucht und sogar auswendig gelernt werden. Es macht aber keinen Sinn, dieses Wissen auf derselben Ebene anzusiedeln wie beispielsweise unsere Kenntnise über den Ablauf der Geschichte des römischen Altertums. Wir müssen das Studium der Kabbala auf demselben Weg angehen, wie wir uns dem Baum nähern: durch das Tor des Fundaments, durch die Einbildungskraft und das Vorstellungsvermögen. Wir müssen die Kabbala nicht wie ein Verzeichnis von Tatsachen betrachten, sondern als Offenbarungen einer, wie man es vielleicht nennen könnte, heiligen Phantasie. Als Forscher sollten wir, wie es Nor Hall, das Urbild eines Psychologen, gesagt hat, einfallsreich und schöpferisch sein.

Einbildungskraft meint hier nicht das ungezügelte freie Spiel der Phantasie. Als Fundament ist *yesod* der Platz der Wahrheit. Der *sohar* ermahnt uns, dass alles an seinen Anfang, zum Fundament, zurückkehren muss. Alles, was wir glauben, der Wirklichkeit zurechnen zu müssen, hat seinen Ursprung doch im Spirituellen – und *yesod* ist der Platz der Rückkehr. Henri Corbin, der

Philosph und Historiograph der Sufi-Überlieferungen, hat im Englischen den Begriff „imaginal“ geprägt, um einen Gegenbegriff zu „imaginary“ zu schaffen. Letzterer gilt ihm als Bezeichnung der Dinge, die gar keine Beziehung zur Wirklichkeit haben; „imaginal“ soll sich hingegen auf die Erkenntnis jener Wahrheit beziehen, die wie eine Offenbarung durch die Wirklichkeit hindurchscheint.

Okkulte Schriftsteller – wie besonders Eliphas Lévi und Mme. Blavatsky – gebrauchen den Ausdruck „Astralebene“ für den geschilderten Zusammenhang. Die Astralebene ist ein Ort der Wirklichkeit. Sie ist genauso wirklich, wie der Raum, in dem der Leser jetzt sitzt und liest. Es gibt Menschen, die dorthin gehen und sich dort treffen. Diese Astralebene ist *yesod*, das Eingangstor zu den höheren Welten.

Wenn dies etwas schwer verständlich erscheint, denke man einfach einmal an das vorliegende Buch. Woraus besteht es eigentlich? Aus Papier (aus Holzbrei gemacht) und Tinte? Das ist die Existenzebene des Buches, die man die physische nennen kann. Aber wo befinden sich die Gedanken? Existieren sie in meinem Kopf, oder bringe ich sie irgendwie hervor? Existieren sie vielleicht im Kopf des Lesers? Oder in der Anordnung der Buchstaben? Was geschieht, wenn das Buch verloren geht? Sind dann auch die Ideen und Gedanken verschwunden? Oder existieren sie in irgendeiner Form aus sich selbst heraus, unabhängig von Leser und Autor? Israel Regardie bezeichnet *yesod* als „anima mundi“ (lateinisch für „Weltseele“). Er gebraucht aber auch den Jung‘schen Ausdruck des „kollektiven Unbewussten“.

Yesod ist der Ort des Mondes. Dieser Himmelskörper ist der der Erde – *malkuth* – am nächsten gelegene. Im Mittelalter und in der Renaissance bezeichnete man die alltägliche irdische Wirklichkeit als „sub-lunar“, als unter dem Einfluss des Mondes gelegen. Mit dem Mond war schließlich diejenige Sphäre bezeichnet, die die Erde als nächste und erste umgab und die deshalb auch das Tor zu den höheren Welten war. Indem der Mond das Licht der Sonne reflektiert, symbolisiert er die Fähigkeit der Einbildungskraft, das Licht der spirituellen Wahrheit widerzuspiegeln.

Der Mond ist der Herrscher über alle Zyklen. Er lenkt die Gezeiten und geht selbst allmonatlich durch die Phasen Geburt, Wachstum, Alter, Tod und Wiedergeburt. Der Name Monat bezieht sich ursprünglich ja auch auf eben diesen Mondzyklus. Der Menstruationszyklus der Frau hat denselben Rhythmus wie der Mond. Bei anderen Säugetieren ist das durchaus nicht der Fall. Deshalb liegt hier auch eine Art Schlüsselbeweis dafür vor, dass wir zwar auf der Erde leben aber eben auch im Himmel. Wir können also durch das Hineinschwingen in das zyklische Auf und Ab ein Gefühl für höhere Werte entwickeln. Dabei geht es nicht nur um den Menstruationszyklus oder die Gezeiten, sondern auch um die weniger offensichtllichen Rhythmen, die unser Leben begleiten und bestimmen. In Zyklen erahnen wir die Ewigkeit.

Das geheimnisvolle Licht des Mondes weckt die Kräfte des Unbewussten. Es beleuchtet und belebt die verborgenen Querverbindungen und das instinktive Erfassen der Tiefenbotschaften. Wir verstehen, dass wir etwas größerem angehören als unserem kleinen engen Leben – auch wenn wir es nicht erklären können. Und weil wir diese Botschaften nicht mit dem Verstand erklären können, geben wir ihnen in Mythen und Träumen Ausdruck. Mythen könnte man übrigens auch als kollektive Träume beschreiben. Der Weg zu einem „höheren" Bewusstsein führt jedenfalls durch das Unbewusste hindurch. Wenn wir das Unbewusste irgendwie unterhalb oder innerhalb des Normalbewusstseins ansiedeln, dann müssen wir also, um aufzusteigen, erst einmal hinuntersteigen. Dies bestätigt auch die alte Wahrheit der *merkavah* oder der Himmelswagenmystik, die vom Aufstieg zu den *hekaloth*, zu den sieben himmlischen Palästen, als vom „Hinuntersteigen" der *merkavah* sprach.

Alan Moore sagt, dass wir diese Sephira *yesod* oder Fundament nennen, weil unsere Spiritualität in unserer Einbildungskraft gründet. Aber es geht nicht nur um unsere Spiritualität. Ohne unser Vorstellungsvermögen müssten wir uns auf eine schreckliche Weise mit dem begnügen, was uns der enge, gerade vor uns liegende „Bildauschnitt" zeigt. Geschäftsleute könnten keine Unternehmungen planen, niemand könnte sich verlieben, Eltern könnten sich keine Hoffnungen für das Leben ihrer Kinder machen. Die Einbildungskraft ist das Fundament von allem und jedem.

Bei der Betrachtung des Haindl-Bildes haben wir mit dem Motiv eines Stierkopfes begonnen. Er blickt nach rechts und nach unten und das ist für Hermann Haindl die Seite des Bewusstseins. In *yesod* sehen wir das Lamm, wie es nach oben und nach links schaut, hin zur Seite des Unbewussten. Es scheint nach *binah* hinzublicken, zur erhabenen Mutter. Günther Cherubini kommentiert diese Szene und sagt, dass *yesod* die letzte individuelle Sephira ist. *Malkuth* führt bereits alle Einflüsse zusammen. Und so ist es ihm eine große Freude, das Lamm nach oben schauen zu sehen, weil es alles zusammenführt. Der Nacken des Tieres verschwindet dabei in den tiefen Wassern am Grunde des Baums.

Wegen seiner Sanftmut symbolisiert das Lamm das Göttliche, besonders das göttliche Kind. Christus ist das Lamm Gottes. Christen vergleichen ihn mit dem Opferlamm, mit dessen Blut die Israeliten ihre Türpfosten eingestrichen haben, um sich vor der zehnten Plage, vor dem Tod, zu schützen. Durch *yesod* wird unsere tierische Natur zum Göttlichen hin verwandelt. Vielleicht opfern wir etwas von uns selbst, geben etwas auf, um nach oben schauen zu können. Das Opfer gehört ohne Zweifel zu den großen Themen, die den Mythen und Ritualen aller Religionen der Welt gemeinsam sind. Wir können es nicht wirklich vollziehen, nichts wirklich loslassen oder uns erheben, wenn wir uns nicht eine Wirklichkeit jenseits unserer materiellen Existenz vorstellen können.

Malkuth

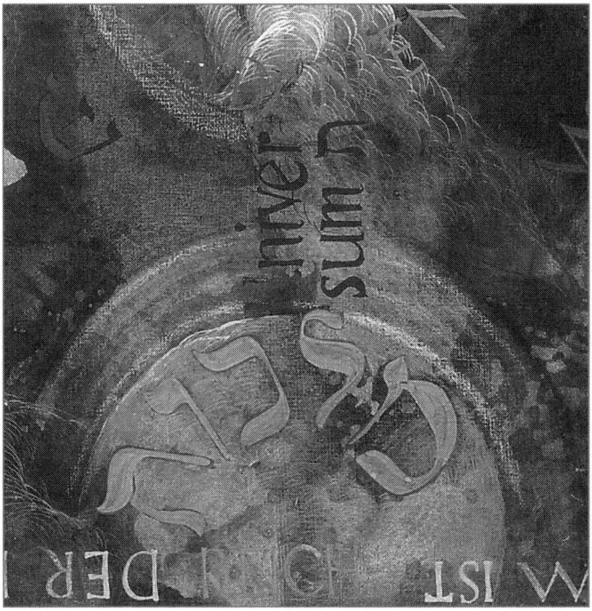

Schließlich gelangen wir an das Ende, an jenen Ort, den wir als die "irdische Wirklichkeit" bezeichnen. Ist die Weltlichkeit dieser Erde nun etwas Geistloses, wenn wir sie mit den Herrlichkeiten der oberen Sphären vergleichen? Keineswegs! Es ist zwar richtig, dass wir die ganze Zeit in *malkuth* leben, wir müssen aber trotzdem zunächst erst einmal nach *malkuth* eintreten und damit gewinnen wir auch zugleich ein Bewusstsein dafür, dass *malkuth* nur einen Teil des großen Geheimnisses des Baumes ausmacht. *Malkuth* ist das Mysterium des Physischen, ist die Welt als spirituelles Wunder. Als Adam *malkuth* fälschlicherweise für das Ganze der Schöpfung nahm, geschah dies nicht, weil *malkuth* so langweilig war, sondern weil er die Erde so schön und so einladend fand.

Der *sohar* erzählt, dass die *shekhinah* in *malkuth* lebt; ja, dass sie eigentlich *malkuth* ist. Die *shekhinah* ist nicht einfach der weibliche Aspekt Gottes in einem schön austarierten Schaubild mit männlichen und weiblichen Eigenschaften. Sie ist die Geliebte Gottes, die Erde, wie sie vom Schöpfer geliebt wird. Und da wir selber *malkuth* bewohnen, haben wir an dieser nie endenden Liebe unseren Anteil.

In der Geschlechterverteilung auf dem Baum sind die Sephirot zwei bis acht jeweils sowohl männlich als auch weiblich, da sie Energie von den über ihnen liegenden Sephirot aufnehmen und an die nach ihnen folgenden weitergeben. *Kether* ist hingegen vollständig männlich. Über *kether* kommt gar nichts mehr, nur das *en sof. Malkuth* ist ganz und gar weiblich, weil sie von allen Sephirot empfängt. Dabei ist sie keinesfalls nur passiv. *Malkuth/shekhinah* ist eine weibliche Energie voller Leben und Spannung.

Alle Sephirot über *malkuth* sind Träger ewiger Wahrheiten. In *malkuth* kommt die Zeit erst richtig zum Tragen; in *gevurah* war dagegen das Prinzip „Zeit" angesprochen worden. In *malkuth* wachsen die Dinge. Hier verändern sie sich und sterben. Neue Dinge entstehen, die es niemals zuvor gegeben hatte und die es ohne die Zeit als den Vorhangöffner für die Bühne der Möglichkeiten nie gegeben haben würde. In *yesod* haben wir Zyklen kennengelernt. Wir haben die Zeit als einen Kreis betrachtet. Die Zyklen von *yesod* kannten zwar Ebbe und Flut, unter dem Strich veränderte sich jedoch nichts. Wandel und Veränderung gibt es nur in *malkuth. Malkuth* ist der Schauplatz der Evolution. Vom kabbalistischen Standpunkt aus erscheint die Debatte zwischen der Naturwissenschaft und der Religion, zwischen der Bibel und der Evolutionslehre, verfehlt. Der Schöpfer hat diese Welt ja genau als eine zur Evolution berufene geschaffen. In der zeitlichen Erstreckung dieses Geschehens vom Urknall bis zu diesem Augenblick können wir die lebendige Gegenwart Gottes erfahren. Dies ist auch die ursprüngliche Bedeutung der *shekhinah.*

Wenn wir *malkuth* nun so stark mit Zeit und Wandel in Verbindung bringen, erscheint es einigermaßen widersprüchlich zu sein, dass *malkuth* der siebente Schöpfungstag ist, jener Tag, an dem das Schöpfungsprojekt zu Ende ging und an dem Gott ausruhte. Das Paradox ist jedoch das Lebenselexier der Kabbala. Man denke nur an die zahlreichen Überkreuz-Polaritäten. Auch in *malkuth* zeigt sich alles von zwei Seiten. Was könnte denn eigentlich paradoxer sein, als die Entfaltung und Offenbarung der Ewigkeit in den alltäglichen Nöten und Erfüllungen der irdischen Wirklichkeit? Und ist es nicht ziemlich schwer zu verstehen, dass das *en sof* den Baum wie einen Blitz in einem Augenblick gebar – und nicht an sechs aufeinanderfolgenden Vierundzwanzig-Stunden-Folgen – während wir für die Entwicklung des Universums von mehreren Milliarden Jahren ausgehen?

Wir werden den Gedanken der Ruhe des Schöpfers besser verstehen, wenn wir uns darüber klar geworden sind, was wir unter Ruhe verstehen. Klar ist, dass Gott sich nicht einfach zurückgelehnt hat – mit den Füßen auf irgendeinem kosmischen Tisch – um ein „Bin ich froh, dass das geschafft ist!" zum Besten zu geben. Was soll es denn nun also bedeuten, dass Gott oder die Göttin „am siebenten Tage von allen seinen Werken" ruhte? (1. Mose 2:2). Sollen wir es vielleicht genauso machen? Für den Schöpfer bedeutet es, dass die Erschaffung des Kosmos mit all seinen Kräften und Energien, seiner Schönheit und Ausgewogenheit den Punkt der Vollkommenheit erreicht hat. Dies ist kein statischer Moment, nichts starres, weil diese Vollkommenheit eben die Evolution des Daseins in der Zeit mit einschließt. Im Gegenteil! Der Baum des Lebens ist erfüllt von lebendiger Harmonie – genau wie Hermann Haindls Bild.

Die Vorstellung des ausruhenden Gottes erlaubt es uns auch, einmal die alltäglichen Abläufe unseres Lebens hinter uns zu lassen. Viele Menschen glauben, dass der Sabbath das eigentliche Geschenk der jüdischen Religion an die Welt ist, nicht die Kabbala mit all ihren Offenbarungen und nicht einmal die Torah. In jeder Woche gibt es einmal einen Tag, der anders ist. Wir dürfen uns ausruhen und uns regenerieren, aber das ist nicht alles. Wir sollen an diesem Tag auf eine besondere – auf eine heilige – Weise der Schöpfung gedenken. Aus diesem Grund hat der Sabbath in der jüdischen Überlieferung noch den Vorrang vor allen anderen Festtagen. Wenn der Versöhnungstag, der oft als der höchste Feiertag des jüdischen Kalenderjahres bezeichnet wird, auf einen Sabbath fällt, werden einige der vorgesehenen Gebete nicht gesprochen.

Der Sabbath beginnt und endet wie alle jüdischen Tage im Rhythmus der Natur. Er beginnt nicht an irgendeinem willkürlich festgelegten Zeitpunkt, sondern beim Einbruch der Dämmerung am Freitagabend und er dauert bis zum Morgengrauen des darauffolgenden Tages. Im sechzehnten Jahrhundert tanzten die Anhänger von Isaak Luria beim Nahen des Sabbaths aus der

Stadt Safed in Galiläa hinaus in die Gärten. Wir erinnern uns: *pardes* bedeutet Obstgarten. Sie begaben sich dorthin, um die *shekhinah*, die Braut des Sabbath zu begrüßen, nicht nur um die Natur zu feiern.

Die Kabbalisten sagen, dass wir während des Sabbath eine zusätzliche Seele erhalten. Das ist die *neshamah*, die Geist-Seele, die der Welt von *beriah* entspricht. Wir erhalten diese Seele, damit wir zu den leiblichen Verkörperungen der weiblichen und männlichen Aspekte der Gottheit, des Einen und Heiligen und der *shekhinah* werden können. Die geschlechtliche Liebesvereinigung kann an diesem Tage dazu beitragen, die beiden Seiten Gottes miteinander zu versöhnen. Aber wozu brauchen die göttlichen Aspekte ausgerechnet uns dazu? Der Grund liegt darin, dass in den höheren abstrakten Wesenheiten der Sephirot solche Vereinigungen nicht möglich sind. Eine wirklich göttliche Vereinigung kann nur in *malkuth* geschehen. Die Ganzheit *kethers* wird erst in *malkuth* wiederhergestellt. Nachdem sich alle Eigenschaften und Qualitäten beim Verlassen *kethers* in ihre jeweiligen Wesenheiten auseinander differenziert haben, können sie erst wieder zusammen kommen, wenn sich der Baum nach *malkuth* hinein ergießt.

Viele von uns sind in dem Glauben großgeworden, der Sabbath sei eine Zeit der Verbote und der Verweigerung. Juden müssen an diesem Tag eine lange Liste von Dingen beachten, die sie nicht tun dürfen. Christen erleben den Sonntag oft in einer strengen und niederdrückenden Atmosphäre. Glükklicherweise haben sich viele Kirchen und Synagogen zu einem tieferen Verständnis dieses Ruhetages durchgerungen. Sie sehen ihn heute mit beinahe kabbalistischen Augen als einen Tag der Freude und des Wunders. Die Vorstellung einer Extra-Seele kann man auch in einem ganz einfachen Sinn verstehen, ohne dass man gleich zum Mythos oder zum Geheimnis Zuflucht nehmen muss. Wenn man sich nur einmal an einem Tag mit etwas anderem beschäftigt als sonst, wenn man nicht arbeitet, für nichts verantwortlich ist, sich nicht sinnlos ablenkt, sondern sich seiner spirituellen Seite widmet und den Tag festlich begeht, ist das dann nicht so, als ob man an diesem Tag eine besondere Seele hätte?

Isabel Kliegman macht uns auf einen bedeutenden Unterschied zwischen der Kabbala und der östlichen Mystik aufmerksam (es gibt auch viele Übereinstimmungen). Die Kabbala betrachtet die materielle Welt anders als einige buddhistischen Lehren keineswegs als Illusion. Unsere Seelen finden hier auf der Welt einen Körper und dieser Körper und diese Welt sind durchaus sehr real und wirklich und es ist auch unerlässlich, dass es sie gibt. Wir müssen unseren Platz in *malkuth* einnehmen, damit wir etwas lernen können und damit wir uns unseren Herausforderungen stellen. Kliegman hebt hervor, dass die jüdische Überlieferung lehrt, dass wir mit Gott zusammenleben, indem wir beten, lernen und gute Werke tun und dass alle diese Dinge nur in *malkuth* geschehen können.

Wir können uns die neun Sephirot über *malkuth* als die neun Monate einer Schwangerschaft vorstellen. Dann ist *malkuth* das „Baby", also die Wirklichkeit, wie sie sich nach dem Durchfluss der Energie durch die höheren Sephiroth manifestiert. *Malkuth* ist die am meisten verdichtete Sephira. Sie ist am weitesten von dem reinen Licht *kethers* entfernt. Sie ist aber auch die Kräftigste, weil sie im Gegensatz zu den über ihr befindlichen Sephirot nicht zerbrach, als das Licht von *kether* herunterströmte. Die zerbrochenen Scherben fanden schließlich sogar in *malkuth* ihre Heimat. Kliegman beschreibt *malkuth* als den Ort, „an dem die Arbeit der Welt getan wird".

Nach Alan Moores Beschreibung von *malkuth* umfasst bereits unsere Welt mehrere Wirklichkeitsebenen, die von der stark verdichteten dunklen Unterweltebene bis zu den archetypischen oberen Bereichen knapp diesseits von *yesod* reichen. Ich würde die unteren Bereiche – zur Erinnerung: wir sprechen in Metaphern – als die Zone der gemischten Gefühle und der Schwerfälligkeit bezeichnen, als den Bereich, in dem es nicht immer gelingt, die Gefühle und Beweggründe eines Menschen klar von denen seines Mitmenschen zu unterscheiden. Es gibt Tage, an denen wir keinen klaren Gedanken fassen können, an denen wir von unseren einfachsten Bedürfnissen beherrscht werden, an denen wir anderen gegenüber ausfallend werden und einfach nicht mehr wissen, wo wir aufhören und wo der andere anfängt. An solchen Tagen sind wir in diese niederen Bereiche abgerutscht.

Auf den oberen Ebenen scheint – im Gegensatz zu den niederen – alles mit symbolischer Bedeutung aufgeladen zu sein. Wir schauen durch die einfachen Tatsachen und Gegebenheiten hindurch auf deren innere Wahrheit. In diesem Zustand bewegen wir uns stark auf die Grenze von *malkuth* zu. Moore nennt diesen Weg nach *yesod* die Bundesstraße 32. Es gibt zwar nur zweiundzwanzig Pfade; die Zählung beginnt aber mit elf, da die ersten zehn Ziffern für die Sephirot vergeben sind.

Wir stellen uns diese höheren Ebenen von *malkuth* vielleicht als etwas vor, wo sich nur Dichter oder Mystiker auskennen. Tatsächlich bewegen wir uns alle einen großen Teil unserer Zeit in diesem Bereich. Wir bewerten nämlich unsere Handlungen und die Handlungen anderer Menschen als ob sie Symbole einer innere Botschaft wären. Wir treffen beispielsweise jemanden auf einer Party und entwickeln sofort eine starke Beziehung zu diesem Menschen, obwohl er oder sie noch gar nichts Bedeutungsvolles gesagt oder getan hat. Wenn wir uns dann selbst fragen, wie es dazu kommt, entdecke wir vielleicht, dass die betreffende Person uns an unseren Vater oder unsere Mutter erinnert. Oder was ist mit Geburtstagen? Sie finden zwar an irgendeinem beliebigen Tag statt, aber irgendwie scheinen sie sich doch in den oberen Regionen abzuspielen. Warum sind wir sonst an unserem dreißigsten oder fünfzigsten Geburtstag so heftigen Gefühlen ausgesetzt? Wir erleben diese Tage eben offenbar auf einer symbolischen Ebene.

Nach der okkulten Überlieferung hat der Körper selbst verschiedene Schichten, die als konzentrische Energiefelder nach außen hin abstrahlen. Jenseits vom körperlichen Leib umfließt der Ätherleib den Körper und darumherum gibt es noch den Astralleib. Diese feinstofflichen Körper dürften so ähnlich aussehen wie die Lichtringe, die Hermann Haindl um *malkuth* herum gemalt hat.

Im Unterschied zu allen anderen Sephirot auf dem Gemälde ist *malkuth* nur etwa zu zwei Dritteln zu sehen. Während die oberen neun Sephirot jede auf ihre Weise vollkommen sind, ist *malkuth* – die Welt – eben unvollkommen. Sie ist immer eine werdene und muss auch immer wieder neu entdeck werden. Indem wir die Welt um uns herum entdecken, erlaubt uns unser Bewusstsein, auch uns selbst und die spirituelle Wirklichkeit hinter den Dingen zu entdecken.

Malkuth scheint sich aus den Wassern zu erheben. Der Baum schwebt über den Wellen, die wie Edelsteine glänzen. Das Meer ist der Ursprung allen Lebens auf unserem Planeten und wenn wir auf die See hinausschauen, entwickeln wir ein Gefühl für die Unfasslichkeit unserer Herkunft. Durch die Gezeiten sind wir mit *yesod* verbunden, dem Eintrittstor zu den höheren Welten. Das Meer lässt uns an das Unbewusste denken, an den Ort der instinktiv erfassten Wahrheit, von dem alle Metaphern und Bilder herkommen, die uns auf den Weg des spirituellen Verstehens bringen. Die Wasser von oben werden durch die Wasser von unten gehalten und umgekehrt. Der Schöpfer hat sie nicht deswegen getrennt und den Himmel dazwischen gelegt, weil sie voneinander verschieden wären, sondern weil er einen Raum schaffen wollte für die Bewusstheit. Gold ist die Farbe *malkuths*. Sie ist ein Symbol für die Vollkommenheit der irdischen Welt. *Malkuth* ist von einem Regenbogen umgeben, der fast bis nach *yesod* hin reicht. Die Farben des Regenbogens sind dieselben Farben, wie sie für die Chakras im menschlichen Körper gelten. Dies trifft allerdings nur zu, wenn man sich den Körper auf den Kopf gedreht vorstellt. Es ist ein Hinweis auf die Bedeutung der Tarot-karte des Gehängten und ein Grund dafür, dass Yogis den Kopfstand bevorzugen. Der Regenbogen vereint also den Himmel und die Erde. *Kether* ist das weiße Licht, das alle Farben des Spektrums in gemischter Formt enthält. Die Gegenüberstellung von *kether* und *malkuth* – von dem weißen Licht und dem Regenbogen – verdeutlicht den Unterschied zwischen diesen beiden Sephirot auf anschauliche Weise. In *kether* existieren alle Eigenschaften und Qualitäten undifferenziert in einem zusammen. In *malkuth* haben alle ihre jeweils eigentümliche Form angenommen. Das Innere *malkuths* erstrahlt in weichem Licht. Es erinnert mich an die menschliche Haut.

Das Lamm in *yesod* kommt in Wirklichkeit aus der rechten Seite von *malkuth* hervor. Unsere Sehnsucht nach dem Göttlichen richtet unser normales Bewusstsein auf zum höheren Gewahrwerden des Baums. Auf der rechten Seite des Lamms – bei seinem Nacken – ruht jenes bereits beschriebene Urgesicht neben dem Grund der Säule des Mitgefühls.

Auf der gegenüberliegenden Seite geht die Frau am Grund der linken Säule direkt aus *malkuth* hervor. *Malkuth* könnte der Mutterleib sein, der sie gebiert. Von dem Fuß, der von oben auf ihr ruht, sagt Hermann Haindl, dass er sie sehr vorsichtig berühre, so wie es die amerikanischen Indianer in ihrem Zeremonien machen, wenn sie ganz sacht dahinschreiten, um Mutter Erde nicht zu verletzen. Haindl vergleicht dies mit den Stiefeln der Soldaten, die die Indianer vertrieben und ihr Land erobert haben und hebt hervor, dass die Frau lächelt, so als ob sie von ihren Kindern mit Liebe und Respekt behandelt würde.

In der Sephira *malkuth* wandeln wir auf dieser Erde. Der Baum erhebt sich über unseren Köpfen in die höheren Welten. Aber nur wenn wir unsere Verbindung mit der Erde pflegen und nicht verlieren, können wir uns dafür öffnen, was über sie hinausweist. Wir dürfen *malkuth* nicht mit dem Ganzen des Seins verwechseln. Wir dürfen *malkuth* aber auch nicht aufgeben und verlassen. Denn hier ist alles hineingeflossen und angekommen und von hier aus, von *malkuth* – und mit der Liebe für diese Welt – beginnen wir unsere Reise.

8. Zweiundzwanzig Pfade, Buchstaben und Karten

Die Einführung von Verbindungslinien führt auf dem Baum des Lebens zu einer Vertiefung seines Bedeutungsgehalts. Zweiundzwanzig Linien verbinden die Sephirot untereinander. Dabei steht jeweils ein Buchstabe des hebräischen Alphabets für eine Linie: die Energie kann also auf dem Baum in mehr als eine Richtung fließen. Es eröffnen sich zahlreiche Möglichkeiten. Mit dem ihm eigenen Witz vergleicht Alan Moore den Baum und seine Pfade mit der Karte der Londoner Untergrundbahn und nennt ihn zugleich einen „Himmelsatlas“, womit wir wieder bei „wie oben, so unten“ angekommen wären. Ein Netzplan zeigt, wie wir unser Ziel auf verschiedenen Wegen erreichen können. In gleicher Weise macht uns das Schaubild des Baums mit den zweiundzwanzig Pfaden deutlich, wie die Sephirot miteinander verknüpft sind. Wir können nun nach dem Unterschied der jeweiligen Pfade fragen: was zeichnet die Verbindung von *kether* nach *hokhmah* gegenüber dem von *kehter* nach *binah* führenden Pfad aus? Wie ist der Pfad beschaffen, der von *kether* direkt nach *tiferet* führt? Wie muss man sich die Unterschiedlichkeit dieser Reisen vorstellen?

Die Pfade beleuchten den Baum aber noch auf eine andere Weise. Sie sind nicht nur einfache Verbindungswege. Sie haben selbst eine eigene tiefe Bedeutung, und zwar zunächst wegen ihrer Verknüpfung mit dem hebräischen Alphabet. Wie bei allen anderen archaischen Alphabeten bezeichnen die hebräischen Buchstaben nicht einfach Laute. Es handelt sich bei ihnen zuerst um Zeichen, die für ganz konkrete Dinge stehen: *beth* für ein Haus, *gimel* für ein Kamel.

Im weiteren symbolisieren sie in ähnlicher Weise wie die Sephirot komplexe Gedankengebäude, spirituelle Überlieferungen und emotionale Erfahrungen. Nach Richard Seidmann, dem Autor von *The Oracle of the Kabbalah*, bedeutet das hebräische Wort für Buchstabe, *oht*, auch „Zeichen“ im Sinne von Vorzeichen.

Weil es sich um Buchstaben handelt, nehmen diese Zeichen auch etwas von der Bedeutung wichtiger Worte, in denen sie vorkommen, in sich auf. So ist der Pfad, der von *kether* nach *hokhmah* führt, bereits eine „vielbefahrene“ Straße, auf der wir einerseits von der undifferenzierten Energie der Krone *kethers* zur Weisheit *hokhmahs* fahren, andrerseits aber auch zugleich daran erinnert werden, dass sie den Namen *aleph* trägt und dieser Buchstabe wohl keinen eigenen Laut repräsentiert, aber am Anfang der berühmten Worte Gottes zur Einleitung der zehn Gebote steht: „Ich bin der „Herr, dein Gott...“

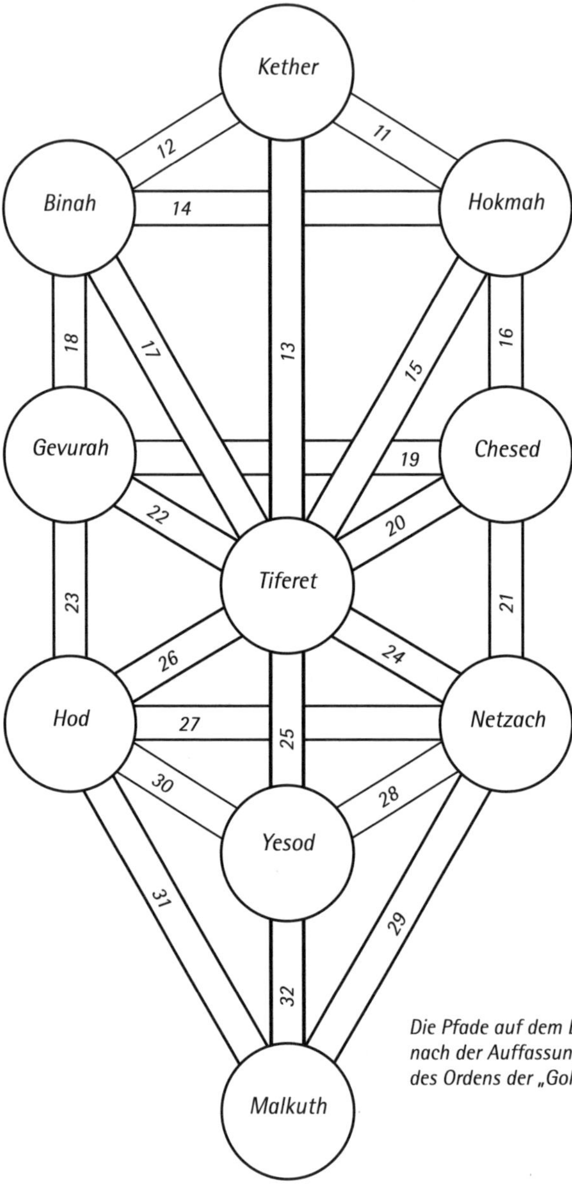

Die Pfade auf dem Baum des Lebens
nach der Auffassung
des Ordens der „Goldenen Dämmerung"

Aber es geht noch weiter. Im 19. Jahrhundert wurde in der westlichen Kabbala eine Verbindung der zweiundzwanzig Trumpf-Karten des Tarot, der sogenannten Großen Arkana, mit den Buchstaben und Pfaden eingeführt. Jetzt haben wir auch noch ein visuelles Symbol zur Verfügung. Tatsächlich leitet sich ein großer Teil der Standardbedeutungen der Trumpf-Karten von der kabbalistischen Auslegung der Buchstaben ab. Bilder haben darüberhinaus aber immer eine eigene große Kraft, sodass die Bildwelt des Tarot zu einer geradezu unvermeidlichen Vertiefung des Verständnisses der Pfade geführt hat.

Hermann Haindl hat seine Tarot-Karten seinerzeit zwar bereits mit den hebräischen Buchstaben ausgezeichnet, dem Studium und der Auslegung des Baums widmete er sich eingehender jedoch erst später. Dadurch wird sichergestellt, dass die Karten nicht einfach nur Illustrationen von vorgefassten oder überlieferten Bedeutungen sind. In Wirklichkeit fügen seine Karten die Komplexität und den spirituellen Zugang, durch die sich sein Deck auszeichnet, dem Baum hinzu. Der Haindl-Tarot gehört zweifelsohne zu den kraftvollsten Kartensätzen unter den in die Hunderte gehenden Neufassungen des letzen Vierteljahrhunderts.

Wenn man das Baum-Gemälde aufmerksam studiert, kann man die Plätze für die Karten darauf erkennen. Jede Verbindungslinie trägt den entsprechenden hebräischen Buchstaben und den Namen der zugehörigen Tarot-Karte. In unserer anschließenden Übersicht nennen wir der Reihenfolge nach die Buchstaben als Zeichen und mit ihrem Namen und die Tarot-Karte, gefolgt von einer kurzen Interpretation der beiden. Die Zählfolge der Pfade bezieht sich auf die traditionelle Zählung der Kabbala, die bei den Pfaden mit der Elf beginnt und bis zur Zweiunddreißig geht. Die Zahlen eins bis zehn sind ja schon für die Sephirot vergeben. Auf diese Weise vermeiden wir den Eindruck, dass die Sephirot und die Pfade, die als ein einheitlicher Strom von Energie gesehen werden müssen, zwei verschiedene Systeme darstellen.

א

Aleph, Pfad 11

Von *kether* nach *hokhmah* – **der Narr**

Das Hebräische besitzt zwei „stille“ Buchstaben, *aleph* und *ayin* (Pfad 25). Diese alte Sprache kennt insofern stille Buchstaben, weil nur Konsonanten als „richtige“ Buchstabe gelten. sodass ein stiller Buchstabe eben ein Vokal ohne einen „richtigen“ Klang ist. Vokale sind mehr so etwas wie ein Atemzug oder ein Seufzer, denen der Konsonant eine Form verleiht. Auf diese Weise ergeben sich Worte wie *ba* oder *ka* (zwei ägyptische Worte für Seele). Mit dem stillen Buchstaben haben wir nur den Atemzug selbst, das „Aaa“ des göttlichen Wesens, wie es das Universum durch seinen Atem ins Leben ruft und erhält. Genau dies geschieht auf dem ersten Pfad: der allererste Schöpfungsakt, das Hineinfließen der reinen Energie *kethers* in den ersten abgegrenzten Daseinsbereich, in die Weisheit.

Mit *aleph* beginnt die Verkündigung der Zehn Gebote. Der geöffnete Mund atmet den Anfang des Wortes *anokhi*, „Ich bin“. Nach der jüdischen Überlieferung hat Gott die genauen Anweisungen der Torah zunächst nur Moses offenbart, der sie dann an sein Volk weitergab. Die Zehn Gebote hat er jedoch aus der Gewitterwolke über dem Berg Sinai heraus direkt an alle Menschen verkündet. Nach einer mystischen „Überarbeitung“ dieser Geschichte glauben einige Kabbalisten, dass Gott nur den ersten Buchstaben „laut“ ausgesprochen hat, nämlich das stille *aleph*. In Wahrheit können wir Gottes Wort zwar im Blitz und Donner des Lebens durchaus hören, vielleicht vernehmen wir es aber doch deutlicher in der Stille.

Aleph ist auch der erste Buchstabe des Wortes *emet* (*aleph-mem-tov*), das „Wahrheit“ bedeutet. Wenn wir das *aleph* wegnehmen, erhalten wir *met* und das bedeutet „Tod“.

Aleph bedeutet „Rind“ oder „Kopf eines Rindes“. Dieses Bild finden wir ja auch in Hermann Haindls Darstellung von *kether*: den archaischen Bullen, wie er seit zehntausenden von Jahren als die Verkörperung von Gottes gewaltiger Kraft verehrt wird. Wenn wir wollen, können wir bei der Form des Buchstabens die beiden geschwungenen Linien an den Seiten der mittleren eher geraden Linie als die Hörner des Stiers betrachten. Einige Kabbalisten sehen in der geraden Linie aber auch die Trennung, die Gott zwischen den oberen und den unteren Wassern, den beiden Wellenlinien, vorgenommen hat, um die Welt überhaupt erst möglich zu machen.

Avigayil Landsman, eine Künstlerin, die auch über die Buchstaben schreibt, lehrt, dass die Wellenlinien jeweils den Buchstaben *yod* (Pfad 20) darstellen, also den ersten Buchstaben in Gottes Heiligem Vier-Buchstaben-Namen. *Yod* bedeutet Hand. Landsman visualisiert die beiden Linien nun zum einen als Gottes Hand, wie sie sich uns – und zum anderen als unsere Hand, wie sie sich ihm entgegenstreckt. Damit benutzt sie ein ähnliches Bild, wie es Michelangelo in seiner Schöpfung in der Sixtinischen Kapelle gemalt hat, wo der Lebensfunke von Gottes Finger auf Adam überspringt. Außerdem weist Landsman noch daraufhin, dass die mittlere Linie dem Buchstaben *vav* (Pfad 15) ähnelt, dem dritten Buchstabe im Heiligen Namen, der üblicherweise als ein Symbol der Verbindung gedeutet wird.

Ich hatte bereits gesagt, dass die hebräischen Buchstaben alle einen Zahlenwert besitzen. *Aleph* ist eins, der Primärimpuls der Schöpfung. Landsman macht aber darauf aufmerksam, dass mit *yod* als zehn und mit *vav* als sechs das aus zwei *yods* und dem *vav* zusammengesetzte *aleph* sechundzwanzig ergibt. Diese Summe ergibt sich auch, wenn man die Zahlenwerte des Heiligen Namens addiert: *yod-heh-vav-heh* gleich 10 + 5 + 6 + 5 = 26. In der Gematrie, der kabbalistischen Wort-als-Zahleninterpretation, bedeutet diese Übereinstimmung nun, dass *aleph* dem Heiligen Namen gleichwertig ist.

Richard Seidman vergleicht die Form des Buchstabens mit einer Leiter. Avigayil Landsman stellt sie sich wie einen Ventilator vor, dessen Flügel, die Wellenlinien, den Wirbelsturm der göttlichen Energie entfachen, wie er die Schöpfung ins Leben bläst.

Die Tarot-Karte des Narren unterstützt alle diese Ideen. Die Zählweise der Karten, die zum Teil auf das ursprüngliche Tarot-Spiel zurückgeht, sieht für den Narren die Null vor, nichts. Ebensowenig wie sich *kether* als eine bestimmte Qualität oder Eigenschaft auf den Punkt bringen lässt, können wir auch den Narren genau festlegen. das englische „nothing“ bedeutet eben „no-thing“, kein Ding. Pfad 11 ist also die Route der primären Energie *kethers*. Tarot-Interpreten deuten den Narren oft als Symbol für den großen Sprung aus dem kosmischen Nichts in die Existenz hinein. Dies ist in der Tat der allererste Schöpfungsakt, indem Gott sich dafür entscheidet, dass überhaupt ein Universum ins Leben gerufen werden soll. Wir sollten auch noch daran denken, dass *aleph* der erste Buchstabe von *en sof* ist, jener allesumfassenden Einheit, die noch über *kether* hinausweist.

ב

Beth (oder Bet) – Pfad 12

Von *kether* nach *binah* – **der Magier**

Jetzt begeben wir uns aus dem Gebiet des Unbekannten heraus dorthin, wo schon etwas erkannt und gewusst werden kann, zur Sephira des Verstehens. Als die Große Mutter repräsentiert *binah* das Grundgefühl der Verlässlichkeit, der Wirklichkeit. Weil *binah* mit dem ersten stimmhaften Buchstaben *beth* beginnt, steht diese Sephira für die Solidität der Welt, die wir erfahren und berühren können. *Aleph* steht am Anfang der Zehn Gebote. *Beth* ist nun der erste Buchstabe der Torah. das erste Wort der Bibel lautet *bereshith*: „Im Anfang". Die Buchstabenform erinnert an einen offenen Mund. Damit wird sie zu einem Symbol für Gottes „Es werde Licht!", dafür, wie die Welt ins Leben gerufen wurde. *Beth* steht aber auch für das laute Lesen von heiligen Texten. Mit *beth* beginnt auch *binah*, die dritte Sephira.

Beth bedeutet „Haus" oder „das Haus von" wie in Bethlehem, *beth-lehem*, „das Haus des Brotes" oder *beth-el*, „das Haus Gottes". Letzteres war der Name, den Jakob dem Ort gab, an dem er die Leiter sah. Ein Haus ist etwas sehr solides und reales. Es schützt uns vor den Naturgewalten. Der Buchstabe *beth* beschützt uns vor der wirbelsturmartigen göttlichen Energie, die aus dem stillen *aleph* herüberfegt. *Beth* ist der erste Buchstabe in den hebräischen Wörtern für „Segen", „Sohn" und „Tochter". Die Menschen empfangen und erleben ihre Kinder natürlich als einen „Segen", hier ist aber noch mehr gemeint. Ein gesprochener Segen überführt unseren allgemeinen Wunsch nach den guten Dingen in die Form einer konkreten und besonderen Bitte. Kinder sind das unverwechselbare Ergebnis der Mischung der genetischen Eigenschaften der Mutter und des Vaters. Deshalb steht *beth* für die Wirklichkeit.

Die Tarot-Karte des Magiers bezeichnet die kreative Energie, den Willen und die Macht, die Wirklichkeit zu verändern. *Aleph* ist still – *beth* stimmhaft. Der Narr trägt die „Zahl" Null – der Magier die Eins. Aus Nichts Etwas zu erschaffen, ist nach Alan Moore die ultimative magische Handlung. Und damit sind wir wieder bei *beth* als dem ersten Buchstaben der Schöpfung.

ג

Gimel – Pfad 13

Von *kether* nach *tiferet* – **die Hohepriesterin**

Der letzte aus *kether* hinausführende Pfad führt direkt ins Herz des Baums. *Gimel* bedeutet „Kamel" und diese Tiere sind bekanntlich in der Lage, die Wüste zu durchqueren. *Gimel* kann uns dabei helfen, die längste Strecke auf dem Baum zurückzulegen. Sie ist nicht nur lang, sondern auch schwierig, weil sie den Abgrund zwischen den höheren und den niederen Sephirot überbrückt. Eines der hebräischen Worte, die mit *gimel* beginnen, ist *gesha*, „Brücke". *Gimel* ist die Brücke zwischen den oberen und den unteren Welten.

Gimel klingt sehr ähnlich wie *gamol* – es sind die gleichen Buchstaben mit verschiedenen Vokallauten. *Gamol* bedeutet „bis zur Entwöhnung gestillt werden". Die Energie, die von *kether* her zu uns fließt, ist gewiss auch eine Art Ernährung. Die Ankunft in *tiferet* ist gleichzeitig auch eine Entwöhnung, da der Schöpfungsprozess jetzt den rein archetypischen Bereich, die Welt der Emanation, verlassen hat, um im tragfähigen Zentrum des Baums Wurzeln zu schlagen.

Im Buch Genesis gibt es eine faszinierende Geschichte, die die Bedeutung von *gimel* erhellt. Abraham hat sich entschieden, dass sein Sohn Isaak eine Frau braucht. Er will aber nicht, dass Isaak eine Frau aus der Umgebung heiratet sondern, eine aus dem Land ihrer Herkunft. Außerdem beschließt er, dass Isaak nicht selbst gehen soll, sondern ein Knecht, dem er zehn Kamele auf die Reise mitgibt. Sobald wir die Zehn antreffen, können wir sicher sein, dass es um die Sephirot geht. Aber was hat es mit dem Land der Herkunft auf sich? Und warum will Abraham verhindern, dass Isaak selbst dort hingeht?

Nehmen wir einmal an, Abrahams Land der Herkunft sei *kether*, die Quelle allen Lebens. Sie ist unser aller Heimat, aber Abraham, der gemäß der kabbalistischen Überlieferung für *hokhmah* steht, weiß es auf eine solche Art und Weise, wie wir es niemals wissen können. Isaak steht üblicherweise für *chesed*, die erste der sieben niederen Sephirot, die auf „unserer" Seite des Abgrunds liegt. Er kann nun nicht einfach wieder in die Heimat zurückkehren, weil er der Welt der sieben Tage angehört. Abrahams Knecht reist nun mithilfe der zehn „Kamele" in die Heimat. Dort trifft er eine Frau, die nicht nur ihm, sondern auch seinen Tieren Wasser anbietet – und Wasser ist in diesen Breitengraden ein kostbares Gut, das oft gegenüber Fremden verteidigt wird. Ihre Großzügigkeit zeigt dem Knecht, dass er die richtige Frau gefunden hat. Er berichtet nun ihr und ihrem Vater von seinem Auftrag. Und der Vater fragt seine Tochter Rebekka, ob sie zu Isaak reisen möchte, um ihn zu heiraten. Zur damaligen Zeit stand es Töchtern nicht zu, über das Für und Wider einer Heirat mit zu entscheiden. Rebekka ist aber das Symbol für die Seele, die sich überlegen muss, ob sie die Welt des reinen Seins mit der irdischen Wirklichkeit vertauschen möchte. Zu dieser Entscheidung kann sie niemand zwingen. Es ist geradewegs der Kern des freien Willens, wenn sich die Seele dazu entschließt, über den Abgrund hinweg in die Welt des Physischen hinabzusteigen.

Rebekka unternimmt die Reise auf einem Kamel. Als sie Isaak aus der Ferne sieht, berichtet uns die Bibel, ist sie von seiner Schönheit so hingerissen, dass sie vom Kamel fällt. Und das ist nun wirklich der „Fall“ aus dem reinen Geist heraus in die physische Wirklichkeit hinein. Es ist aber ein gewollter Fall, die Erfüllung einer Sehnsucht. Die beiden heiraten und werden ein Liebespaar. Da Rebekka jetzt *gevurah* verkörpert, findet die Eheschließung in *tiferet* statt. Das ist Rebekkas Reise mit dem Kamel: den langen Pfad *gimel* von *kether* nach *tiferet* hinunter. Isaak und Rebekka „erkennen“ sich gegenseitig als geschlechtliche Wesen. Der *gimel*-Pfad führt durch die Gefilde der geschlechtlichen Geheimnisse von *da'ath*, der verborgen im Abgrund wurzelnden Sephira.

Diese Reise wird nicht nur wegen der Sehnsucht unternommen. Erinnern wir uns daran, dass Rebekka ihre Vollkommenheit durch ihr besorgtes Verhalten gegenüber den Tieren gezeigt hat. Der Buchstabe *gimel* steht am Anfang eines wichtigen hebräischen Ausdrucks: *gimalut chasidim* – Akte der liebevollen und freundlichen Zuwendung. Von diesen heißt es, dass sie eine der Säulen sind, auf denen die Welt ruht. Wenn sich die Energie von *kether* nach *tiferet* aufmacht, dann ist dies so ein liebevoller Akt, weil die irdische Welt ohne die göttliche Kraft leer und leblos bleiben müsste. Aber jeder Weg hat immer zwei Richtungen: auch unsere Akte der Liebe – Großzügigkeit, Wohltätigkeit, Mitgefühl – bringen uns ein stückweit voran auf der Reise in unsere Heimat.

Die Tarot-Karte für *gimel* ist die Hohepriesterin. Bei Hermann Haindls Version dieser Karte lagert ein Kamel vor einer Priesterin, deren Augen im Anblick des Wunders weit geöffnet sind. Diese Karte bedeutet „geheimes“ Wissen – nicht im Sinne von vor fremden Augen geschütztem Wissen, sondern eher im Sinne von Wahrnehmungen und Bewusstwerdungen, die so tief gehen, dass wir sie nicht in Worte fassen können. Wir identifizieren diese Karte mit dem Meer. Das Meer ist weit, tief, unergründlich und geheimnisvoll. Es ist ein Bild für die große Tiefe der spirituellen Wahheit. Wenn es uns gelingt, diese Reise von *tiferet* hinauf nach *kether* zu machen, erfahren wir die Geheimnisse der Hohepriesterin.

ד

Daleth – Pfad 14

Von *hokhmah* nach *binah* – **die Herrscherin**

Mit diesem Pfad findet das obere Dreieck des Baums seinen Abschluss. Zugleich ist dieser Pfad der erste, der nicht aus *kether* hervorkommt, sondern der die rechte und die linke Säule miteinander verbindet. Er ist sozusagen der Heirats-Pfad zwischen der männlichen Urkraft *hokhmah* und der weiblichen Urkraft *binah.* Die Tarot-Karte der Herrscherin steht für die Leidenschaft und damit an diesem Platz genau richtig.

Der hebräische Buchstabe für diesen Pfad, *daleth*, bedeutet „Tür" – so als öffne sich eine Tür zwischen den beiden Teilen des Baums. Die gebeugte Form des Buchstabens lässt an Demut denken. Das englische Wort für Demut, „humility", kommt wie „human" (menschlich) vom Lateinischen Wort humus, was soviel wie Erde, Staub und Schmutz bedeutet. Dieser Gedanke liegt auch dem Hebräischen zugrunde, denn Adam, der Name des ersten Menschen, bedeutet „rote Erde". Dieser Gedankengang passt sehr gut zu Hermann Haindls Arbeit, wo sich Menschen beugen, aber nicht unter irgendwelche Autoritäten, sondern der Erde entgegen, zu der wir wie zu einer Mutter zurückkehren. Die Erde als Mutter ist eines der Themen der Sephira *binah* und der Tarot-Karte der Herrscherin.

ה

Heh – Pfad 15

Von *hokhmah* zu *tiferet* – **der Herrscher**

Dies ist die erste Linie, die von der rechten Seite des Baums ins Zentrum führt. Außer *malkuth* hat jede Sephira eine Verbindung mit *tiferet.* Dieser Pfad führt wie schon Pfad 13 durch den Abgrund hindurch, jedoch nicht über *da'ath* und nicht in gleicher Länge. Auf ihm gelangen die Weisheits-Kräfte in das Herz des Baumes zu *tiferet,* um dort ihren Beitrag zur Vollkommenheit dieser Sephira zu leisten.

Heh bedeutet „schauen“ und im erweiterten Sinn auch die Idee des Fensters, also etwas, wo wir hindurchschauen. Von *tiferet* aus können wir zu diesem Buchstaben zurückblicken und die Wunder der Weisheit schauen.

Heh ist der zweite und der vierte Buchstabe von Gottes Heiligem Namen *yod-heh-vav-heh.* Es ist der weibliche Buchstabe und damit ein weiteres Beispiel für die Überkreuz-Polarität, da der Pfad ja in der männlichen Urkraft-Sephira *hokhmah* seinen Ursprung hat. In der Bibel gibt es viele Namen für Gott. Einige Leser werden den Namen *yah* aus dem Wort *hallelujah* wiedererkennen; es bedeutet „Lobet den Herrn“. *Yah* schreibt man *yod-heh. Yod* symbolisiert den Himmel oder die kommende Welt und *heh* die unsrige, wie wir sie kennen. Zusammen bilden sie die Schöpfung.

Als Moses dem brennenden Dornbusch begegnet und Gottes Stimme vernimmt, antwortet er mit einem Wort der Selbstverpflichtung, das mit *heh* beginnt: *hineini,* was „hier bin ich“ bedeutet. Gott befiehlt ihm, seine Schuhe auszuziehen, denn er stehe auf heiligem Boden. Heiliger Boden ist überall dort, wo wir uns Gott überantworten und zu ihm sagen: „Hier bin ich“.

Die Tarot-Karte ist der Herrscher, eine Karte der Strukturen und Gesetze und der Fähigkeit des Menschen, Gottes Plan zu verstehen. Dies ist in der Tat die zur Schönheit *tiferets* hingeführte Weisheit *hokhmah*s. Der Herrscher kann allerdings recht überheblich werden, wenn wir zu glauben beginnen, dass unser Verstand uns von der Erde trennt. Als Hermann Haindl über diese Tarot-Karte mit mir sprach, sagte er: „Die Herrscherin erschafft den Herrscher“.

ו

Vav – Pfad 16

Von *hokhmah* zu *chesed* – **der Hierophant**

Dies ist der erste Pfad, der – in voller Länge – die rechte männliche Säule hinunter läuft. Die rechte Säule steht für das sich weit öffnende Mitgefühl. Der Pfad verbindet Weisheit mit Gnade. Wir werden daran erinnert, dass Gnade keineswegs dumm oder nachgiebig ist und, dass sie nicht mit Realitätsverleugnung zu tun hat. Diese Meinung hört man ja öfter, aber in Wirklichkeit ist Gnade der Weg der göttlichen Weisheit.

Der hebräische Buchstabe ist *vav*, der dritte Buchstabe des *yod-heh-vav-heh*. Wir können bereits an seiner Form ablesen, dass ihm die Bedeutung „Haken" oder „Nagel" beigelegt wird. Damit ist *vav* ein Buchstabe der Verknüpfungen und Verbindungen. Die Tarot-Karte des Hierophanten steht für Traditionsbestände in der Lehrüberlieferung. Dazu gehört die Kabbala selbst, deren Lehren uns mit den vorausgegangenen Meistern und dem in der Vergangenheit entdeckten Wissen verbinden. In dem Heiligen Namen steht *vav* zwischen den beiden weiblichen *hehs*, die wir als Repräsentanten des oberen bzw. unteren Wassers ansehen können. *Vav* verbindet die *hehs* und macht doch zur gleichen Zeit deutlich, dass es der Trennung bedarf, damit die Welt überhaupt existieren kann.

ז

Zayin – Pfad 17

Von *binah* zu *tiferet* – **die Liebenden**

Zayin führt von der erhabenen Mutter *binah* ins Zentrum und versorgt *tiferet* mit der Strenge und Hingabe des Weiblichen und der Kraft der Säule der Gerechtigkeit und des Urteilsspruchs. *Zayin* bedeutet „Waffe". Die westliche Kabbala nennt diesen Buchstaben sogar „Schwert". Eine Waffe entschieden und in guter Absicht zu führen, macht die Qualität der linken Säule aus. Die westliche Kabbala betrachtet das Schwert als eine Waffe des Geistes, weil es die Bande der Illusionen zu zerschneiden vermag. Es untersucht die feinen Unterschiede zwischen den Dingen und trennt, was nicht zusammengehört. Die Tarot-Karte der Liebenden scheint nun zum Schwert nicht recht zu passen. Die älteren Versionen dieser Karte – besonders der als klassisch geltende Marseille-Tarot – zeigen jedoch einen jungen Mann, der sich zwischen zwei Frauen entscheiden muss. Der Gedanke der Wahl gehört aber ganz klar in den Bereich des Schwertes mit den Unterscheidungskräften der linken Säule hinein.

Als der siebente Buchstabe legt *zayin* die Verbindung zu den sieben Tagen der Schöpfung und zu ihrem Abschluss am Sabbath nahe. Der Sabbath ist eine Zeit des Friedens. Die linke Säule lehrt uns, Schwerter und andere Waffen nur als Werkzeuge des Friedens zu gebrauchen. In bezug auf den Sabbath erinnern wir uns noch daran, dass dieser Tag nicht nur ein Festtag für die Seele ist, sondern einer für die Seele und den Leib. Die geschlechtliche Liebe gehört zu diesem Tag genauso dazu wie Wohlergehen, gutes Essen und schöne Kleidung.

ח

Chet – Pfad 18

Von *binah* zu *gevurah*- **der Wagen**

Dies ist der erste Pfad, der nur auf der linken Seite verläuft. Er führt von der Großen Mutter zur Tochter, von Sarah zu Rebekka – man vergleiche damit die rechte Seite, mit der Verbindung zwischen Vater und Sohn, zwischen Isaak und Jakob. Es ist der letzte Pfad, der den Abgrund zwischen dem oberen Dreieck und den sieben niederen Sephirot überquert. Auf der mythologischen Ebene können wir uns das gut als Generationswechsel vorstellen, als Übergang von den Urkräften zu denjenigen Mächten, die unserem Verständnis zugänglicher sind.

Chet bedeutet „Zaun" oder „Einfriedung". Damit ist das Bild eines Sicherheitsbereichs aufgerufen, in dem sich das menschliche Bewusstsein geschützt weiß, während wir von den höheren zu den niederen Bereichen herabsteigen.

Obwohl *chet* auf der linken Seite liegt, ist er doch zugleich der erste Buchstabe von *chesed.* Wieder werden wir daran erinnert, dass die Attribute und Eigenschaften der rechten und linken Seite nicht strikt voneinander getrennt gesehen werden dürfen, sondern als solche, die sich ständig miteinander im Austausch befinden. Mit *chet* beginnt auch *chai*, „Leben", das *chet-yod* geschrieben wird. Während *chet* die Form eines Torbogens oder eines Unterstands hat, ist *yod* der erste Buchstabe des Heiligen Namens. *Yod* steht für den göttlichen Funken. Wir können also sagen, dass das Leben beginnt, wenn der Funke in das Gefäß des Leibes überspringt.

Die zugehörige Tarot-Karte ist der Wagen, ein Bild des Willens und der Bewegung. Die große Energie des Wagens verdeutlicht, dass wir uns auf dem Weg zu *gevurah* befinden, zur Sephira der Stärke. Auf Hermann Haindls Version dieser Karte ist eine urtümliche Kraft hinter dem Wagen am Werk und bewegt ihn vorwärts.

ט

Tet – Pfad 19

Von *chesed* zu *gevurah* – **die Kraft**

Dies ist der zweite von drei Querpfaden, die die rechte und die linke Säule des Baums miteinander verbinden. Auf dem vorliegenden Pfad kommen der Sohn und die Tochter zusammen: *chesed* und *gevurah. Tet* bedeutet „Schlange". Die Schlange ist ein Symbol für das Männliche und für das Weibliche. Während sie in ihrer Längserstreckung eine eindeutig phallische Form aufweist, rollt sie sich in ihrer Ruhestellung oft zu einer ringförmigen Spirale zusammen, die an die weibliche Scham erinnert. Als neunter Buchstabe steht *tet* auch für die neun Monate oder Mondzyklen der Schwangerschaft. Der Buchstabe ist außerdem auch in den Worten für Stab oder Stange enthalten. Dabei denken wir an Moses, wie er das Schilfmeer teilt (nicht das Rote Meer, wie oft fälschlicherweise geglaubt wird) und an die berühmten Worte aus dem 23. Psalm: „Dein Stecken und Stab trösten mich".

Richard Seidman macht noch auf eine interessante Parallele zu dem Bild des griechischen Caduceus aufmerksam. Der Caduceus ist eine Schöpfung des Hermes Trismegistos, der seinen Namen auch der westlich-hermetischen

Tradition gegeben hat. Es handelt sich um einen Stab, um den sich zwei Schlangen winden. Er ist mit der Macht des Heilens aufgeladen und gilt bis heute als Symbol für die medizinischen Berufe. Die zwei Schlangen stehen für die Zusammenführung des Weiblichen und des Männlichen. Ferner für die beiden Kanäle, in denen die *kundalini*-Energie an der Wirbelsäule entlang emporfließt.

Hermann Haindls Version der Kraft-Karte ruft das Bild der voll entfalteten *kundalini*-Energie auf. Es zeigt eine weibliche Schamanin, die eine um ihren Körper gewundene Schlange sicher in den Händen hält.

י

Yod – Pfad 20

Von *netzach* zu *tiferet* – **der Eremit**

Dieser Pfad führt die Energie *netzachs* ins Zentrum des Baums zu tiferet. *Yod* ist der erste Buchstabe des Heiligen Namens und das Symbol für den Funken der Schöpfung. Seine bescheidene Größe, erinnert uns an einen kleinen Lichtblitz in der Dunkelheit und auch an den Urknall und den Moment, an dem das Licht zum ersten Mal aus dem *en sof* hervorquoll. *Yod* ist der einzige Buchstabe, der sozusagen in der Luft hängt. Wenn wir eine Linie an den Unterkanten der Buchstaben ziehen, ist *yod* das einzige Zeichen, das diese Linie nicht berührt, weil es eben den Moment der Schöpfung beschreibt und nicht ihre Vollendung. *Yod* bedeutet „Hand“, die Hand von *yah* oder *yod-heh-vav-heh*, wie sie hinunterreicht, um das Leben zu bringen. Als der zehnte Buchstabe steht er für unsere zehn Finger, mit denen wir bauen, schreiben und zeichnen, mit denen wir das Gebäude der menschlichen Kultur errichten und instandhalten. Die zugehörige Tarot-Karte ist der Eremit. Diese Figur tritt einen Schritt hinter die Alltagswelt zurück, um tiefer in die Geheimnisse der Wirklichkeit einzudringen. Oft trägt er eine Laterne, um mit der Weisheit den Weg seiner Mitmenschen zu beleuchten und zu erhellen. Hermann Haindls Eremit steht inmitten einer Schar von Tieren und schaut glücklich hinauf zu einem großen Licht.

כ

Kaph – Pfad 21

Von *chesed* zu *netzach* – **das Rad des Schicksals**

Dieser Pfad bildet den zweiten Teil der auf der rechten Säule verlaufenden Linie, die von *hokhmah* über *chesed* zu *netzach* führt: von der Sephira des hohen aber unzugänglichen Wissens *hokhmah* über die Gnade und innere Wahrheit zum Sieg der Ewigkeit. Der Buchstabe *kaph* hält den ganzen Baum zusammen. Mit ihm beginnt *kether*, die Krone und oberste Sephira und er ist auch in *malkuth* zu finden, im Reich und in der untersten Sephira. *Kaph* ist auch der erste Buchstabe von *kisay* – „Thron". Diese königlichen Begriffe symbolisieren die dem Geist innewohnende Majestät. Ein weiteres Wort, das mit *kaph* beginnt, ist *kavannah. Kavannah* bedeutet in der Kabbala „Konzentration" und bezieht sich insbesondere auf jenen meditativ-fokussierenden Geisteszustand, in dem der spirituell Übende wahrhaft transzendentale Einsichten gewinnt.

Im wörtlichen Sinn bedeutet *kaph* „Handfläche". Dabei denken wir an produktive Arbeit. Wenn wir diesen Gedanken mit all den königlichen Worten verbinden, gelangen wir zu der Vorstellung, dass uns unsere Arbeit zu adeln und mit Königen auf eine Stufe zu stellen vermag. Die Tarot-Karte ist hier das Rad des Schicksals. Es steht für Karma oder für das Rad des Lebens, das sich dreht und dreht und immer wieder für Veränderung sorgt. Die Fläche der Hand weist uns aber darauf hin, dass wir die Nabe dieses Rades wohl erkennen und in Besitz nehmen können, damit wir nicht als „Felgenfahrer" eine Umdrehung nach der anderen über uns ergehen lassen müssen. Dies erreichen wir durch *kavannah*, durch spirituelles Gewahrwerden.

ל

Lamed – Pfad 22

Von *gevurah* zu *tiferet* – **die Gerechtigkeit**

Wir wechseln nun die Seiten und führen die Stärke von *gevurah* ins Zentrum hinein. *Lamed* bedeutet „Stachelstock". Damit ist ein Stock gemeint, mit dem das Vieh vorangetrieben wird. Wir setzen die Stärke von *gevurah* ein, um den Ochsen *aleph*, diesen stillen Buchstaben, in eine greifbare Form im Herzen des Baum hineinzutreiben. Mit *lamed* beginnen die hebräischen Wörter für „lernen" und „lehren". Diese beiden Aktivitäten stehen als „Studium" im Zentrum des kabbalistischen Judentums. Die Kabbala ist niemals ein Weg der Erregung um ihrer selbst willen gewesen. Das Studium der Überlieferungen sollte uns vielmehr immer auf die Weiden des höheren Bewusstseins hinauftreiben. *Lamed* ist nun wieder jener auch nur einmal im ganzen hebräischen Alphabet vorkommende Buchstabe, der über die Oberlänge der anderen hinausragt. Durch das Studium erheben wir uns über unser Alltagsbewusstsein hinaus.

Dabei geht es auch nicht um ein Lernen um des Lernens willen, also etwa um ein Auswendiglernen einer möglichst großen Stoff-Fülle. Wir müssen nur mit *kavannah* lernen, mit jener geistigen Grundhaltung, die wir im vorherigen Abschnitt besprochen haben. Wir werden das besser verstehen, wenn wir hören, dass *lamed* der Anfangsbuchstabe des hebräischen Wortes *lev* ist – und *lev* bedeutet „Herz". Wir schreiben dieses Wort *lamed-vav*. Es hat den Zahlenwert 36 (nach den ersten zehn Buchstaben geht es in größeren Schritten weiter. *Lamed* ist dreißig und *vav* sechs). Eine jüdische Legende erzählt von den sechsunddreißig „Gerechten", die die Welt durch ihr Mitgefühl aufrecht erhalten. Sechsunddreißig ist zweimal achtzehn. Achtzehn ist der Zahlenwert von *chai*, „Leben", und der Name der transzendenten ersten Welt: *atzilut*.

Die zugehörige Tarot-Karte ist die Gerechtigkeit. Es handelt sich um eine Karte der Wahrheit, der Ehrlichkeit und Aufrichtigkeit. Auch um eine Karte der Gefühle, weil es um spirituelle Gerechtigkeit geht und letztere erfordert, dass wir unsere Herzen öffnen. Hermann Haindls Bild für diese Karte betont das vollkommene Gleichgewicht der Waagschalen. Dieses Bild geht auf das archaische Griechenland zurück und ist sogar noch älter, nämlich aus ägyptischer Zeit. Aus dem ägyptischen Totenbuch erfahren wir, dass das Herz eines Menschen nach seinem Tod von der Göttin Ma'ath und dem Gott Thot gegen eine Straußenfeder aufgewogen wird – Thot ist ja der mythische Schöpfer des Tarot und der ägyptische Hermes Trismegistos. Eine Straußenfeder wiegt nun so gut wie gar nichts. Auf einer symbolischen Ebene sagt uns diese Geschichte, dass wir unser Herz öffnen müssen, um alle Schuld und alle Furcht fahren zu lassen, um eine spirituelle Wiedergeburt zu erleben.

מ

Mem – Pfad 23

Von *gevurah* zu *hod* – **der Gehängte**

Dieser Pfad entspricht dem als Pfad 21 beschriebenen „unteren Säulenpfad" auf der gegenüberliegenden Seite des Baums. Er bildet den Abschluss der Linie, die die linke Säule von *binah* herkommend über *gevurah* noch *hod* durchzieht. Der Buchstabe *mem* ist der zweite der vom *sefer yetsirah* Mutterbuchstaben genannten Zeichen. *Mem* steht für Wasser – wie *aleph* für die Luft. Das hebräische Wort für Wasser, *mayim*, besteht tatsächlich aus zwei mit einem *yod* verbunden *mems* Wir können also noch einmal an das obere und das untere Wasser denken und dabei *yod* als den göttlichen Funken ansehen, diesmal aber in seiner trennenden Funktion.

Gevurah und *hod* liegen beide auf der weiblichen Säule. *Mem* taucht in etlichen weiblichen Wörtern auf, meistens als der letzte Buchstabe. „Mutter" heißt *ahm*, „Gebärmutter" ist *racham*. Das so oft mit der Frau und dem Mutterleib in Verbindung gebrachte Meer heißt *yam* oder *yahm*. Dies ist zugleich die letzte Silbe aus *miryam*, aus dem Namen von Moses' Schwester, der zugleich der ursprüngliche Name von Maria, von der Mutter des Jesus, ist.

Der Gehängte ist eine Karte der Niederlage und des Aufgebens. Wir machen eine Kehrtwende, bewerten unser Verhalten neu und überantworten uns dem spirituellen Weg. Für Hermann Haindl bedeutet dies eine Öffnung gegenüber den weiblichen Kräften der Erde. Sein Gehängter erlebt eher eine Ekstase, als dass er Schmerz leidet. Ein Regenbogen überspannt seinen Leib, während sich die Landschaft unter ihm zu einem Schwangerschaftshügel aufwirft.

נ

Nun – Pfad 24

Von *tiferet* zu *netzach* – **der Tod**

Von *tiferet* führen drei Pfade zu den niederen Bereichen des Baums. *Nun* ist der erste. Die bereits behandelten Pfade brachten immer etwas zu *tiferet* hin, um die vollkommene Balance dieser Sephira zu stärken. Jetzt gibt *tiferet* Energie ab: die Ewigkeits-Sephira *netzach* erhält einen Zufluss von Schönheits-Energie aus der Mitte des Baums. Natürlich ist auch dieser Pfad in beide Richtungen befahrbar. Wenn wir uns vorstellen ,wie wir nach *kether* hinauffahren, dann führt einer der möglichen Wege von *netzach* über *tiferet*. Der Buchstabe nun bedeutet „Fisch". Dieses Geschöpf schwimmt in den Wassern des vorherigen Buchstabens. Für Christen steht der Fisch für Christus – wie *mem* für Maria. Jesus wurde zu Beginn des astrologischen Zeitalter der Fische geboren (die astrologischen Zeitalter wechseln alle zweitausend Jahre). Der Fisch symbolisiert aber darüberhinaus auch noch die Seele, wie sie im tiefen Wasser des Meeres – im Mutterleib der Erde – schwimmt. Fische sind auch ein guter Dünger für die Erde. *Nun* bedeutet auch „wachsen" und „sprießen". Als die Wampanaog-Indianer den Pilgervätern in Neu-England beibrachten, einen Fisch zusammen mit ihren Kornsamen in die Erde zu legen, verbanden diese „Heiden", ohne es zu wissen, die Pilgerväter mit ihren biblischen Wurzeln. Der Baum des Lebens wächst eben in allen Kulturen.
Nun hat im Hebräischen den Zahlenwert fünfzig. Richard Seidman schreibt, dass es fünfzig Tore der sprituellen Erkenntnis gibt. Neunundvierzig von ihnen – also sieben mal sieben – führen uns an Schauplätze unseres eigenen Lebens. Der fünfzigste führt uns jedoch darüber hinaus.

Die zu diesem Thema der Wiedergeburt und der Transzendenz passende Tarot-Karte ist der Tod. Obwohl diese Karte in Filmen als ein Vorbote schrecklicher Ereignisse – meist eines Mordes – dargestellt wird, ist sie doch in Wahrheit lediglich die Karte des Übergangs und ein Symbol für den Abschied von Dingen, deren Zeit gekommen ist.

ס

Samekh – Pfad 25

Von *tiferet* zu *yesod* – **Alchemie** (traditionelle Tarots: **die Mäßigkeit**)

Dieser Pfad ist der zweite von drei Wegen, die von *tiferet* hinunter zum niederen Dreieck weisen. *Samekh* führt zur Basis dieses Dreiecks nach *yesod* – vom Zentrum zum Fundament, von der vollkommenen Ausgewogenheit zu den Wurzelmächten der Einbildungs- und Vorstellungskraft. Es ist auch der Pfad, der Sonne und Mond, das aus sich selbst heraus strahlende Licht und den reflektierenden Spiegel verbindet.

Samekh bedeutet „Beistand" oder „Stütze". Viele Kabbalisten sehen in *samekh* einen Zelt-Pflock. Da die Hebräer über Jahrhunderte in Zelten lebten, ehe sie darangingen, Städte zu bauen, wird die Bedeutung eines solchen Gegenstandes für das menschliche Leben sofort klar. Die Überlieferung bezeichnet Kain, den erster Mörder, als den Erfinder des Städtebaus. Noch heute empfinden viele Menschen die Stadt als dekadent und als einen Ort, der für die ursprüngliche Lebensweise des Menschen ungeeignet ist.

Die Form *samekhs* ist eine völlig geschlossene. Sie hat keinen Anfang und kein Ende, was sie in ähnlicher Weise zu einem Bild der Ewigkeit macht wie die Schlange, die sich in den eigenen Schwanz beißt. Viele bedeutsame hebräische Worte beginnen mit *samekh.* Zu diesen gehört *sukkah* – heilige Hütte; *sefer* - Buch – wie z.B. *sefer yetsirah*; *siddur* – Gebetbuch; und *sipur* – Geschichte. Für uns ist am wichtigsten, dass auch *sephirah* – das Grundelement des Baums – mit *samekh* beginnt und schließlich *sod* – das Geheimnis und der letzte Buchstabe in *prds*, womit in der Lehre vom vierfachen Schriftsinn die mystische Bedeutung von Texten oder Symbolen gemeint ist.

Die Karte aus dem Haindl-Tarot ist hier Alchemie (traditionell: Mäßigkeit). Es ist die auf den Tod folgende Karte, die auf eine gewisse Durchlässigkeit von Grenzen hinweist. Das Haindl-Bild betont die Einheit von Leben und Tod und von männlichen und weiblichen Elementen, wobei sich der Fluss der Energie zwischen den scheinbaren Gegensätzen hin und her bewegt. Dieses wunderbare Gemisch ist eins der Geheimnisse – *sod* – der Kabbala, die immer wieder neue Polaritäten aufwirft, um Anziehungs- und Abstoßungspunkte für den Austausch lebendiger Energie zu schaffen.

ע

Ayin – Pfad 26

Von *tiferet* zu *hod* – **der Teufel**

Der dritte und letzte aus *tiferet* herausführende Pfad mündet in *hod*. Während Pfad 24 die Energie an die Liebe und an die Gefühle *netzachs* weiterleitete, fließt der Strom hier in Richtung auf die starken Verstandeskräfte *hods*. *Hod* ist die Sephira von Merkur, den wir auch als Hermes und als Thoth kennengelernt haben.

Der zugehörige Buchstabe ist *ayin*, was „Auge" bedeutet. *Ayin* ist der zweite stille Buchstabe. Das ist nun, wie wir es von der Kabbala aber auch nicht anders erwarten, eher paradox, da doch die Sprache ein Attribut *hods* ist. Trotzdem wissen wir, dass wir mystische Bewusstseinszustände erreichen können, in denen das „Auge" als das Organ der inneren Vision Wunder erblickt, die sich einer Beschreibung mit Worten entziehen. Außerdem ist die lesende Aufnahme des geschriebenen Wortes seit alters her mit dem Auge verbunden, woran auch die Erfindung der Blindenschrift für die meisten Menschen nichts geändert hat.

Wegen der Dominanz des Gesichtsinns besetzt das Auge einen besonderen Platz im spirituellen Symbolismus. Die Ägypter sprachen vom „Auge des Horus", wenn sie das Zentrum der Kraft des Gottes beschreiben wollten. Propheten werden von uns „Seher" genannt. Das „dritte Auge" ist ein spezielles psychisches Zentrum in unserem Gehirn. Gefürchtet ist der „böse Blick", hebräisch *ayin hora*. Es ist die Macht, aus Hass oder Neid andere zu verfluchen. Mit dem Auge können wir mit Gott kommunizieren. Richard Seidmann zitiert den christlichen Mystiker Meister Eckhart: „Wenn mein Auge und Gottes Auge einander sehen, sind sie ein Auge". Jesajah spricht davon, dass er Gott „Auge in Auge" gegenübersteht.

Und doch kann uns das Auge zum Narren halten. Tag für Tag leben wir mit der Illusion, das die Sonne im Osten aufgeht, über den Himmel zieht und im Westen wieder versinkt. Dabei dreht sich die Erde nur um ihre eigene Achse.

Die schwerwiegendste Illusion ist allerdings der Materialismus, der uns weismachen will, dass nichts existiert, was wir nicht sehen oder messen können. Allen seit Jahrtausenden gesammelten Zeugnissen der Mystiker und Schamanen, der Visionäre und Seher zum Trotz behauptet der Materialist, dass es sich dabei um Aberglauben handelt, weil er es selbst nicht sehen kann. Dies ist einer der Gründe, warum der Teufel auf diesem Pfad liegt. Der Teufel ist schließlich der Meister der Illusion. Zu seinen Glanzstücken gehört die Verbreitung des Glaubens an einen mächtigen Herrscher über die verlorenen Seelen, dem es gelingt, die Menschen von Gott zu trennen. Die Kabbala lehrt jedoch, dass uns nichts von Gott trennen kann, weil wir Gott nie verlassen. Wir müssen nur unsere Augen öffnen. Hermann Haindl hat eine Ziege mit einem Edelstein an der Stelle des dritten Auges zur Zentralfigur seiner Teufels-Karte gemacht. Für eine Neuveröffentlichung hat er diese Karte in „Pan“ umgetauft, ihr also den Namen des griechischen Gottes gegeben, den wir mit Sinnlichkeit und ekstatischem Spiel in Verbindung bringen.

פ

Peh – Pfad 27

Von *netzach* zu *hod* – **der Turm**

Dies ist die letzte Verbindungslinie zwischen den Säulen. Sie führt vom Überfluss der Gefühle bei *netzach* zur Intelligenz *hods*, von der ewig siegreichen Liebe zum prächtig leuchtenden Intellekt. Damit ist dieser Pfad einer der kraftgeladensten auf dem ganzen Baum. Wir werden gleich sehen, dass die zum Pfad 27 gehörige Tarot-Karte Turm diese explosiven offenbarungsartigen Energien trefflich symbolisiert.

Peh bedeutet „Mund“ und steht deshalb auch für das Sprachvermögen. Gedanken und Gefühle werden durch Sprache kommuniziert. Mit der Sprache drücken wir uns aus, sagen, was wir denken und woran wir glauben. Als Moses sich selbst die Verpflichtung auferlegte, dem göttlichen Weg zu folgen, musste er laut *„Hineini“* – „Hier bin ich“ – ausrufen. Bei *ayin* haben wir Jesajas Versprechen, Gott Auge in Auge gegenüberzustehen, zitiert. Jetzt können wir an Moses' „Von Mund zu Mund redete ich mit ihm“ erinnern (4. Mose 12:8). Richard Seidman macht darauf aufmerksam, dass die Buddhisten das „rechte Sprechen“ zum achtfaltigen Erleuchtungspfad zählen und dass Jesus seine Anhänger ermahnt: „Was zum Munde eingeht, das macht den Menschen nicht unrein, sondern was zum Munde ausgeht, das macht den Menschen unrein“ (Matthäus 15:11). Christen glauben, dass die von Adam ihren Ausgang nehmende Erbsünde endgültig gesühnt wurde, als Jesus am Kreuz rief: „Es ist vollbracht!“

Die Karte des Turms zeigt das Bauwerk, wie es vom Blitz getroffen ist und brennt. Er wird oft als ein Symbol für die Zerstörung falscher Werte gedeutet. Es geht aber um mehr. Der Turm symbolisiert das, was ich „die Sprache Gottes“ nennen möchte: Offenbarung. Der Blitz steht hier für die Erleuchtung des Buddha, für das Damaskus-Erlebnis des Heiligen Paulus und für den Energieblitz, der von *kehter* nach *malkuth* mit unvorstellbarer Geschwindigkeit hinabfährt.

Im Buch Genesis wird vom Turmbau zu Babel erzählt, was vermutlich auf die Zikkurat-Türme von Babylon anspielt, die tatsächlich von Menschen aus verschiedenen Nationen gebaut worden sind. Bekanntlich hat Gott die Sprache der Menschen damals deshalb verwirrt, weil sie sich anschickten, ein Bauwerk zu errichten, das bis zum Himmel reicht. Als Gott am Berg Sinai zur Menschheit spricht, tut er das aus einer Gewitterwolke heraus. Im Neuen Testament geschieht dann das Pfingst-Wunder, eine Art Anti-Babel. Die Menschen werden vom Heiligen Geist ergriffen, sprechen „in Zungen“ und verstehen sich endlich wieder untereinander. Das Zungenreden zeitgenössischer „Pfingstler“ erscheint Außenstehenden oft nur ein Gebrabbel zu sein. Schamanen machen es aber genauso. Auch sie sprechen in einer göttlichen Sprache, die niemand anderes versteht. Chassidische Juden geben ihrer Verehrung Gottes oft durch einen wortlos-melodiösen Gesang Ausdruck. Alle diese Formen des ekstatischen Sprechens gehören zu *peh.*

צ

Tzadi – Pfad 28

Von *netzach* zu *yesod* – **der Stern**

Hier begeben wir uns von der rechten Seite aus zur Basis des Dreiecks: von der Sephira der Liebe zu der des Fundaments und des Vorstellungsvermögens – von der Venus zum Mond. *Tzadi* bedeutet „Angelhaken“. Mit diesem Werkzeug können wir in der tiefen See des Unbewussten nach Bildern, Eingebungen und Gefühlen fischen. Wenn wir uns noch daran erinnern, dass *nun* „Fisch“ bedeutete und „Wiedergeburt der Seele“, dann steht der Angelhaken für alle Hilfsmittel, die unserer Seele beim Aufstieg zum höheren Bewusstsein dienlich sein können.

Tzadi ist der erste Buchstbe von zwei wichtigen heiligen Wörtern. Das erste ist *tzaddik*, was ungefähr dem katholischen Heiligen entspricht, obwohl es keine offizielle Prozedur der „*tzaddik*-Sprechung“ gibt. Das zweite Wort ist *tzedakkah*, was „Mildtätigkeit“ bedeutet, womit zugleich das Hauptmerkmal eines *tzaddik* angesprochen ist. Der *tzaddik* ist ein Mensch voller Mitgefühl und Hilfsbereitschaft.

Der Stern ist die Tarot-Karte dieses Pfades. Sie ist für den Haindl-Tarot sehr wichtig. Im traditionellen Tarot ist meist eine nackte Frau abgebildet, die aus zwei Krügen freimütig Wasser auf die Erde gießt. Die Karte symbolisiert so etwas wie die „Ruhe nach dem Sturm“, die Freiheit und die Zuversicht nach dem gewaltigen Umbruch des Turms. Im Haindl-Tarot symbolisiert sie auch die Hoffnung, dass sich die Erde erneuern möge. Das Bild zeigt eine ganz schlicht gekleidete Frau, die sich in einem Gebirgsbach zu waschen scheint. Sie steht hier für Gaia, die griechische Göttin der Erde, die ihren Namen auch einem wissenschaftlichen Projekt gegeben hat, dessen Ziel darin besteht, die ganze Erde als einen einzigen lebendigen Organismus zu erweisen. Obwohl wir Menschen für die Erde zu einer Gefahr geworden zu sein scheinen, verleiht der Stern Hoffnung und erneuert den Glauben an die Zukunft.

ק

Koof – Pfad 29

Von *netzach* zu *malkuth* – **der Mond**

Wir bleiben auf der rechten Seite des Baums, und betreten nun den ersten von drei Pfaden, die zu *malkuth* führen, also in die „reale Welt“. Dieser Weg verbindet die Liebe mit dem täglichen Leben. Die Liebe ermöglicht es uns, über unser normales Bewusstsein hinauszugehen und die unterste Sephira der rechten Säule der Gnade zu ergründen. Kabbalisten stellen *koof* in einen Zusammenhang mit dem Hinterkopf und dem Stammhirn, wo die Instinkte angesiedelt sind. Das ist nicht einfach metaphorisch gemeint. Die im hinteren Bereich des Schädels gelegenen Gehirnbezirke weisen eine gewisse Ähnlichkeit mit denen der Eidechsen auf, die letzten Endes die Nachfahren der Dinosaurier sind. Dieser Teil des Gehirns ist damit erheblich älter als der Mensch selbst. Man vergleiche einmal den im nächsten Abschnitt zu besprechenden Buchstaben *resh*, der für den „Kopf" und die Großhirnrinde steht, mit *koof.*

Koof ist der Anfangsbuchstabe einer Reihe wichtiger Wörter. Den Anfang macht *kabbalah* selbst. Andere sind *kadosh*: heilig; *kedushah*: Heiligkeit; und *kaddish*: ein Gebet zur Ehre und zum Lobpreis Gottes. *Kaddish* wird zwar bei verschiedenen Anläßen gesprochen, in erster Linie bezieht es sich jedoch auf ein im Verlauf der Trauerfeierlichkeiten für einen verstorbenen Verwandten gesprochenes Gebet. Wenn Juden für ihre verstorbenen Eltern oder einen durch den Tod verlorenen Ehegatten *kaddish* sprechen, wundern sie sich oft, dass dieses Gebet gar nichts über den Tod sagt, sondern stattdessen Gott als den Spender des Lebens preist. Darin kommt der allertiefste Instinkt zum Ausdruck, der uns sagt, dass das ganze Sein mit Leben erfüllt ist.

Die Tarot-Karte des Mondes ruft ebenfalls unsere Instinkte auf. Hunde heulen den Mond an. Polizei und Krankenhäuser berichten über eine Zunahme von Notfällen und ungewöhnlichen Ereignissen bei Vollmond. Ich habe zwar gelesen, dass in Wirklichkeit gar kein Anstieg seltsamer Ereignisse festzustellen ist, es bleibt aber eine Tatsache, dass die Polizei und das Krankenhauspersonal an diesem Glauben festhalten. Das fahle Licht des Mondes – ein Widerschein des Sonnenlichts – dringt tief in unsere Schädel vor und löst dort etwas aus, was sehr archaisch ist und an den Grundfesten unser vernunftbetonten menschlichen Kultur rüttelt.

ר

Resh – Pfad 30

Von *hod* zu *yesod* – **die Sonne**

Wir begeben uns jetzt wieder auf die linke Seite des Baums, wo die beiden letzten Pfade abzweigen, die von der Säule der Gerechtigkeit oder des Urteilsspruchs ausgehen. Pfad 30 führt uns vom Intellekt *hods* zum Vorstellungsvermögen *yesods*. Es ist eine Reise ins Unbewusste. In einem inzwischen schon vertraut anmutenden Widerspruch dazu, bedeutet *resh* „Kopf". Der Buchstabe steht also für das Bewusstsein, für die Stirn und die Großhirnrinde, die uns, was das Gehirn angeht, erst recht eigentlich zum Menschen machen. Man könnte vielleicht sagen, dass wir gerade in dem Moment, wo wir in die Dunkelheit des Unbewussten eintauchen, ganz besonders am Licht des Bewusstseins festhalten müssen.

Mit *resh* fangen wieder einige wichtige Wörter an, wie beispielsweise *racham*: Mutterleib oder Gebärmutter; weiter *rachamim*: Mitgefühl; *raw*: Rabbi, was Lehrer bedeutet und schließlich *rasha*: eine Verfehlung begehen. Es handelt sich um die Qualität des freien Willens. Wollen wir mitfühlend und weise sein oder wollen wir nur an uns selbst denken und anderen Schaden zufügen? Solche Entscheidungen könnten wir uns gar nicht bewusstmachen, wenn wir über die entsprechenden Gehirnbezirke nicht verfügen würden. Viele Menschen kennen *resh* in der Form *rosh* – wie bei *rosh hashanah*, dem jüdischen Neujahr, was wörtlich übersetzt „Kopf des Jahres" bedeutet. Dieser Tag ist mythologisch betrachtet der Geburtstag der Schöpfung. Er eröffnet eine Zeit der erhöhten Bewusstheit und der Innenschau, die unter dem Namen „die Tage der Ehrfurcht" bekannt ist und eine Spanne von zehn Tagen umfasst, die mit dem Versöhnungstag endet. Wiederum ist es das Bewusstsein, das es uns erlaubt, unsere Sehnsucht nach einer Versöhnung – einem Einswerden – mit dem Göttlichen anzuerkennen. Diese Sehnsucht ist das Fundament – *yesod* – des gesamten Baums: es geht nicht um Wissen und Erkenntnis, nicht um Macht und Magie, sondern um die grenzenlose allumfassende Einheit Gottes und unseres göttlichen Selbst.

Die zugehörige Tarot-Karte ist die Sonne – das Bild des strahlenden Lichtes. Die Sonne symbolisiert das höhere Bewusstsein in vielen Kulturen der Menschheit. Die alten Ägypter erblickten und verehrten in der Sonne ihren höchsten Gott Ra. Die amerikanischen Indianer sprechen von „Großvater Sonne". Mittelalterliche Christen verglichen die Sonne mit dem Licht des Christus. Hermann Haindls Bild der Sonnen-Karte ist sehr geheimnisvoll. Es scheint aus einer anderen Welt zu kommen. Gezeigt wird hier nicht der brennende Wasserstoff-Ball, der unseren Tageshimmel beherrscht, sondern das Sonnenlicht des göttlichen Bewusstseins.

ש

Shin – Pfad 31

Von *hod* zu *malkuth* – **Aeon** (traditionelle Tarots: **das Urteil**)

Der vorletzte Pfad führt vom Grund der linken Säule hinein in die „wirkliche" Welt von *malkuth*. Wir verlassen jetzt die künstliche Trennung in abstrakte Urkräfte und Prinzipien und kehren zur Ganzheit zurück. *Malkuth* ist außer *kether* ja die einzige Sephira, die alle Eigenschaften und Qualitäten enthält. Von *kether* nahm alles seinen Ausgang. Der Baum zerteilte sich in die Polarität. *Malkuth* nimmt jetzt alles wieder auf und stellt die Ganzheit wieder her und sei es auch, dass die Dichte der Materie, die Alltagswirklichkeit von *malkuth*, diese große Wahrheit verdunkelt. Der Baum erinnert uns daran, dass alle „oberen" Qualitäten hier in unserem „unteren" Leben wieder ungeteilt und vermischt erscheinen.

Die Form von *shin* sieht wie ein Feuer mit drei Flammen aus. Tatsächlich ist *shin* der letzte der drei Mutterbuchstaben und der Repräsentant des Elements Feuer. Feuer heißt *esh* und wird *aleph-shin* geschrieben, also mit dem Mutterbuchstaben für die Luft und mit dem des Feuers. Die dritte „Mutter" kommt auch bei dem Wort „Himmel" ins Spiel, bei *shamayim*: es ist dasselbe Wort wie Wasser nur mit einem *shin* davor.

Shin ist ein auffallend positiver Buchstabe. *Shalom* heißt Frieden; *shaddai* ist ein Name Gottes, der von dem Wort für Brüste abgeleitet ist und gewöhnlich mit „der Allmächtige" übersetzt wird. *shanah*: das Jahr, stammt von *shinah*: Veränderung ab; und *simcha* heißt Freude oder freudiges Ereignis. Noch zwei weitere für die Kabbala sehr wichtige Worte beginnen mit *shin*: *shabbat* und *shekhinah*. Mit diesen beiden Worten kehren wir zu *malkuth* zurück. Die letzte Sephira symbolisiert den Sabbath. Zugleich ist sie der Wohnort der *shekhinah*.

Die zugehörige Tarot-Karte ist bei Haindl das Aeon. Der Name stammt von Aleister Crowley. Die traditionelle Karte wird Urteil genannt. Sie bringt den christlichen Mythos vom jüngsten Gericht und dem zur Auferstehung der Toten seine Trompete blasenden Engel ins Bild. Das Geheimnis dieser Karte besteht darin, dass entgegen der christlichen Auffassung vom Urteil an diesem Tag überhaupt niemand abgeurteilt oder der Hölle überstellt wird. Es kommt im Gegenteil der Gedanke einer allgemeinen, alle und alles umfassenden Auferstehung zum Ausdruck, eines sich Erhebens und Erhobenwerdens hin zum höheren Bewusstsein, in dem wir erkennen, dass wir beides sind: unsere wiederauferweckten Seelen und der Engel, der die Musik des neuen Lebens spielt.

Die Namensverschiebung zu Aeon bringt den Gedanken eines Epochenwechsels ins Spiel. Die Auferstehung ist nicht mehr nur auf den Einzelnen beschränkt – es geht um eine Auferstehung der ganzen Existenz. Es ist eine Zeit voller Gefahren und voller Angst – aber auch eine Zeit voller Hoffnung. Diese Gedanken symbolisiert der zur Erde niederschwebende Fötus. Hermann Haindl macht hier den Vorschlag, dass wir unsere große Krise als das Signal eines solchen Epochenwechsel begreifen.

ת

Tav – Pfad 32

Von *yesod* zu *malkuth* – **das Universum** (traditionelle Taots: **die Welt**)

Unsere Reise geht zu Ende. Wir stehen auf der von Alan Moore so genannten Bundesstraße 32. Hier fließt das Fundament des Baumes in die Wirklichkeit der Welt, wie wir sie kennen oder zu kennen glauben, hinein. Moore nennt diesen Pfad zwischen *yesod* und *malkuth* in *Promethea* (Ausgabe 12) auch „Fleisch und den Tanz der Einbildungskraft".

Malkuth ist das Reich. Wir können es uns als das irdische Königreich der physischen Existenz vorstellen. Trotzdem ist es auch das „Königreich des Himmels", wie es Jesus genannt hat. Der Himmel, so lehrt es die Kabbala, liegt nicht irgendwo da draussen in der blauen Ferne oder verborgen hinter der Mauer des Todes. Nein, er liegt mitten in uns, in jedem Atemzug, jedem Wassertropfen, jedem Blatt und jedem Stein. Dies ist das ganz(e) große Geheimnis, das *sod* von *prds*, vom PaRaDieS.

Der Buchstabe *tav* bedeutet „Markierung" oder „Siegel". Wir könnten vielleicht sagen dass dieser letzte Buchstabe und Pfad unsere Reise auf dem Baum besiegelt. Nach Richard Seidman lehrt die Überlieferung der Kabbala, dass das Alphabet nicht mit *tav* endet, sondern dass es wieder von neuem mit *aleph* beginnt, so als bilde das ganze Alphabet, als bildeten alle Pfade des

Baums einen einzigen großer Kreis. Im *sefer yetsirah* lesen wir: „Das Ende ist in den Anfang gelegt und der Anfang in das Ende". Wir denken auch daran, dass alle drei Mutterbuchstaben zusammen – *aleph-mem-tav* – das Wort *emet*: Wahrheit bilden. Wenn wir das „stille" *aleph* aber fortlassen, wenn wir den Geist hinter und im physischen nicht sehen, erhalten wir nur *met* – und das bedeutet: Tod.

Tav ist der Anfangsbuchstabe von einigen der heiligsten Wörter des Hebräischen. *torah*, *talmud* und *tanakh* – so der hebräische Name für die Bibel – beginnen mit *tav*. Außerdem noch *teshuvah*: Buße, wörtlich genommen die Umkehr zu Gott; und Isaak Lurias *tikkun*: heilende Wiederherstellung, wie in *tikkun olam*: Wiederherstellung der Welt.

Der traditionelle Name für die letzte Trumpf-Karte im Tarot ist „die Welt". Aleister Crowley hat sie in „Universum" umbenannt und damit verdeutlichen wollen, dass wir unsere Vision nicht durch unser vorläufiges, durch die Sinne vermitteltes Wissen von den Dingen dieser Welt begrenzen lassen sollen. Bei Hermann Haindls Version erwacht die nordische Midgard-Schlange und stößt ihren feurigen Atem aus. Es ist ein Bild, in dem sich *teshuvah* und *tikkun* vereinen. Seine Tarot-Karte zeigt die untere Hälfte der Erde, während sein großes Gemälde vom Baum des Lebens die obere Hälfte *malkuths* abbildet. Beide zusammen bilden eine große Vision, die wir vielleicht „Farbe, Malerei und der Tanz der Einbildungskraft" nennen können. Tatsächlich ahmt jedes Kunstwerk die Schöpfung auf dem heiligen Pfad zwischen *yesod* und *malkuth* nach. Wenn wir sie ganz tief mitempfinden, ermahnt uns Hermann Haindls Kunst, dass wir die Kabbala nicht nur studieren sollen, sondern dass wir sie mit Hingabe und Liebe leben müssen.

Legebilder und Befragungen auf dem Baum des Lebens

Es gibt mehrere Möglichkeiten, wie wir den Baum für den Tarot nutzen können. Hermann Haindls Gemälde ist für alle diese verschiedenen Arten sehr hilfreich, weil wir die Karten direkt auf das Bild legen können und die Sache so sehr anschaulich undl lebendig wird. Zunächst können wir die Karten einfach in der vorgegebenen Reihenfolge und Zuordnung auf den Baum legen. Wenn wir den Narren einmal tatsächlich auf den Pfad zwischen *kether* und *hokhmah* legen, dann den Magier auf die Linie zwischen *kether* und *binah* und mit den anderen Karten dann fortfahren, vertiefen wir unser Verständnis des Gesamtzusammenhangs. Die Bilder werden dann plastischer und eindringlicher. Wir empfinden selber eine stärkere Einbindung, weil wir es wagen, die beiden symbolischen Systeme miteinander zu kombinieren.

Man kann die Tarot-Karten auch zur Erhellung der Vorstellung der vier Welten benutzen, indem man sich der vier verschiedenen „Farben" bedient. Dabei legt man nacheinander die Karten As bis zehn einer Farbe – beispielsweise die Stäbe (Feuer) - auf die Sephirot. Das As kommt auf *kether* zu liegen, die zwei auf *hokhmah* und dann immer so weiter bis zur zehn, die auf *malkuth* gelegt wird. Wenn man diese Prozedur für alle vier Farbsätze durchführt, bekommt man ein Gefühl dafür, wie sich die Karten und der Baum wechselseitig beeinflussen. So verändern beispielsweise die Schlangen bei *gevurah* und *chesed* oder die Vögel bei *tiferet*, *netzach* und *hod* unsere Wahrnehmung der an diesen Stellen liegenden Karten.

Man kann auch die Hofkarten auf den Baum legen. Hier können wir alle Farben zugleich einsetzen. Es gibt ja nur jeweils vier Hofkarten pro Satz. Im folgenden werde ich die Bezeichnungen der Haindl-Karten verwenden und die traditionellen Namen in Klammern dazusetzen. Die Zuweisungen der Attribute und die jeweiligen Legepositionen auf dem Baum leiten sich von der Verbindung der Hofkarten mit dem Heiligen Namen Gottes und den vier Welten ab. Die Väter (Könige) symbolisieren den ersten Buchstaben *yod* und Feuer. Wir versuchen nun, diese Karten auf und über die Sephira *hokhmah* zu legen. Die Mütter (Königinnen) stehen für *heh* und Wasser. Sie kommen auf *binah* zu liegen. Die Söhne (Ritter) bezeichnen *vav* und Luft und werden auf *tiferet* gesetzt. Die Töchter (Buben) repräsentieren schließlich das zweite *heh* und Erde und finden ihren Platz auf *malkuth*. Bei den Crowley-Karten ist die

Reihenfolge noch wieder anders. Dort folgen auf den Ritter (auf Platz eins) die Königin und dann kommen der Prinz und die Prinzessin.

Auch diese Legemethode kann zu vertieften Einsichten in den Baum verhelfen. Ebenso erweitert sich das Verständnis für die Karten, da diese in eben denjenigen umfassenden und komplexen Rahmen gestellt werden, von dem sich ihr Symbolismus zu einem guten Teil ableitet. Erfahrene Tarot-Praktiker werden sicher bemerkt haben, dass die Fünfen bei jedem Satz üblicherweise eine schwierige Situation darstellen oder andeuten. Wir verstehen dies besser, wenn wir bemerken, dass Platz fünf die Sephira *gevurah* ist. Über diese Sephira haben wir doch gelernt, dass sie für die Annahme der etwas härteren Herausforderungen des Lebens steht.

Wir müssen die Karten aber gar nicht ausschließlich an ihren angestammten Plätzen belassen. Wir können sie durchaus auch frei verteilen. Eine Auslegung der Karten, die einem ganz bestimmten Muster folgt, nennen wir ein Legebild. Der Baum wird dabei nun zu einem sehr dynamischen Beispiel.

Am besten legt man das Bild des Baums vor sich auf den Tisch. Man muss es nicht benutzen, aber es macht die Sache lebendiger. Dann werden die Karten gemischt. Die Mischmethode spielt keine Rolle, solange man die Karten-Bilder nicht sieht. Anschließend werden zehn Karten nacheinander auf die Sephirot gelegt.

Der Symbolismus des Baums lädt natürlich zu einer Vielzahl von möglichen Karten-Deutungen ein. Wir müssen den Bedeutungshorizont also etwas begrenzen, damit wir zu Aussagen kommen, die für ein Tarot-Legebild sinnvoll sind. Die folgenden Bedeutungen unterscheiden sich ein wenig von denjenigen, die ich in meinem früheren Buch *Tarot – 78 Grade der Weisheit* entwickelt habe. Die Unterschiede spiegeln, so hoffe ich wenigstens, das vertiefte Verständnis wider, das ich durch die Arbeit an diesem Buch gewonnen habe. Die Leser können auch gern die Bedeutungszuweisungen studieren, die andere Ausleger vornehmen. Besonders hinweisen möchte ich in diesem Zusammenhang auf Isabel Kliegmans Buch *Tarot and the Tree of Life*.

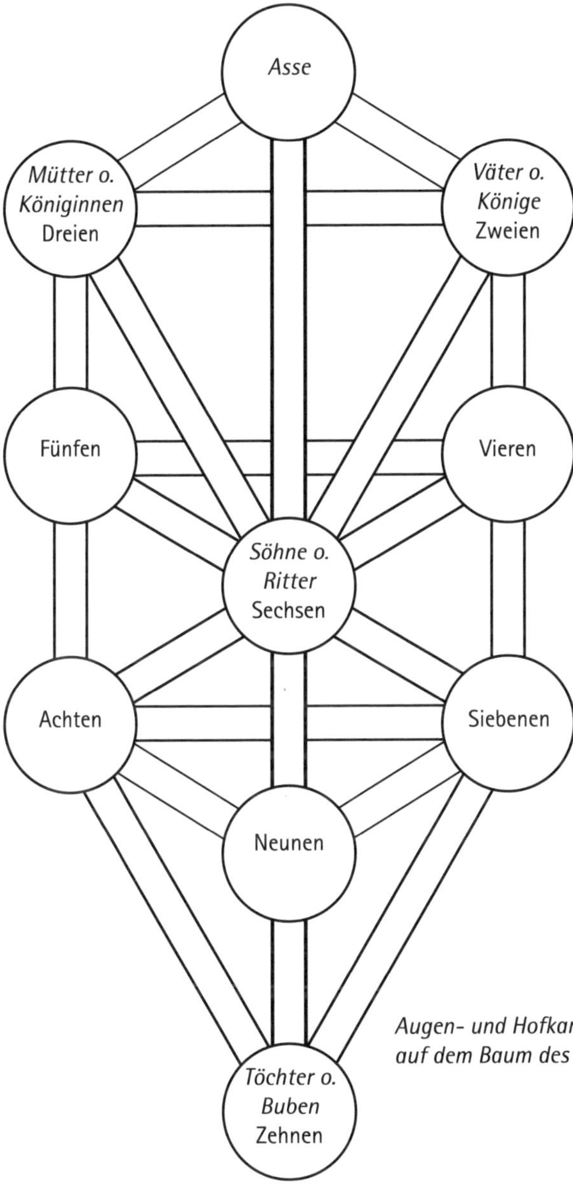

Augen- und Hofkarten auf dem Baum des Lebens

Kether - Das größte Potential eines Menschen. Die größten Chancen, die in einer bestimmten Situation angelegt sind. Die spirituelle Wahrheit in einer Begebenheit oder einem Erlebnis.

Hokhmah – Weisheit. Dinge, die wir gelernt haben oder noch lernen können. Alles was uns dabei hilft, das große Potential, wie es sich in *kether* gezeigt hat, zu verwirklichen.

Binah – Wie wir das, was wir gelernt haben, anwenden können. Sich den Schwierigkeiten und Herausforderungen des Lebens stellen. Erkennen, was uns von der Verwirklichung unserer Möglichkeiten abhält und wie wir dazu eine neue Einstellung finden können, die diese Hindernisse verringert oder verändert.

Chesed – Was wir anderen Menschen geben können – in einem ganz einfachen praktischen Sinn und in gefühlsmäßiger Hinsicht. Der Teil von uns, der am meisten für Zuwendung und Offenheit steht, für Großzügigkeit und Liebe. Handlungen, in denen Mitgefühl und Verzeihen gegenüber unseren leidtragenden Mitmenschen zum Ausdruck kommt.

Gevurah – Wie wir unsere Macht, unsere Kraft und unseren Einfluss wahrnehmen und ausüben. Stärke zeigen und Grenzen setzen. Der beste einzuschlagende Weg, Schwierigkeiten und Widerstände, die auf uns zu kommen, zu meistern.

Tiferet – Wie wir Schönheit und Freude im Leben finden können – in unseren Beziehungen, in der Familie und im Berufsleben. Die Art und Weise, wie wir ein Gleichgewicht in unserem Leben mit seinen vielfältigen Aspekten finden. Unser eigentliches Zentrum, unser Wesenskern.

Netzach – Gefühle und Liebe. Die Art und Weise, wie wir unsere Gefühle ausdrücken. Die Bedeutung, die die Liebe und die Gefühle im Leben eines Menschen oder in einer bestimmten Situation haben.

Hod – Intellekt. Die Art und Weise, wie der Verstand eines Menschen arbeitet und funktioniert. Die Dinge, über die wir nachdenken, die wir analysieren müssen. Sprache, Ausdrucksvermögen und Ausdrucksbereiche.

Yesod – Einbildungskraft, Vorstellungsvermögen, das Unbewusste, Träume. Unsere Phantasien und Traumbilder, wie sie unser Leben beeinflussen und wohin sie uns führen. Eine Chance, das Fundament zu erkennen, auf dem wir als diejenigen, die wir wirklich sind, stehen.

Malkuth – Die äußeren Umstände und Rahmenbedingungen. Wie diese Dinge unser Leben bestimmen. Die Dinge, die ein Mensch in seinem Leben oder in einer bestimmten Situation unbedingt anpacken muss.

Da'ath – Verborgenes Wissen. Wissen, das uns verändert.

Weil *da'ath* Veränderung meint, ziehe ich es vor, diese Sephira an die letzte Stelle zu setzen. Andere platzieren sie vielleicht zwischen *binah* und *chesed*. Man kann dieses Legebild für eine Befragung einsetzen, wenn man das Gesamtmuster des Lebens eines bestimmten Menschen in den Blick bekommen möchte, aber auch wenn es darum geht, eine Zeitspanne oder ein besonderes Problem zu beleuchten.

Man kann auch das ganze Deck für eine Befragung nehmen. Dabei wählt man zunächst eine einzelne Karte. Ich beschreibe jetzt eine Befragung, die jemand für sich selbst durchführt. Sie kann natürlich auch für jemand anderen gemacht werden. Man schaut also die Hofkarten durch und wählt diejenige aus, die dem inneren Gefühl, wer man ist, am meisten entspricht. Diese Karte legt man an die Spitze des Legebildes über *kether*. Diese Karte nennen wir den Signifikator. Sie bezeichnet in einem umfassenden Sinn die persönliche Situation, in der man sich gerade befindet. Obwohl es anmaßend wäre, diese Karte mit dem *en sof* zu vergleichen, wird sie jedoch zu einem Stellvertreter für unser Selbst, wie es sich unserem Verständnis normalerweise entzieht.

Es bleiben noch siebenundsiebzig Karten übrig. Bei elf Sephirot – *da'ath* mitgerechnet – lassen sich jeweils sieben Karten pro Sephira verteilen. Die Deutung ist natürlich sehr stark davon abhängig, wie die Karten auf jeder Position zusammenpassen. Man kann sich leicht vorstellen, dass es sich um eine langwierige Angelegenheit handelt. Ich selbst habe einmal siebeneinhalb Stunden damit zugebracht. Die meisten Menschen werden ein solches Legebild erst befragen, wenn sie die Karten wirklich sehr gut kennen gelernt haben. Man soll jedoch nicht denken, dass die mit weniger Karten durchgeführten Befragungen etwa unbedeutender oder weniger aussagekräftig wären. Aus der schlichten Gegenüberstellung einer einzigen Karte mit dem kraftvollen Bild und der Bedeutung einer einzelnen Sephira können uns bereits bewegende Erkenntnisse und Einsichten entgegenspringen, die zu Veränderungen in unserem Leben führen.

Weiterführende Literatur

(Wiedergabe der englischen Literaturliste der Originalveröffentlichung)

Anonymus. *Meditations on the Tarot.* Elements, 1985.

Besserman, Perle. *The Shambhala Guide to Kabbalah and Jewish Mysticism.* Shambhala, 1997.

Case, Paul Foster. *The Tarot.* Builders of the Adytum, 1974.

Cook, Roger. *The Tree of Life.* Thames and Hudson, 1974.

Crowley, Aleister. *The Book of Thoth.* O.T.O., 1994.

– *The Qabalah of Aleister Crowley.* Weiser, 1973. (Folgeauflage unter dem Titel *777 and Other Qabalistic Writings of Aleister Crowley.* Weiser, 1977).

DuQuette, Lon Milo. *The Chicken Qabalah of Rabbi Lamed ben Clifford.* Weiser, 2001.

Greer, Mary K. *Women of the Golden Dawn.* Park Street Press, 1995.

Halevi, Ze'ev ben Shimon. *Kabbalah.* Thames and Hudson, 1979.

– *A Kabbalistic Universe.* Gateway, 1977.

Idel, Moshe. *Kabbalah: New Perspectives.* Yale University Press, 1988.

Kaplan, Aryeh. *The Bahir.* Jason Aronson, 1995.

– *The Living Torah.* Maznaim, 1981.

– *Meditation and Kabbalah.* Samuel Weiser, 1982.

– *Sefer Yetzirah: The Book of Creation in Theory and Practice.* Samuel Weiser, 1997.

Kliegman, Isabel Radow. *Tarot and the Tree of Life.* Quest, 1997.

Kushner, Lawrence. *The Book of Letters.* Harper and Row, 1995.

– *Honey from the Rock.* Harper and Row, 1977.

LaoTzu. *The Tao Te Ching.* trans. Gia-Fu Feng and Jane English. Vintage, 1989.

– *Tao Te Ching.* trans. Ursula K. Le Guin and J.P. Seaton. Shambhala, 1998.

Laura, Judith. *Goddess Spirituality for the 21st Century: From Kabbalah to Quantum Physiscs.* Triangle Books, 1997.

Mathers, S.L.M. *Kabbalah Unveiled: Books of the Zohar.* Routledge and Kegan Paul, 1970.

Matt, Daniel. *The Essential Kabbalah.* Harper, San Francisco, 1995. *Zohar: The Book of Enlightenment.* Paulist Press, 1983.

Meltzer, David. *Secret Garden: An Anthology in the Kabbalah.* Seabury Press, 1976.

Moore, Alan, J.H. Williams III, and Mick Gray. *Promethea.* America's Best Comics, 1999 bis in die Gegenwart.
The New English Bible. Oxford University Press, Cambridge University Press, 1970.
Patai, Raphael. *The Hebrew Goddess.* Avon, 1967.
Pollack, Rachel. *The Body of the Godess.* Element, 1967.
- *Complete Illustrated Guide to Tarot.* Element, 1999.
- *Der Haindl Tarot.* Knaur, 1988, Econ, 2001.
- *Der Haindl Tarot – Arbeitsbuch.* Econ, 2002.
- *„The Four Rabbis Who Entered Paradise",* in: *Spring 66,* Spring Journal, 1999.
- *Seventy-Eight Degrees of Wisdom.* Thorsons, 1980, 1983, 1997.
Poncé, Charles. *Kabbalah: An Introduction and Illumination for the World Today.* Quest, 1973.
Regardie, Israel. *The Garden of Pomegranates.* Llewellyn, 1932, 1970.
Rosenberg, David. *Dreams of Being Eaten Alive: The Literary Core of the Kabbalah.* Harmony House, 2000.
Rothenberg, Jerome, Harris Lenowitz, and Charles Doria, eds. *A Big Jewish Book: Poems and Other Visions of the Jews from Tribal Times to the Present.* Doubleday, 1978.
Schaya, Leo. *The Universal Meaning of the Kabbalah* (trans. from the French). Allen and Unwin, 1973.
Sholem, Gershon. *Major Trends in Jewish Mysticism.* Schocken, 1941.
- *On the Kabbalah and its Symbolism.* Schocken, 1965.
- *Sefer Yezirah.* AMORC, 1972.
- *The Zohar: Basic Readings from the Kabbalah.* Schocken, 1963.
Schwartz, Howard. *The Four Who Entered Paradise.* Jason Aronson, 1995.
- *Reimagining the Bible.* Oxford University Press, 1998.
Seidman, Richard. *The Oracle of Kabbalah.* St. Martin's, 1999.
Teutsch, Rabbi David A., editor-in-chief. *Kol Haneshamah: The Reconstructionist Prayerbook,* third edition. The Reconstructionist Press, 1994.
Wang, Robert. *The Qabalistic Tarot.* Samuel Weiser, 1983.
Zlotowitz, Meir. *Bereishis/Genesis: A New Translation with a Commentary from Talmudic, Midrashic, and Rabbinic Sources.* Mesorah, 1977.

Rachel Pollack ist Schriftstellerin. Als Roman-Autorin hat sie viele Preise gewonnen. Sie ist außerdem eine weltweit anerkannte Autorität auf dem Gebiet des Tarot und eine Tarot-Künstlerin. Ihr Roman *Godmother Night* gewann 1997 den World Fantasy Award. Für Ihr früheres Werk *Unquenchable Fire* war ihr bereits der Arthur C. Clarke Award zuerkannt worden.

Über den Tarot hat sie zwölf Bücher veröffentlicht, darunter *Tarot - 78 Grade der Weisheit*. Dieses Buch wird oft als die „Bibel der Tarot-Kartenleser" bezeichnet. Als Künstlerin hat sie den *Shining Tribe Tarot* geschaffen. Ihre Bücher sind in neun Sprachen übersetzt worden. Rachel Pollack lebt in den Vereinigten Staaten von Amerika, im Hudson Valley in New York.

Hermann Haindl wurde 1927 in Berlin geboren. Nachdem er 1944 im Alter von siebzehn Jahren zur Wehrmacht Hitlers eingezogen wurde, geriet er schon nach wenigen Wochen in russische Kriegsgefangenschaft. Er verbrachte dreieinhalb Jahre in einem Lager in Kiew in der Ukraine, wo auf ihn mehrere Male gezielt geschossen wurde, jedoch die Schüsse nicht trafen. Dank jüdischer Offiziere überlebte er Typhus, Cholera und andere Krankheiten.

Als er nach Deutschland zurückkam, war er durch den Krieg und das Lagerleben zu neunzig Prozent schwerbehindert. Seine Mutter war nach Westdeutschland geflohen. Nach dieser langen Zeit war es sehr schwierig, wieder in das normale Alltagsleben zurückzukehren und eine Beschäftigung zu finden. Schließlich begann er eine Laufbahn als Bühnenmaler am Theater der Stadt Frankfurt am Main, wo er die Leitung des Malersaals übernahm. Er gehört zu den besten Bühnenmalern Deutschlands und hat in Bayreuth und Barcelona mit den bekanntesten Bühnenbildnern der sechziger und siebziger Jahre zusammengearbeitet und war selbst von 1962 bis 2000 Bühnenbildner. Im Jahr 1973 erhielt er von Golda Meir den Auftrag, ein fast dreihundert Meter langes Wandbild mit geschichtlichen Motiven für das 25-jährige Jubiläum des Staates Israel anzufertigen. Er hat Meisterklassen in Jerusalem und Bayreuth und an der Theaterschule in Recklinghausen geleitet.

Mit fünfzig Jahren verließ Haindl das Theater und begann eine neue Laufbahn als freier Künstler. Vor dem Hintergrund seiner persönlichen Erfahrung - der Bedrohtheit des Lebens – versuchte er, Kunst und Spiritualität miteinander zu verbinden. Auf ausgedehnten Weltreisen fand er Zugang zu den Kulturen indigener Völker. Bei seinem Studium der Weisheitsquellen Europas entdeckte er auch den Tarot und die Kabbala. Er malte seinen eigenen Tarot - in Übereinstimmung mit den Grundlagen des ehemaligen Ordens der „Goldenen Dämmerung". Später entstand dann das Gemälde vom „Baum des Lebens", das zusammen mit den Tarot-Karten eingesetzt werden kann.

Als die Droemersche Verlagsanstalt Th. Knaur Nachfolger im Jahr 1985 Haindls Tarot-Karten veröffentlichen wollte, brachte sie ihn mit Rachel Pollack in Kontakt. Dies war der Beginn einer andauernden Zusammenarbeit und Freundschaft zwischen den beiden Künstlern.

IRIS

ist ein Imprint bei NEUE ERDE.

Bücher von NEUE ERDE im Buchhandel

Im deutschen Buchhandel gibt es mancherorts Lieferschwierigkeiten bei den Büchern von NEUE ERDE. Dann wird Ihnen gesagt, dieses oder jenes Buch sei vergriffen. Oft ist das gar nicht der Fall, sondern in der Buchhandlung wird nur im Katalog des Großhändlers nachgeschaut. Der führt aber allenfalls 50% aller lieferbaren Bücher. Deshalb: Lassen Sie immer im VLB (Verzeichnis lieferbarer Bücher) nachsehen, im Internet unter www.buchhandel.de

Alle lieferbaren Titel des Verlags sind für den Buchhandel verfügbar.

Sie finden unsere Bücher in Ihrer Buchhandlung oder im Internet unter www.neueerde.de

Bücher suchen unter: www.buchhandel.de. (Hier finden Sie alle lieferbaren Bücher und eine Bestellmöglichkeit über eine Buchhandlung Ihrer Wahl.)

Bitte fordern Sie unser Gesamtverzeichnis an unter

NEUE ERDE GmbH
Cecilienstr. 29 · D-66111 Saarbrücken
Fax: 0681 390 41 02 · info@neueerde.de

NEUE ERDE